明文化研究

主 编 蒋德勤 陈传万

第 二 辑

南京大学出版社

顾　问　汪元宏

主　编　蒋德勤　陈传万

编委会　（姓氏笔画为序）

　　　　卫　胜　吴贵春　李晓东　陈传万

　　　　郑艺鸿　蒋德勤　谭　峰

明文化研究会标牌

明文化研究会换届大会暨2015年学术研讨会

明文化研究会助力地方文化产业发展

明文化研究会助力地方文化产业发展

安徽省蚌埠市先进社会组织

明文化研究会到蚌埠淮河文化研究中心学习交流

明文化研究会参观考察凤阳县博物馆

序

安徽蚌埠明文化研究会负责同志要我为该书写个序,我欣然同意。原因有三:

一是研究会汇聚了一批明文化研究者,研究成果丰富。研究会经过近10年的发展,聚集了一批明代历史文化的研究者、爱好者和参与者;同时研究会立足地方,坚持特色发展,坚持继承和创新相结合,充分利用和挖掘地方文化资源,取得了丰硕的研究成果,为进一步开展明文化研究工作奠定了良好的基础。明文化研究会已经成为联系和沟通明文化研究者、爱好者和参与者的纽带和桥梁,成为展示明文化研究成果的重要平台。

二是研究会的常设机构设在安徽科技学院,为学校进一步加强地方文化传承与创新提供了很好的平台。学校坐落在明文化发源地的凤阳,拥有大量的物质文化和非物质文化遗产。凤阳是明朝开国皇帝朱元璋的诞生地,也是明文化的发祥发展之地和重要积淀之地,明文化厚重色浓。这里文物古迹众多,文化遗存丰富。作为学校新校区所在地的蚌埠,同样有着十分深厚的文化底蕴,内涵博大精深,诸如淮河文化、大禹文化、双墩文化、楚汉文化等,这些具有地方特色的文化资源,对于文化理论研究和文化产业开发,无疑具有得天独厚的优势。

三是文化传承和创新是大学的历史使命,更是实现中国梦的现实需求。党的十八大指出,全面建成小康社会,实现中华民族伟大复兴,必须推动社会主义文化大发展大繁荣,兴起社会主义文化建设新高潮,提高国家文化软实力,发挥文化引领风尚、教育人民、服务社会、推动发展的作用。近年来,随着社会文化事业的迅速发展,明代历史文化的研究正成为专家学者新的研究方向。明文化是博大精深、源远流长的中华文化的重要组成部分,有很多值得研究、发掘、借鉴、继承和发扬的宝贵内容。面对文化产业的快速发展和新经济时代的挑战,如何借助文化力推动经济社会加速发展,这是摆在我们面前的一个有着重要意义的课题。

我们欣喜地看到,继2013年12月由南京大学出版社出版了《明文化研究(第一辑)》后,研究会的同志在总结前期成果的基础上,现又出版了该论文集。论文集内容丰富,有深度有广度,有调研基础上的理论研究,也有理论视角的实证研究;有对历史的深刻反思,也有对现实的深层次思考;有对历史文化的充分展示,也有对历史人物的深度挖掘。

我深信,在研究会同志的共同努力下,在社会各界的关心和支持下,研究会的整体学术水平将进一步提高,服务地方文化产业发展能力将进一步提升,社会影响力将进一步彰显。

我衷心希望明文化研究会进一步丰富研究内容,拓展研究方式,将文化研究与人才培养、服务社会紧密结合,与文化传承、创新紧密结合;努力把研究会建成高水平、有特色的研究会,办成地方文化建设的品牌、地方文化宣传的窗口和地方文化舆论的阵地,为地方经济和社会发展做出新的更大的贡献!

是为序。

安徽科技学院党委书记、教授　蒋德勤

2016 年 5 月 9 日

目　　录

中国档案事业在明代的新发展

卫 胜

（安徽科技学院）

摘 要：通过展示明朝在档案制度建设、史籍编纂、档案保护、档案利用等方面的新成就，阐述了中国档案事业在明代的新发展，为相关研究及档案事业发展提供了参考和借鉴。

关键词：档案事业；明代；新发展

朱元璋在连年的战火中开创了大明王朝，他十分重视从历史中汲取前朝覆亡的教训，并通过加强国家档案建设积累教育臣民的素材，同时服务于国家及社会统治。明朝档案事业在制度建设、收集整理、档案典籍编纂、档案保护及提供利用等方面都取得了新的发展。

一、档案制度建设

（一）设立专职档案管理机构

洪武二年，明太祖下令修《元史》，令李善长、宋濂、王纬为总裁，组建史局。洪武三年，明太祖诏令翰林学士朱右、贝琼等 14 人组成史局，史局隶属于翰林院。此后，史局日益扩大，一些翰林学士也承担了史官事务，史馆由此产生。明代史馆并非独立存在，而是与负责内廷备为文学顾问的翰林院合二为一。史馆掌记注、修史。

明太祖洪武时期设置了档案机构。六部、都察院、五军都督府都设立了照磨所，其职责是对记录行政过程的档案文卷予以定期审查，督查有无稽迟、失错、埋没等现象，以便及时发现和处置。从职能配置看，照磨所兼具档案保管和审查的双重职责。地方各级官府也设立了照磨所，主管文书和卷宗。

明王朝还将档案管理列为各级长官职责范围。《明会典》卷九《授职到任须知》中规定，新官员上任，要认真查验前任官员及六房所存档案，发现有损毁的，"须要采访抄写，如法收贮，永为遵守"；同时规定了官员在档案使用及保管过程中的职责。

（二）改革档案存放、编排方法

宋代对档案的编排、保存方法是"千文架阁法"，即归档按照形成的时间先后排序，采用《千字文》编立字号并入库管理。"千文架阁法"一直沿用到元代。明代对档案分类方法进行了改革：不再按照单一时序进行分类，而是综合考虑档案材料形成时间、文种、内容等特征来立卷并集中统一移交给档案库房保管。例如，明代专门用于登记人口及其财产状况的档案,其中上交户部的一份统一要求套用黄色封面,被称为"黄册",其编制标准就是"一百十户为一里","每里编为一册",覆以黄色封面,即为"黄册"。黄册以县为单位,"攒造一处",移送南京后湖黄册库保管。明朝地方架阁库内,大都建有收藏户籍赋役档案的副本专门库房,实现了户籍赋役档案正本与副本的分藏,同时将副本与其他案牍"分庋以区,便检阅也"[1]。

为防档案丢失、舞弊等现象发生,明王朝的许多文书档案除了保管正本之外,再将正本复制本(另抄本)作为副本,同时归档。副本的来源(或制作方式)有三种。其一,由文件的原作者在制作文件正本的同时制作完成。比如,明代开国初期,连年战火,生产凋敝,农民常因战乱背井离乡,户口信息失实的现象较为严重。为此,在恢复生产的同时,太祖极力推行了户帖制度。明代户帖制度从洪武三年(1370年)开始正式在全国实行,直到洪武十四年(1381年)被黄册制度取代,只推行了十年。户帖制度存在时间虽短,却有着严格的规定。《明史食货志》记载:"太祖籍天下户口,置户帖、户籍,具书名、岁、居、地籍、上户部、帖给之民。有司岁计其登耗以闻。及郊祀,中书省以户籍陈坛下,鹿之天,祭毕而藏之。"[2]制作户籍册时,须完成四本,其中一册用黄纸作封面,成为"黄册",即正本,其余三册以青色纸张作封面,即"青册",为副本。其二,在公文流转过程中,由有关部门抄录形成。其三,作为损毁档案补录或保护性缮录而形成抄本。

二、档案史籍的编纂

明代档案史籍的编纂工作取得丰硕成果,《明代敕撰书考》记载,洪武年间编纂84种,永乐年间33种,洪熙年间5种,宣德年间10种,正统、景泰、天顺年间11种,成化年间6种,弘治、嘉靖21种,隆庆3种,万历、天启5种,崇祯4种。明代档案史籍代表性著作有《元史》、《大明会典》、《明实录》、《大明一统志》、《明皇宝训》、《永乐大典》等,为当朝统治提供了决策依据与参考,也为后世研究奠定了基础和平台。

三、档案文书防护

(一)档案库房建设

明代中央政府所建档案库房有黄册库、内阁大库和皇史宬。

1. 黄册库。洪武十四年(1381年),明朝在南京后湖(今玄武湖)中心岛上,修建库房,以专门保存全国的户籍册(即"黄册")。库房收集黄册的规模持续扩大,至万历二十年(1592年),已达150多万册。朱元璋选定后湖作为黄册的存放地点,主要是看中后湖"周遭四十里,中突数洲"的环湖岛,利于防盗、防火。为了防潮,库房采用东西走向,每一间库房的前后都安有窗户,方便通风和早晚日晒。黄册库是当时世界上规模最大、存放档案数量最多、管理最严密的文档库。

2. 内阁大库。弘治五年(1492年),明朝在文渊阁内修建内阁大库,专门用于保管朝廷档案,包含奏本、表章、题本及各类案牍等,内阁大库由内阁官员直接掌管,内阁的尊崇地位(明仁宗时期,作为内阁长官的大学士与掌管实权的宰相权力相当)保证了内阁大库的保密性。内阁大库在建筑上采用砖石的做法,起到了防火、防潮的效果。

3. 皇史宬。明朝内阁大学士邱浚针对频繁发生的火灾导致建筑物毁损,进而对内阁藏书的保护构成挑战的现状,上疏明孝宗,建议在文渊阁附近建立一座重楼,专门收藏皇帝的实录和宝训。明孝宗肯定了此建议,但真正实施的是明世宗。嘉靖十三年,明世宗"命内阁同在工诸臣视建造神御阁(即重楼)地于南内"[3]。选址在今北京东城区南池子大街南口,邻近故宫东侧,坐北朝南,正殿沿袭秦汉以来的"石室金匮"制度,整栋建筑采用砖石结构。由于没有采用木头,库房在防火、防潮、防虫、防霉、通风等方面取得很好的效果。皇史宬的落成体现了建筑的艺术性、科学性和实用性,代表了当时皇家档案库的最高建筑水平,也充分反映了明王朝对档案建设的重视程度。

(二)档案安全保障

为确保文书档案的安全,明朝的法律明确规定:"凡弃毁制书,及起马御宝圣旨,起船符验,若各衙门印信,及夜巡铜牌者斩。若弃毁官文书者,杖一百,有所规避者从论。"[4]如果不是故意弃毁,而是无意"遗失制书、圣旨、符验、印信、巡牌者,杖九十,徒二年半,若官文书,杖七十"。[5]对弃毁、遗失事涉军情机密和所供军需粮饷公文者的处罚,尤为严厉,规定弃毁"事干军机钱粮者绞";遗失"事干军机钱粮者,杖九十,徒二年半"。并且规定,对以上犯罪者,"当该官吏知而不举,与犯人同罪"。[6]明法在文书保密方面同样有着严格规定:"凡闻之朝廷及总兵将军调兵讨袭外蕃及收捕反逆贼徒机密大事,而辄漏泄于敌人者,斩;若边将报到军情重事而漏泄者,杖一百,徒三年,仍先传说者为首,传至者为从,减一等;若私开官司文书印封看视者,杖六十;事干军情重事者,以漏泄论。若近侍官员漏泄机密重事于人者,斩;常事杖一百,罢职不叙。"[7]由此可见,明朝通过制定和严格推行档案文书系列法律法规,为当时公文的安全性、机密性提供了有效的保障。

(三)档案用纸改革

1. 统一官府公文纸。

明朝以前历代官府公文纸的规格大小不一,洪武十年(1378年)朱元璋颁布了"天下诸司文移纸式",明确了官府公文用纸的规格,既保证了官府公文用纸的规格统一,也便于分类保管。为了保证用纸规定的贯彻落实,明政府制定了严格的考核制度,将此作为考核官员业绩的一项内容。

2. 发明"万年红"防蠹纸。

明代广东南海(今佛山一带)发明了红丹(也称铅丹,主要成分为四氧化三铅)染就的纸张,因红丹有剧毒,令蠹虫闻"丹"而逃,红丹在空气中化学成分稳定,因此其防蠹效果好。"万年红"防蠹纸制作简单易行,成本低廉,在明代很快得到推广。

(四)改进修裱技术

晋代就出现了档案修裱技术。因修裱所用的黏合剂主要是从植物中提取的淀粉,是蠹虫赖以生存的营养来源,用淀粉裱糊的档案材料就成了蠹虫滋生的温床。明代改进了宋元时期配置"药糊"的技术,采用川椒、白矾、百部等与糨糊一起配制成"药糊"。由于川椒、百部中的生物碱具有杀蠹虫功效，加上白矾的剧毒作用，这样的"药糊"既能够对破损的档案进行修复，同时不必担心蠹虫了。

四、档案的利用

明王朝非常重视档案的利用。朝廷在政治、军事、经济等各个方面对档案加以利用。最为突出的表现就是编撰皇帝实录、大诰和典章制度。明朝历经了十三代，每一代皇帝都有实录，总共 2045 卷。实录的来源就是中央和地方的章疏奏牍、抄存邸报、人物传记等文书和档案资料。明代在地方志编撰和史学研究方面同样大量借鉴和运用文书档案资料。作为教育子弟和各级官僚的教本《大诰》也是在档案资料的基础上形成的。[8]

还有一个档案提供利用的例子就是后湖黄册库。黄册档案为朝廷和地方官员提供了户籍、人口、赋役的基本数据支撑。明初虽然要求各府州县自留底册供本地区官府在工作中参考查阅，但各地保存的底册大都不全。有的地方甚至出现册籍年久损毁，不复存在的现象，一旦出现有关田亩纠纷、户籍争执等问题，常常需要派人到后湖查考黄册库中所存黄册档案。

明朝后湖黄册库 250 余年持续不断的黄册收集、整理、保管等工作，为平抑当时民事纠纷，维护社会稳定起到了积极作用。

参考文献：

［1］古今图书集成·考工典·库藏部〔G〕.

［2］李洵.明史食货志校注［M］.北京：中华书局出版社，1982.

［3］明世宗实录（卷一六五）.

［4］［5］［6］［7］明律集解·附例（卷三）.

［8］孙梅霞.明代档案管理制度探析［J］.兰台世界，2015（8）：147.

作者简介：

卫胜，男，安徽科技学院党委宣传部部长，研究馆员，安徽蚌埠明文化研究会副会长。

论明朝初年对倭患的处置

王硕民

（中国人民解放军汽车管理学院）

摘　要：明朝建立之初，倭寇扰边时而猖獗，明廷统筹兼顾，采用积极防御国防政策，对倭患采取了一系列处置措施。文武兼施，先从名分上使日本甘愿臣服中国，不敢胡作非为，同时做好舆论宣传，张扬己功，有效慑止；赏罚并用，在迫不得已的情况下，明廷对倭寇坚决抵御，予以严厉打击，战功显赫，有效地稳固了沿边海防。

关键词：明初；处置倭患；积极防御

明朝前期，日本对中国是臣属关系，官方友好往来不断。明史资料中对"日本"与"倭寇"的称谓有分寸，在记录与中国友好事件时则称其为"日本"；而记录对中国骚扰、寇边等不友好行为时则称其为"倭"、"倭夷"或者"倭寇"，不称"日本人"。史载：洪武十四年秋七月甲申朔，日本国王良怀遣僧如瑶等贡方物及马十匹，上命却其贡，命礼部移书责其国王曰："王涉猎古书，不能详尽，始号曰倭，后恶其名，遂改日本。"①明廷称日本最高统治者为"日本国王"，显然这是相对于明朝"皇帝"而言的。倭寇为患中国的边海，多是日本的武士、浪人的行为，有时活动很频繁猖獗。明代倭寇活动，以嘉靖朝为界可大体分为两个时期。明初对边海倭患采取积极的防御政策，恩威并用，及时处置。本文着重探讨朱元璋时期对倭患处置所积累的经验，这对于加强国防建设，进一步处理好周边关系，维护海疆的安全稳定具有启示意义。

一、统筹兼顾，积极防御

明初国防采用积极防御国防政策。明初，鉴于"濒海州县屡被倭害，官军逐捕，往往乏舟不能追击"的情况，洪武五年秋七月甲申，诏浙江、福建濒海九卫造海舟六百六十艘以御倭寇，同时做好广泛动员，上谕中书省臣说，之所以大造舟船，烦劳民众，就是要为百姓去残害，保父母妻子。"尔中书其榜谕之，违者罪不赦。"这一"爱民而预防其患，所费少而所利大"的诏令，得到省臣的大力支持。洪武二十三年，镇海卫军士陈仁引《左传·隐公五年》"不备不虞，不可以师"的警策，向洪武帝建言大造海舟，曰："故将之用在军，军之用在器。将不智武，与无将同；军不精练，与无军同；器不坚利，与无器同。"这一建议得到洪武帝的肯定。

---

① 《大明太祖高皇帝实录》卷一百三十八。以下引文均出自《大明太祖高皇帝实录》。

建造船只等装备,加强海防建设。洪武五年十一月癸亥,诏浙江、福建濒海诸卫改造多橹快船,以备倭寇;并接受臣民的建议加强戒备,采取机动灵活的措施加以防御。洪武六年春正月癸卯朔,德庆侯廖永忠根据倭夷寇边,鼠伏海岛,因风之便,以肆侵掠,其来如奔狼,其去若惊鸟,来或莫知,去不易捕等来势凶猛、出没无常的特点,建议建造大小船只,有针对性地加强防备。朝廷下令广洋、江阴、横海、水军四卫亦添造多橹快船,命将领在平时则沿海巡徼,以备不虞,若倭夷之来,则大船靠近,快船逐之,这样,"彼欲战不能敌,欲退不可走,庶乎可以剿捕也"。洪武八年夏四月丙申,命靖宁侯叶升巡行温、台、福、兴、漳、泉、潮州等卫,督造防倭海船。苏州太仓正当大海之口,倭寇必由之地,镇海卫军士陈仁发现濒海卫所造防海舟岁月已久,樯楫摧坏,一有缓急,则假漕运之舟代之,器用不便,难以御敌,失机误事,其害非小。洪武二十三年春正月甲申,有臣向洪武帝建言:"宜令军卫急造海舟,以将统之,无事足以自守,有事足以御敌,庶武备严整,永绝外患。"这些建议都被朱元璋所采纳。

加强要害部位的建设,实施沿海防御。洪武十七年春正月壬戌,命信国公汤和巡视浙江、福建沿海城池,禁民入海捕鱼,以防倭故。洪武二十一年六月癸卯朔,依然任用"春秋高,思归故乡,尝进对上前,从容乞骸骨"的老功臣汤和到东南沿海一带巡防加强警戒。上谓汤和曰:"日本小民屡扰濒海之民,卿虽老,强为朕一行,视其要害地,筑城增兵,以固守备。"汤和奉旨即行,自闽越并海之地,筑数十城而归。加强警戒巡逻,实施沿海防御。洪武六年三月癸卯朔,诏以广洋卫指挥使于显为总兵官,横海卫指挥使朱寿为副总兵,出海巡倭。

加强海防军队训练,提升海防作战能力。当时海上有倭寇之警,上先命都督杨文节制沿海诸军备之。洪武二十七年三月庚子朔,上复命魏国公徐辉祖、安陆侯吴杰往浙江训练沿海军士。洪武二十七年八月甲戌,命安陆侯吴杰、永定侯张铨等率致仕武官往广东训练沿海卫所官军,以备倭寇。洪武二十七年春正月辛丑朔,命中军都督府都督佥事刘德、前军都督府都督佥事商暠巡视两浙城隍,检阅军士。上以倭夷屡为寇患,命刘德等巡视沿海州郡城隍,度其高广丈尺以及军士器械之数,仍督促各卫严加备御,遇有调发,则一百户所全军同出,庶几兵将相知,不致相失,以此加强边海的防御能力。

增设卫指挥所,加强边海警戒。洪武二十年春正月壬子朔,置金山卫于松江之小官场筑青村及南汇、觜城千户所二,置临山卫于绍兴及三山、沥海、三江等千户所,皆以沿海,防御倭寇。并置定海、盘石、金乡、海门四卫指挥使司于浙江濒海之地,以防倭寇。洪武二十年三月戊子,命江夏侯周德兴赶往福建,从福、兴、漳、泉四府民户三丁取一,建立沿海卫所,加强兵力以防倭寇。原有设置军卫非要害之所,即移置之德兴,至福建按籍抽兵,相视要害可为城守之处,具图以进。凡选丁壮万五千余人,筑城一十六,增置巡检司四十有五,分别隶属各个卫所,以为防御。洪武二十一年春正月丙子朔,置福建沿海五卫指挥使司,曰福宁、镇东、平海、永宁、镇海,所属千户所十二,曰大金、定海、梅花、万安、莆禧、崇武、福金、金门、高浦、六鳌、铜山、玄钟,以防倭寇。改革行政单位,扩大边海州县的编制。当时洪武帝以为登、莱二州皆濒临大海,为高丽、日本往来要道,非建府治、增兵卫不足以镇之。洪武九年五月甲寅朔,改登州为府,置蓬莱县。遂割莱州府文登、招远、莱阳三县益登州为府,置所属蓬莱县,复以青州府之昌邑、即墨、高密三县补莱州府。

二、文武兼施,有效慑止

首先从名分上使日本甘愿臣服中国,不敢胡作非为,并做好舆论宣传。洪武二年夏四月戊子,遣使祭东海神曰:"予受命上穹,为中国主,惟图义民,罔敢怠逸。蠢彼倭夷,屡肆寇劫,滨海郡县,多被其殃。今命将统帅舟师,扬帆海岛,乘机征剿,以靖边氓,特备牲醴,用告神知。"明廷用这种看似迷信的活动,旨在获得名分和道义上的支持。洪武三年三月庚寅朔,遣莱州府同知赵秩持诏,谕日本国王良怀曰:"朕荷上天祖宗之佑,百神效灵,诸将用命,收海内之群雄,复前代之疆宇,即皇帝位,已三年矣。"不久后,又遣使持书,飞谕四夷,高丽、安南、占城、爪哇、西洋、琐里顺天奉命,皆称臣入贡。既而,西域诸种番王各献良马来朝,俯伏听命。北夷远遁沙漠,将及万里,特遣征虏大将军率马步八十万出塞,追获歼厥渠魁,大统已定。洪武十四年秋七月甲申朔,上命却日本贡,命礼部移书责其国王曰:"大明礼部尚书致意日本国王,王居沧溟之中,传世长民,今不奉上帝之命,不守己分,但知环海为险,限山为固,妄自尊大,肆侮邻邦,纵民为盗,帝将假手于人祸有日矣。吾奉至尊之命,移文与王,王若不审巨微,效井底蛙仰观镜天,自以为大,无乃构隙之源乎?"进而派人送书信,责日本征夷将军说,日本天造地设,隔崇山,限大海,语言风俗殊,俾自为治。"然覆载之内,外邦小国非一所也,必有主以司之。惟仁者天必辅之,不仁者天必祸之。"其次以史实进行说服。"若叛服不常,构隙中国,则必受祸,如吴大帝、晋慕容庞、元世祖皆遣兵往伐,俘获男女以归。千数百年间,往事可鉴也,王其审之。"再次以武力相威慑。洪武十二年,将军复奉书肆侮。是年秋,日僧如瑶来,陈情饰非。群臣以为此人必是贪利为谍者,请诛之,洪武帝不允。如瑶将要离开,群臣又奏曰:"今日本君臣以沧海小国,诡诈不诚,纵民为盗,四寇邻邦,为良民害,无乃天将更其君臣而弭其患乎?"洪武帝又不允。但又进行了一番恐吓:"今乃以败元为长胜,以蕞尔之疆为大,以余观之,海中之舟截长补短,周匝不过万里,以元之蹄轮长驱而较之,吾不知孰巨孰细者耶?"今日本近些年以来,自夸强盛,纵民为盗,贼害邻邦,若必欲较胜负,见是非,辨强弱,"恐非将军之利也,将军审之"。

张扬己功加以威慑。洪武三年三月庚寅朔,遣莱州府同知赵秩持诏,晓谕日本国王良怀曰:"朕闻'顺天者昌,逆天者亡',此古今不易之定理也。"并以推翻强元的统治夸饰自己的武功加以威慑,称自古以来帝王居中国而治四夷,历代相承,咸由斯道,惟彼元君,本漠北胡夷,窃主中国,今已百年,污坏彝伦,纲常失序,由是英俊起兵,与胡相较,近二十年。当初,倭人屡寇濒海州县,上命中书移文责之。引《易》云:"天道亏盈而益谦。"不久前,胡元特违帝命,灭无罪之国,祸加臣民,横行西北,延及中土,人莫敢当,将谓天下无对矣,扬帆东下,直指日本,兵未登岸,金鼓未振,部伍未成,天风怒涛,樯楫摧坏,致使总兵阿答海、范文虎等十万之众没于东南,此事证实,真的是日本兵精呢,还是天道使然呢!蒙元虽不能克日本而归,天下诸国尚不敢仰视,前数十年,元恃兵强,践踏我中国之人,于是豪杰愤然而起,与元争将近二纪,雌雄未决。"吾最后兴师",军不满十万,马不及数千,不五年而复中土，此是人力呢，还是天意呢？"方今吾与日本止隔沧溟，顺风扬帆，止五日夜耳。王其务修仁政，以格天心，以免国中之内祸，实为大宝，惟王察之。"在威胁之下，洪武九年夏四月甲申朔，日本国王良怀遣沙门圭庭用等人奉表，贡马及方物，前来谢罪。之后，洪武帝诏赐其王及庭用等文绮、帛有差。

洪武三年三月庚寅朔，进而教训倭寇："蠢尔倭夷，出没海滨为寇，已尝遣人往问，久而不答，朕疑王使之故扰我民。""中国已安定，猛将无用武之地，智士无所施其谋，二十年鏖战，精锐饱食，终日投石超距。方将整饬巨舟，致罚于尔邦，俄闻被寇者来归，始知前日之寇非王之意，乃命有司，暂停造舟之役。"加强舆论宣传。"朕为中国主此，皆天造地设，华、夷之分。朕若效前王，恃甲兵之众、谋士之多，远涉江海，以祸远夷安靖之民，非上帝之所托，亦人事之不然。或乃外夷小邦，故逆天道，不自安分，时来寇扰，此必神人共怒，天理难容。征讨之师，控弦以待，果能革心顺命，共保承平，不亦美乎？呜呼！钦若昊天，王道之常，抚顺伐逆，古今彝宪。王其戒之，以延尔嗣。"

日本王在威慑下向明廷朝贡。洪武四年冬十月癸巳派赵秩等往日本宣谕，"中国威德而诏旨有责让其不臣中国"。日本国王良怀傲慢不服，并命左右将刃之，赵秩不为动，还不慌不忙地恫吓说："今圣天子神圣文武，明烛八表，生于华夏而帝华夏，非蒙古比。我为使者，非蒙古使者后，尔若悖逆不吾信，即先杀我，则尔之祸亦不旋踵矣。我朝之兵，天兵也，无不以一当百，我朝之战舰，虽蒙古戈船，百不当其一，况天命所在人，孰能违？岂以我朝之以礼怀尔者与蒙古之袭尔者比耶？"于是良怀气焰被灭，下堂向赵秩行礼作揖，礼遇有加。从此，"奉表笺称臣，遣祖来随秩入贡，诏赐祖来等文绮帛及僧衣"。赵秩回国时，还派僧祖阐、克勤等八人护送还国，明廷赐良怀《大统历》及文绮纱罗。洪武四年九月，癸巳，日本国王良怀又遣其臣僧祖来进表笺，贡马及方物，并僧九人来朝，并被虏男女七十余口送还至明州、台州。

先礼后兵，加以警告。大明初建之时，山东来奏倭兵数寇海边，夺人妻子，损毁财物，害人性命。洪武二年二月辛未，遣吴用、颜宗鲁、杨载等赐日本国王玺书曰："故修书特报正统之事，兼谕倭兵越海之由。诏书到日，如臣，奉表来庭；不臣，则修兵自固，永安境土，以应天休；如必为寇盗，朕当命舟师扬帆诸岛，捕绝其徒，直抵其国，缚其王。惟王图之。"洪武七年六月乙未朔，敕中书省曰：朕惟日本僻居海东，幼君在位，臣擅国权，傲慢无礼，致使骨肉并吞，岛民为盗，内损良善，外掠无辜，此招祸之由，天灾难免。天地之间，帝王酋长，因地立国，不可悉数，雄山大川，天造地设，各不相犯。为主宰者果能保境恤民，顺天之道，其国必昌；若怠政祸人，逆天之道，其国必亡。今日本蔑弃礼法，怠慢明廷使臣，祸乱将自内起，国运不可久长。"尔中书其移书，谕以朕意，使其改过自新，转祸为福，亦我中国抚外夷以礼，导人心以善之道也。"

三、赏罚并用，战功显赫

在迫不得已的情况下，明廷对倭寇坚决抵御，予以严厉打击，屡获战功。洪武六年六月辛亥，倭夷寇即墨、诸城、莱阳等县，沿海居民多被杀掠，诏近海诸卫分兵讨捕之。台州卫兵出海捕倭,获倭夷七十四人、船两艘,追还被掠男女四人。洪武二十二年十一月乙丑朔,山东都指挥佥事蔺真奏:"近者,倭船十二艘由城山洋艾子口登岸劫掠,宁海卫指挥佥事王镇等御之,杀贼三人,获其器械,赤山寨巡检刘兴又捕杀四人,贼乃遁去。"洪武三年六月,倭夷寇山东,转掠温、台、明州傍海之民,遂寇福建沿海郡县,福州卫出军捕之,获倭船十三艘,擒三百余人。洪武六年,航海侯张赫率舟师巡海上,遇倭寇,追及于琉球大洋中,杀戮甚众,获其弓刀以还。洪武二十四年八月癸酉,百户金监别率所部奋击,斩其首贼一人,贼退走,军校费丽保、吴庆乘势追之至海岸,遂获阿马,斩之。明廷处置倭患成就斐然,对抗倭有功者进行奖励,有被赏赐钱物田地的,有加官晋爵的,根据功劳大小给予不同的赏赐。

有因抗倭有功而被晋升官爵的。倭寇出没海岛中,数侵掠苏州、崇明,杀伤居民,夺财货,沿海之地皆患之。太仓卫指挥佥事翁德率官军出海捕之,遂败其众,获倭寇九十二人,得其兵器、海船。奏至,洪武二年夏四月戊子,提升翁德为指挥副使,诏以德有功,其官校一千二百四十七人赏绮帛五千匹、银二千五百六十九两,战、溺死者加赐钱、布、米,仍命德领兵往捕未尽倭寇。为抗倭殉国者大有人在。洪武六年,翁德督舟师出海捕倭,还京师。至是卒,年五十三,上赙遗之甚厚,以其子权袭爵。洪武十五年闰二月辛巳朔。中军都督府都督佥事陈清尝领舟师捕倭寇,杀获甚众,由英武卫指挥同知授龙虎将军、中军都督府佥事。

有因抗倭有功而被赏赐钱物的。洪武二年八月乙亥,倭人寇淮安,镇抚吴祐等击败其众于天麻山,生擒五十七人。事闻,赐祐等绮帛有差。洪武五年六月,倭夷寇福州之宁德县。上命羽林卫指挥使毛骧、于显、指挥同知袁义等领兵捕逐苏、松、温、台濒海诸郡倭寇。同年癸卯,指挥使毛骧败倭寇于温州下湖山,追至石塘大洋,获倭寇船十二艘,生擒一百三十余人及倭弓等器,送京师。诏令中书定赏格:凡总旗军士、弓兵,生擒贼一人者,赏银十两,斩首一级,银八两;民人生擒贼一人,银十二两,斩首一级,银十两;指挥、千户、百户、镇抚等于班师之日,验功赏之。洪武十六年八月戊子,赏温州、台州二卫将士擒杀倭寇有功者,凡一千九百六十四人,文绮、钞布、衣物有差。洪武十七年冬十月癸巳,镇海卫百户王庭出海运粮,遇倭寇战殁;广洋卫百户周清出海捕倭,溺死。诏庭加三等追赠,清加二等追赠,俱以米、布给其家。洪武十七年闰十月乙巳,浙江定海千户所总旗王信等九人擒杀倭贼,并获其器仗。事闻,上命擒杀贼者升职,获器仗者赏之。洪武二十五年冬十月己酉朔,赏浙江盘石等卫造防倭海船将士八千七百余人钞有差。

对抗倭有功者同时加爵赏赐。洪武二十九年春正月丁丑,定擒获倭贼升赏格。凡各卫指挥获倭船一艘及贼者,佥事升同知,同知升指挥使,仍赏白金五十两、钞五十锭;千户擒获者升指挥佥事,百户擒获者升千户,其赏俱与指挥同;在船军士能生擒及杀获倭贼一人者,赏白金五十两;将校、军士与倭贼陆地交战,能生擒或杀获一人者,赏白金二十两、钞二十锭。

对抗倭殉职者的家庭进行抚恤。洪武二十四年九月,倭夷寇雷州遂溪县,雷州卫百户李玉、镇抚陶鼎等御之,贼势猖獗而官军寡弱不敌,李玉等皆战死。上怜之,乃以玉子李真为德庆千户所镇抚,鼎子陶贵为潮州卫所镇抚。洪武三十一年春正月,倭夷寇山东宁海州，由白沙海口登岸，劫掠居民。宁海卫指挥陶鏸及其弟陶钺出兵迎击倭夷，斩首三十余级，贼败去，陶钺为流矢所中，伤其右臂。此前，倭夷尝入寇，百户何福战死，后陶铎等击败之，诏赐钞帛，恤福家。其后，浙江都指挥使陈礼言："近者，倭贼二千余人、船三十余艘入寇海澳寨，楚门千户王斌、镇抚袁润等御之，贼势暴悍，斌等力不能胜，皆战死。"洪武帝诏发兵出海追捕，赐钞帛抚恤王斌、袁润家。

但是，对于玩忽职守、处理倭寇不力或有怠慢者则严加处置。潮州濒海居民屡为倭夷劫掠，洪武帝诏潮州卫指挥佥事李德等率舟师沿海捕之。李德等逗留，不出兵巡御，贼遂登岸，大肆劫掠。上闻而怒，洪武八年十一月丁巳朔，逮捕李德等至京师，诛之。洪武十七年闰十月丁未，上谕都督府臣曰："濒海兵卫本以防御倭夷，今台州倭人登岸，杀其巡检，守御官兵所职何事？"命逮捕其指挥陈亮、赵全至京师，罪之。时倭寇至台州境上，杀掠居民，而陈亮兵不之觉，寇去又不追捕。上闻之，怒曰："朕设兵卫，所以保民也，今亮坐视民患而不能救，将焉用之？"洪武二十年秋七月戊寅朔，削台州卫指挥同知陈亮官，编配戍守金齿，既而复曰："亮虽不才而其父事朕累有勋劳，不可忘也。"又以陈亮之弟陈文为骁骑卫指挥同知。洪武二十七年冬十月丁卯朔，辽东有倭夷寇扰金州，卒入新市，烧屯营粮饷，杀掠军士而去。诏以沿海卫所将校不加备御，命都督府符下切责之。洪武二十三年春正月乙丑朔，左军都督府奏："浙江都指挥使司言倭夷由穿山浦登岸，杀虏军士、男女七十余人，掠其财物，守御百户单政不即剿捕，致贼遁去。"诏诛之。这些事件，一方面反映倭夷寇扰边海情况紧急，另一方面表明明廷对处置倭患的态度坚决，及时果断。

四、结束语

明朝建立伊始，对倭患采取了一系列措施，巩固了边防。对待边远少数民族，朱元璋沿袭中国传统思想，认为："自古帝王临御天下，皆中国居内以制夷狄，夷狄居外以奉中国。"因此，他首先力图建立"内华夏外夷狄"的格局，通过"因俗而治"、"用夏变夷"，最终达到"华夷无间"、"四海混一"之目的。对番夷小邦采取积极防御政策，以固边防守；对有觊觎之意、骚扰内串的倭夷则加强戒备，采取积极防御之策，未雨绸缪，前沿防御，建立卫所机构加强管理，严惩不贷，以固海疆。这些思想对于正确认识中国积极防御战略思想，加强国防建设，处理好对外关系具有启示意义。

参考文献：

[1] 张德信,毛佩琦.洪武御制全书[M].合肥:黄山书社,1995.

[2] 二十五史·明史[M].上海:上海古籍出版社,上海书店,1986.

[3] 诸子集成孙子十家注[M].上海:上海书店,1986.

[4] 明实录(影印版)·大明太祖高皇帝实录[M].北京:中华书局,1962.

作者简介：

  王硕民，男，总后勤部汽车管理学院基础部教授，硕士生导师，中国孙子兵法研究会理事，学院专家委员会委员，安徽蚌埠明文化研究会常务理事。在《中国军事科学》《军事学术》《国防大学学报》等刊物上发表论文 100 余篇，有些文章被中国人民大学《复印报刊资料》全文转载，或被 CCSCI 检索；获得全军后勤学术研究成果一等奖、首届中国孙子兵法研究成果奖等；参加国际性学术会议 10 多次，军内外其他学术会议多次。

重读《大明皇陵碑文》札记

欧振宝

（蚌埠市委党校）

　　由于祖籍凤阳西乡的缘故，儿时就获知洪武皇帝朱元璋的种种传奇故事，当时以为朱元璋真神人也。上中学时就多次谒陵，那时也是以玩为主的，感觉皇陵不过是一个较高的土堆，上面有些松树，也没有什么奇特之处。后来当了中学教师，带领学生春游或秋游，由于师道和教育之需要，便读了一点关于明朝、关于朱元璋、关于皇陵的书，皇陵碑文算正式进入我学习研究的视野。随着读书和阅历的增加，渐知朱元璋也是人而并非神，民间的种种传说不过是有意无意的附会。尤其是读完政治学研究生之后，又加上党校干部教育的迫切需要，后来又参与发起组建明文化研究会，这才真正开始系统学习研究明史。越学习越研究越觉得皇陵碑文非同小可，越学越觉得值得时时学习深深研究。透过皇陵碑文，我们清楚地看到了元末明初的社会，我们清楚地看到了大明 276 年的江山来之不易，我们清楚地看到了改朝换代江山易手的历史大规律，我们清楚地看到了朱元璋为人、为官、为帝、为文的风采。我们深刻地领会了毛泽东说朱元璋是个好皇帝，让吴晗把他写好些的深刻意义，我们深刻地领会了毛泽东说的读历史是智慧的事乃大智慧。今年 9 月 1 日，中央党校开学，习近平再次号召全党党员干部要学习历史。所以最近一段时间，又集中时间重温《大明皇陵碑文》、《毛泽东点评二十四史》、《朱元璋传》等，真如孔夫子所言，温故而知新。我领会了学而时习之的真谛。这里的"时"，不仅是"及时"，而且是"时时"，更是"因时"。这样才能不断地"知新"，才能使学习研究既能把握历史，又能与时俱进，进而从史实、史论得出新的史训，实现古今贯通。做得好至少可以达到班固所陈："综述其事，旁贯五经，上下洽通。"甚至还能达到太史公所说："究天人之际，通古今之变，成一家之言。"人事有代谢，往来成古今，无古不成今嘛。毛泽东盛赞朱元璋："自古能军无出李世民之右者，其次则朱元璋耳。"读了大明皇陵御制碑文，你才能有更真切的理解。洪武御制碑文以告父母教子孙是他最大的心愿。朱元璋认为，教育不仅是以文辞为务、记诵为能，从事教育的人要关心时事，关注国计民生以求江山永固。

一、朱元璋的写作目的值得提倡

　　明太祖朱元璋，1328 年出生，1398 年病死，享年 71 岁。他 17 岁出家当和尚，25 岁参加起义军，37 岁自立为吴王，41 岁称帝，是为明太祖，在位 31 年，由他开辟的明朝延续了 276 年。据《明史》卷五十八"山陵"记载，明皇陵原名仁祖陵、英陵，"皇考仁祖墓，在凤阳府太平乡……洪武二年荐号英陵，后改称皇陵"。皇陵碑额篆有"大明皇陵之碑"6 个大字,因碑文系朱元璋亲自撰写,又名"御制皇陵碑"。朱元璋为了让子孙后代了解艰辛家世和开创江山的艰难,秉笔直书,历述家世实情与戎马生涯,一改历代帝陵碑刻粉饰夸功、谀墓不实的恶习。皇皇大著,堪称一绝。碑文长达1105字,是研究朱元璋家史与元末明初历史的珍贵史料。我们知道,常见碑文均是记载碑主的生平事迹,有的甚至是以歌功颂德为主,但大明皇陵碑大不同。一是并非记碑主之生平事迹,而是主要写碑文撰写者事迹;二是以帝制陵寝规格孝子皇帝御笔亲撰,这可能是告慰父母之意。碑文曰:"洪武十一年夏四月,命江阴侯吴良督工新建皇堂。予时秉鉴窥形,但见苍颜皓首,忽思往日之艰辛。况皇陵碑记,皆儒臣粉饰之文,恐不足为后世子孙戒。特述艰难,明昌运,俾世代见之。"由此可见,朱元璋为其父母亲撰碑文目的有四。一是登大位之后要总结人生夺权之艰辛。自古以来,三皇五帝,都对君权神授情有独钟,都编造出一些令古人畏惧、令今人发笑的神话。朱元璋则不然,公开自己"淮右布衣"逃荒要饭做游方僧的苦难史,这在今天看来,也是十分难能可贵的。虽然后来也搞"奉天承运,皇帝诏曰"那一套,但至少在当时,在他秉鉴窥形但见苍颜皓首时流露的是真性情。二是对自己的奋斗发达史有所展示。文人粉饰历来猖獗。《明史》就这样记载朱元璋出世:"母陈氏,方娠,梦神授药一丸,置掌中有光,吞之,寤,口余香气。及产,红光满室。自是夜数有光起,邻里望见,惊以为火,辄奔救,至则无有。比长,姿貌雄杰,奇骨贯顶。志意廓然,人莫能测。"又如记载朱元璋得病遇神人相救:"道病,二紫衣人与俱,护视甚至。病已,失所在。"明史中类似的记载还有多处。据考证,皇陵碑文原来由危素所写。危素写道:"夫起自庶人,贵为天子,富有四海,莫不夸张先世,至有妄认其始祖者也,岂特有如我太祖特述其卑微者乎?此可见天生豪杰上圣之资,不可与常人等也……"我国著名文学评论家郑振铎在《插图本中国文学史》中评论说:"《皇陵碑文》却是篇皇皇大著,其气魄直足翻倒一切记功的夸诞的碑文,他以不文不白、似通非通的韵语,记载着他自己的故事,颇具有浩浩荡荡的威势。"三是要明昌运,即探讨兴衰成败的规律。朱元璋深知得江山不易守江山更难的道理,要他的子孙后代永远记住得民心者得天下。四是要为后世子孙戒。让子孙戒什么?最重要的是跳出历史周期律,使朱家王朝江山永固,立万世根本。他希望朱家子孙"世世承运而务德,必仿佛于殷商",且"谕嗣以抚昌",让朱家后世子孙永葆大明江山的昌盛与辉煌。虽然后来明朝昏庸的帝王不少,但作为开国之君的朱元璋对后人对国家还是充满希望。这只有打江山的人才能有此热望。1964年5月,毛泽东在一次谈话中说:"《明史》我看了最生气。明朝除了明太祖(朱元璋)、明成祖(朱棣)不识字的两个皇帝搞得比较好,明武宗、明英宗还稍好些以外,其余的都不好,尽做坏事。"毛泽东还对吴晗讲:"朱元璋是农民起义领袖,是应该肯定的,应该写得好点,不要写得那么坏。"碑文可为一证。

二、朱元璋的为人值得我们学习

一是敢担当。这历来是成就大业的最重要的品质。朱元璋在这方面表现得十分强烈。面对艰难困苦甚至灭顶之灾,他都能够每临大事有静气,从容应对,化险为夷。你听："昔我父皇，寓居是方，农业艰辛，朝夕旁徨。俄尔天灾流行，眷属罹殃，皇考终于六十有四，皇妣五十有九而亡。孟兄先死，合家守丧。田主德不我顾，呼叱昂昂，既不与地，邻里惆怅。忽伊兄之慷慨，惠此黄壤。殡无棺椁，被体恶裳，浮掩三尺，奠何肴浆。既葬之后，家道惶惶。仲兄少弱，生计不张。孟嫂携幼，东归故乡。值天无雨，遗蝗腾翔。里人缺食，草木为粮。予亦何有，心惊若狂……汪氏老母，为我筹量，遣子相送，备醴馨香。空门礼佛，出入僧房。"你看，穷人死无葬身之地，富人为富不仁，这就是元末农民生活的集中表现，何其艰难！何其悲惨！但好人还是有的，刘继祖愿意给地下葬；汪氏老母也有好心肠，自己花钱铺路介绍朱元璋去当和尚，其实是帮朱元璋找一条活路。不然，后来的一切将不会发生，中国的历史将会改写。历史不能假设，但祸福相因是肯定的。善有善报，朱元璋称帝后专门恩赐汪氏后人守皇陵享受较优厚的俸禄。原来，1344 年，朱元璋十六岁时，淮北发生了严重的旱灾和虫灾，疾病到处流行。在这场劫难中，朱元璋的父母和长兄都先后病死、饿死。一家八口死了六人，只剩下他和二哥两人。16 岁的朱元璋靠乡邻的帮助，草草埋葬了亲人之后，孤苦无依的他只好到附近的皇觉寺当了小和尚。不久，灾情越来越重，寺庙中的和尚也不得不外出讨吃就食。朱元璋入寺后不到几个月，就被打发出去，做了游方僧。他要坚强地活下去，当时并无其他奢望。

二是善决断。在当和尚也当不成时，"卜逃卜守则不吉，将就凶而不妨"的两难抉择中，他毅然决然选择造反。你听："居未两月，寺主封仓。众各为计，云水飘飏。我何作为，百无所长。依亲自辱，仰天茫茫。既非可倚，侣影相将。朝突炊烟而急进，暮投古寺以趋跄。仰穷崖崔嵬而倚碧，听猿啼夜月而凄凉。"百般无奈，拼命救命。恰此时，"友人寄书，云及趋降，既忧且惧，无可筹祥。傍有觉者，将欲声扬。当此之际，逼迫而无已，试与知者相商。乃告之曰：果束手以待罪？亦奋臂而相戕！知者为我画计，且祷阴以默相。如其言往，卜去守之何祥。神乎阴阴乎有警，其气郁郁乎洋洋，卜逃卜守则不吉，将就凶而不妨，即起趋降而附城，几被无知而创。""既忧且惧，无可筹祥。"可见当时朱元璋心灵深处矛盾之烈，又担心又害怕，走投无路，想不出一点好办法，更想不出一条万全之策。造成这一惨状的不仅是天灾，更烈者还有人祸。元朝末年，政治越发黑暗腐败，阶级矛盾和民族矛盾十分尖锐。元时统治者把人分为四等：蒙古人、色目人、汉人、南人。汉人、南人的生命财产没有保障，财产随时会被抢劫、被没收，人随时会被打、被逮捕，甚至被诛杀，无处申冤，也不许申冤。政治地位呢？朝廷和地方机关的长官，必须是蒙古人或者色目人，汉人、南人只能担任不重要的职务，用人的标准是种族而不是能力和学识。夜间禁止通行："一更三点钟声绝禁人行，五更三点钟声动听人行。"文天祥在至元十九年（1282）十二月被杀于燕京，成仁取义。这件事发扬了民族正气，感动了也号召了全民族和后代子孙，使他们明白，只有"驱逐鞑虏，恢复中华"才有好日子过，才对得起先烈，对得起民族。人生自古谁无死，留取丹心照汗青，至今长鸣在耳。吴晗研究后说，从元武宗以来，唱戏的，杀猪卖酒的，和尚道士，只要有门路，得到大汗欢心，就可做大官，有做到中书左丞、平章参政的，国公、司徒多到无法计算。贵族诸王随便杀人，随便荐人做官。地主豪民犯法该杀的，只要买通僧侣，就可以得到大汗特赦。据《草木子卷四·杂俎篇》记载，卖官鬻爵，贿赂公行。尤其是蒙古、色目的官吏，根本不知廉耻，问人讨钱，各有名目，例如下属来拜见有"拜见钱",无事白要叫"撒花钱",逢节送"节钱",过生日要"生日钱",管事要"常例钱",送迎有"人情钱",发传票拘票要"赍发钱",打官司要"公事钱"。弄的钱多说是"得手",除的州美说是"好地分",补的职近说是"好窠窟"。甚至台宪官都可以用钱买,像拍卖似的钱多得缺。肃政廉访司官巡察州县,各带库子(管钱的吏役),检钞称银,争多论少,简直在做买卖。大官吃小官,小官呢?当然吃百姓。民间有诗嘲官道:"解贼一金并一鼓,迎官两鼓一声锣。金鼓看来都一样,官人与贼不争多。"温州台州一带的老百姓,给官府榨苦了,在村子边竖起旗子,上面写着:"天高皇帝远,民少相公多。一日三遍打,不反待如何?"当时民间流传着一阕《醉太平》小令,从大都一直到江南,人人会念,词道:"堂堂大元,奸佞当权,开河变钞祸根源,惹红巾万千。官法滥,刑法重,黎民怨。人吃人,钞买钞,何曾见?贼做官,官做贼,混贤愚,哀哉可怜!"无亲情,无投靠,无活路,怎么办?"住方三载,而又雄者跳梁。初起汝、颖,次及凤阳之南厢。未几陷城,深高城隍,拒守不去,号令彰彰……乃告之曰:果束手以待罪?亦奋臂而相戕!"这应了"官逼民反"的历史铁律。

《明史·明太祖纪》载:"帝天授智勇,统一方夏,纬武经文,为汉、唐、宋诸君所未及。当其肇造之初,能沉几观变,次第经略,绰有成算。尝与诸臣论取天下之略,曰:'朕遭时丧乱,初起乡土,本图自全。及渡江以来,观群雄所为,徒为生民之患,而张士诚、陈友谅尤为巨蠹。士诚恃富,友谅恃强,朕独无所恃。惟不嗜杀人,布信义,行节俭,与卿等同心共济。初与二寇相持,士诚尤逼近。或谓宜先击之。朕以友谅志骄,士诚器小,志骄则好生事,器小则无远图,故先攻友谅。鄱阳之役,士诚卒不能出姑苏一步以为之援。向使先攻士诚,浙西负固坚守,友谅必空国而来,吾腹背受敌矣。二寇既除,北定中原,所以先山东、次河洛,止潼关之兵不遽取秦、陇者,盖扩廓帖木儿、李思齐、张思道皆百战之余,未肯遽下,急之则并力一隅,猝未易定,故出其不意,反旆而北。燕都既举,然后西征。张、李望绝势穷,不战而克,然扩廓犹力抗不屈。向令未下燕都,骤与角力,胜负未可知也。'帝之雄才大略,料敌制胜,率类此。故能戡定祸乱,以有天下。语云'天道后起者胜',岂偶然哉。"先攻强敌次其节目,先稳定南方后经略北方进而谋定天下,这种超级谋略非常人敢为。这是朱元璋洞悉天下大势,把握世道人心,尤其是看透陈友谅、张士诚的结果。他不仅多谋,而且善断,由此可见一斑。

三是重人情。鲁迅先生讲,无情未必真豪杰,怜子如何不丈夫。百姓如此,帝王亦如此,孝子皇帝朱元璋更是如此。在人生大难来临时,他深知"依亲自辱,仰天茫茫",人情冷暖,世态炎凉。"乃与兄计,如何是常。兄云去此,各度凶荒。兄为我哭,我为兄伤。皇天白日,泣断心肠。兄弟异路,哀恸遥苍。"手足情深,地久天长。他在流离失所的悲情中仍不忘亲情。今天,我们仍然可以想见他们当时兄弟即将分离而抱头痛哭的撕心裂肺的情景。成了孤儿"身如飘蓬逐风",危难时总想爹娘,父母是孩子最可靠的靠山啊。碑文曰:"魂悠悠而觅父母无有,志落魄而佒徉。西风鹤唳,俄淅沥以飞霜。身如飘蓬逐风而不止,心滚滚乎沸汤。一浮云乎三载,年方二十而强。时乃长淮盗起,民生攘攘,于是思亲之心昭著,日遥盼乎家邦。已而既归,乃复业于觉皇。"想家啊!"于是思亲之心昭著,日遥盼兮家邦。"在他发达时亲人来归,他更是喜不自胜。文曰:"思亲询旧,终日慨慷。知仲姊已逝,独存驸马与甥双。驸马引儿来我栖,外甥见舅如见娘。此时孟嫂亦有知,携儿挈女皆从傍。次兄已殁又数载,独遗寡妇野持筐。因兵南北,生计忙忙。一时会聚如再生,牵衣诉昔以难当。于是家有眷属,外练兵钢,群雄并驱,饮食不遑。"他称帝后,多次营建皇陵,追封其父朱世珍、母亲陈氏为仁祖淳皇帝、淳皇后,及兄嫂为王、妃,并立碑,多年来几经修缮,昔日的民家坟扩建成了一代帝王的陵寝。由亲情扩而大之为亲民,小我便长成大我。正如孟子"老吾老以及人之老,幼吾幼以及人之幼"。他家帝王陵寝有其他百姓坟墓,大臣要将其迁出时,朱元璋说都是旧时乡邻不必迁出,而且规定守皇陵者对百姓进皇陵祭祀自家先人时不得阻拦,任其自由出入。他在人事任用上,一律量才量能录用,这是何等的人情啊! 这也是知恩图报啊!《明史纪事本末》卷十四记载:八年(乙卯,一三七五)春正月甲子,诏天下郡县访穷民无依者,给衣食屋舍。这是何等可贵啊! 重人情而又不失法度,就更难能可贵了。我们在阅读《朱元璋治国圣训》中可以深深地感受到。因为其治国总而言之是两个字:赏罚。大情大爱,大仁大义!

当然,也有关于朱元璋为人阴险狡诈火烧庆功楼、胡惟庸、蓝玉诸多学案纷争,这是可以讨论的。胡惟庸纵子行凶是罪当问斩的,但株连九族是不好的。我认为,朱元璋的敢担当、善决断、重人情是永远值得我们学习的。

三、朱元璋的为政值得我们借鉴

朱元璋一代圣君,治国为政可总结者多,我结合碑文取三点略说。

一是把握天下大势,顺应历史潮流。朱元璋深知统一是中国历史大主流大趋势,且毕生为之奋斗。凤阳龙兴寺有联曰:"生于沛,学于泗,长于濠,凤阳昔钟天子气;始为僧,继为王,终为帝,龙兴今仰圣人容。"朱元璋从一小沙弥到亲兵,从十夫长到大元帅,从大元帅到吴王,从吴王到洪武皇帝,其为官为政的智慧非常值得我们今天好好研究。朱元璋乘势起于陇亩,"从愚朝暮,日日戎行。元兵讨罪,将士汤汤。一攫不得,再攫再攘。移营易垒,旌旗相望。已而解去,弃戈与枪。予脱旅队,驭马控缰,出游南土,气舒而光。倡农夫以入伍,事业是匡。不逾月而众集,赤帜蔽野而盈冈。率度清流,戍守滁阳。"高举反元复宋的大旗以聚人心,实在是英明伟大。回望历史,1351 年 5 月,韩山童、刘福通领导红巾军起义爆发。次年,郭子兴响应,聚众起义,攻占濠州。不久,贫苦农民出身的濠州人朱元璋受汤和邀请投奔郭子兴,屡立战功,受郭子兴器重和信任,并娶郭子兴养女马氏为妻。之后,朱元璋离开濠州,去滁州发展自己的势力。1355 年,刘福通立韩林儿为帝,国号大宋,年号龙凤,称小明王,以亳州为都城。郭子兴病故后朱元璋统率郭部,任小明王左副元帅。1356 年,他率兵占领集庆,改名为应天府,并攻下周围一些军事要地,获得了一块立足的基地。朱元璋采纳朱升"高筑墙,广积粮,缓称王"的建议。1360 年,鄱阳湖水战,陈友谅势力遭到巨大打击。1361 年,小明王封朱元璋为吴国公。1363 年,陈友谅势力被完全消灭。1364 年,朱元璋自称吴王,史称西吴王,与盘踞平江的东吴王张士诚相区别。1366 年小明王沉于江中溺死,1367 年,朱元璋改为吴元年,并攻下平江,张士诚自尽。后又灭浙江的方国珍。1368 年正月初四(公历 1 月 23 日),朱元璋在应天称帝,建立明朝,改元洪武,后进行北伐和西征,同年攻占大都,元顺帝北逃。之后朱元璋继续消灭位于四川的明玉珍势力和据守云南的元梁王,同时又深入漠北,进攻北元。天下至此初定,完成了由大乱到大治的历史进步。

二是知人善任,从谏如流。他学习汉高祖刘邦网罗天下名士为己所用。如刘基、章溢、叶琛、宋濂、冯国用、冯胜、徐达、常遇春等皆能重用;善用朱升"九字方针"——高筑墙、广积粮、缓称王。作战战略清楚,打好关键战役。如先打陈友谅再打张士诚,定鼎应天再南征北战,最后一统江山。由于朱元璋知人善任,因而"勇者效力,智者赞襄"。而且他身先士卒,"砺兵秣马,静看颉颃。群雄自为乎声教,戈予天下铿锵。元纲不振乎彼世祖之法,豪杰何有乎仁良。予乃张皇六师,飞旗角亢。勇者效力,智者赞襄。亲征荆、楚,将平湖、湘。三苗尽服,广海入疆。命大将军东平乎吴越,齐鲁耀乎旌幢。西有乎伊洛崤函,地险河湟。入胡都而市不易肆,虎臣露锋刃而灿若星铓。已而长驱乎井陉,河山之内外,民庶咸仰。关中既定,市巷笙簧。玄菟、乐浪以归版籍,南藩十有三国而来王"。真是风卷残云,气势开张,民心所向,一统在望!至于"依金陵而定鼎,托虎踞而仪凤凰",更是功高千古,治隆宋唐!列宁说,领袖是一个集团,千古之真理!刘邦得天下,依靠张良、萧何、韩信,刘备分天下靠诸葛亮、五虎将。宋元如此,明清亦如此,当代还如此。兴天下富人民,均以得人为先,这是千古不二法门。人才用则事业兴。所以,诸葛亮总结正反两方面经验教训得出精彩结论:亲贤臣远小人则兴,亲小人远贤臣则败。国民党的败,共产党的胜,皆缘于此。

三是治国理政严刑峻法,赏罚分明。朱元璋深知元亡之教训,因而在治国理政中能够抓住根本。他大力发展生产,阜民之财;节约开支,省民财力;节省工役,减轻负担;宣传教化,加强法治;打击贪官,澄清吏治。尤其是用严刑澄清吏治的做法值得借鉴,他的女婿犯罪也照样杀头。朱元璋诏令天下:"奉天承运,为惜民命,犯官吏贪赃满六十两者,一律处死,决不宽贷。"《大明律》专列"受赃"一卷,处罚非常严厉。其中规定,对受财枉法的犯罪,从严惩处,一贯以下杖七十,八十则绞;对监守自盗,不分首从,并赃论罪,满四十贯则处斩。朱元璋制定了整肃贪污的纲领——《大诰》,叫人节选抄录贴在路边显眼处和凉亭内,让官员读后自律,让百姓学后对付贪官。朱元璋为安邦治国"戴星而朝,夜分而寝"的勤政精神今天仍值得我们学习。人民领袖毛泽东担任了几十年的国家最高领导人,他发扬先贤传统,坚持节俭。他深情地说:"中国不缺我毛泽东一个人吃的花的。可是,我要是生活上不检点,随随便便吃了拿了,那些部长们、省长们、市长们、县长们都可以吃了拿了。那这个国家还怎么治理呢?"今天的状况呢?去年一年中纪委查处党员干部14.6万人,占党员总数的1.5%。反腐倡廉的确要警钟长鸣啊!毛泽东在新中国成立之初就告诫全党:"治国就是治吏,礼义廉耻,国之四维;四维不张,国将不国。如果臣下一个个都寡廉鲜耻,贪污无度,胡作非为,而国家还没有办法治理他们,那么天下一定大乱,老百姓一定要当李自成。国民党是这样,共产党也会是这样。"他还说:"谁要是搞腐败那一套,我毛泽东就割谁的脑袋。我毛泽东若是搞腐败,人民就割我毛泽东的脑袋。"古今一同,人同此心,情同此理啊!

四、朱元璋的为文值得我们学习

《大明皇陵碑文》大气磅礴，文风质朴，非文人之文，乃胸怀写照！大千气象，百般情怀，尽在普通文字中。朱元璋"泪笔以述难，谕嗣以抚昌"，动真情说真话得真理。有如刘邦之《大风歌》："大风起兮云飞扬，威加海内兮归故乡，安得猛士兮守四方！"又如项羽之《垓下歌》："力拔山兮气盖世。时不利兮骓不逝。骓不逝兮可奈何！虞兮虞兮奈若何！"你看手足情深："兄为我哭，我为兄伤。皇天白日，泣断心肠。兄弟异路，哀恸遥苍。"发自肺腑，毫不修饰，直抒胸臆。你听，"外甥见舅如见娘"，"因兵南北，生计忙忙"。人间至情至浓至烈。一家人相聚之快乐："一时会聚如再生，牵衣诉昔以难当。"家有眷属，饮食不遑。他当过和尚，挂过单，打过仗，九死一生，因而他更渴望家的温暖。亲人相聚喜不自胜溢于言表。尤其他的孝子情，更使他有着无以为报的缺憾。"惟劬劳罔极之恩难报，勒石铭于皇堂。世世承运而务德，必彷佛于殷商。泪笔以述难，谕嗣以抚昌。稽首再拜，愿时时而来飨。"以韵为主，文白兼用，长短杂陈，以气为引，首尾贯通，排山倒海，气象万千。当然，其气其词，其力其量，还有很多，还可以更深入地研究。毛泽东同志非常赞赏朱元璋的文风。毛泽东在延安时期就非常重视整顿"三风"，还把郭沫若的《甲申三百年祭》作为全党学习文件。今天，我们看到文山会海形式主义害人，党中央国务院要下决心整顿作风文风会风，实在是实现中华民族伟大复兴之必需！我们看到今天的一些文章乃至文件，八股之风、浮华之风蔓延，实在令人心焦。温家宝总理要求，要少开会、开短会、开有用的会。习近平强调，领导讲话要讲简单的话、明白的话、有用的话。实在是振聋发聩！朱元璋的文风实在值得我们好好学习。

《大明皇陵碑文》真实地记载了朱元璋的大半部奋斗史。《明太祖本纪》赞曰："太祖以聪明神武之资，抱济世安民之志，乘时应运，豪杰景从，戡乱摧强，十五载而成帝业。崛起布衣，奄奠海宇，西汉以后所未有也。惩元政废弛，治尚严峻。而能礼致耆儒，考礼定乐，昭揭经义，尊崇正学，加恩胜国，澄清吏治，修人纪，崇凤都，正后宫名义，内治肃清，禁宦竖不得干政，五府六部官职相维，置卫屯田，兵食俱足。武定祸乱，文致太平，太祖实身兼之。至于雅尚志节，听蔡子英北归。晚岁忧民益切，尝以一岁开支河暨塘堰数万以利农桑、备旱潦。用此子孙承业二百余年，士重名义，闾阎充实。至今苗裔蒙泽，尚如东楼、白马，世承先祀，有以哉。"朱元璋在位期间，为了缓和尖锐、复杂的阶级矛盾、民族矛盾和统治阶级内部各集团之间的矛盾，实行了抗击外侵、革新政治、发展生产、安定民生等一系列有利于社会前进的政策，在政治、经济、军事、思想等方面大力加强君主专制的中央集权统治。与此相适应，在法律思想上，他鉴于元末法纪纵弛导致的各种弊端，认为"朕收平中国，非猛不可"。朱元璋之举确有其历史合理性。将历史作为现实的参照系，应该是一种正常的思考和表达模式。以史为鉴，可以知兴替。生活在多元化的信息时代，互联网可为我们提供更丰富的历史参照物。章立凡品评吴晗《朱元璋传》时说，史家大可不必着意于"影射"，只需让翔实的史料自己说话；读者会一代比一代更精明，对历史的解读将越来越个性化。无论是治史或读史,当你打开这部史学名著之际,作者的命运也在昭示后人:欲洞察真相求取真知,坚守独立之精神、自由之思想是第一要务。这是我所赞成的。

作者简介:

欧振宝,男,蚌埠市委党校教授,安徽蚌埠明文化研究会常务理事。

王剑英与明中都纪实

夏玉润

历史往往巧合：600年前的1369年，朱元璋下诏，以临濠（凤阳）为中都；6年后即1375年，朱元璋下诏"罢中都役作"。而600年后的1969年，王剑英先生来凤阳"五七干校"，也是6年后的1975年，王剑英的《明中都城考》（历史篇）完稿刊印。

明中都的兴废，均来自朱元璋个人的情感与意志。这座废弃的都城，是中国古建筑史上的悲哀，更是朱元璋一生中最大的耻辱之一。所以他的子孙们在编修《太祖高皇帝实录》时，把这段史实大多隐匿不录。不仅600年后生长在这块土地上的凤阳人，不知"中都城"的称谓，就连笔者当时正在分管全县文化、文物的部门——"文化馆"工作，竟对"中都城"一无所知。更有甚者，就连专门研究明史、中国都城史、古建筑史的专家学者们，亦对明中都所知甚少，甚至是一无所知。

或许时隔整整10个甲子，被朱元璋隐藏的"绝密"，终于到了应该大白天下的时刻：一位与凤阳土地毫无关联的人物——王剑英先生，被政治与历史戏剧般地安插于凤阳，让他拿起穿越时空隧道的锁匙，重新启开尘封的明中都大门。此时，与朱元璋兴废明中都的年代，恰巧相距整整600年。

一

1369年九月癸卯，时年42岁的朱元璋下诏，以临濠（凤阳）为中都。

1969年初夏，时年49岁的王剑英先生来到凤阳，在教育部五七干校劳动。

为了落实毛泽东于1966年5月7日下达的《五七指示》，国家教育部于1969年决定在凤阳设立"五七干校"。这年初夏，王剑英先生作为干校的先遣学员，最先来到凤阳。教育部"五七干校"，是按军事单位的模式来划分的，共分为9个连队。王剑英先生所在单位——人民教育出版社被编为7连，连部设于当时的黄泥铺公社三合输园艺场三队。一同在这里的还有：一代鸿儒张中行，当代研究朱元璋著名专家陈梧桐，著名宋史专家陈乐素，著名史学家、后任贵州师范大学校长吴雁南，精通史学、经学、文学、哲学的学者邱汉生，以及张渭城、张葵、柳松等一批高级知识分子。

夏日的一天，"五七干校"的队员全部集中于凤阳城内"五七干校"总部听报告。王剑英听说离府城（即今凤阳县治所在地。明清时为凤阳府治所在地，故曰"府城"）不远处还有一座"县城"（清代，这里曾是凤阳县治所在地，故曰"县城"），便利用午饭后的空闲前去看一看。这座所谓的"县城",即中都皇城。他走进这座神秘的县城,立即被它雄伟的城墙震惊了。他不仅看到了午门内外须弥座精美的白玉石浮雕,看到了巨大的蟠龙石础,还先后沿着砖砌平整的斜道,登上东华门、玄武门和午门,以及午门城内的"状元桥"(即内金水桥)。他遇到一位年过70的老人,老人告诉他:凤阳有"紫禁城"、"内罗城"、"外罗城",是当年朱元璋在这里修建的都城,因刘伯温反对,没有建成,只建了一座空城。老人还对他说了"鹰夹箭"的民间故事。王先生认为这些都是民间传说而已,如何能与北京故宫相比?

新设立的"五七干校"需要一批城砖建筑校舍,经凤阳县委批准后,便派大卡车前往午门东墙运砖。王先生被派来当搬运工,他看到自东华门至午门,到处都在扒城砖,砖垛自城墙根一直码到护城河边。他还看到,人们在扒拆午门东圈顶时,洋镐下去,火星迸发,城砖虽被劈断,但黏接处仍不能分,十分坚实。

当时"五七干校"学员中的一部分人,是所谓有"历史问题"的,是"审察对象",要"接受改造"。王先生即属此类。他不仅每日要写检讨,作交待,接受批判,还要干最累、最脏的活。分配给王先生的任务是喂猪、种菜。一次过节,领导叫他杀头猪。这位连鸡都没杀过的高级知识分子,只得拿起屠刀,忙了整整一天,终于杀了猪,拔了毛,解了体,送至伙房。后来,他谈及此事,笑着对我说:少了张屠夫,一样不吃带毛猪!

1972年元旦刚过,干校将没有"问题"的学员遣散至地方工作,主要的去向是边疆地区,仅留下小部分有"历史问题"的人,并将他们全部转移至凤阳县城内的"五七干校"总部。王先生离开劳作一年半的三合输园艺场,搬进了凤阳城。此时一个突然的机遇,再次把他与明中都联系在一起。

二

1372年,朱元璋筑中都皇城,建百万仓、公侯宅第,立钦天监、观星台。

1373年,矍中都皇城,立中都城隍庙、功臣庙、历代帝王庙,建会同馆。

1972年,王剑英先生回北京,看到北京午门须弥座上的石雕远不及中都皇城。

1973年,他在复旦大学首次了解明中都已基本完工。回凤阳后,开始对中都遗址进行全面调查、勘测。

1945年,王剑英先生于南京中央大学政治经济学系毕业后,便在家乡江苏太仓娄东中学当了3年历史地理教师。对地图有着特有天赋的王先生,每逢上课时,现场在黑板上画地图,给学生以极深的印象。王先生进入晚年后,当年那批学生常来京登门看望,笑谈几十年前画地图的情景。

1948年,王剑英先生获得美国哈佛燕京学社奖学金而进入燕京大学历史研究生班,主攻明史。1951年,他分配至人民教育出版社,不久,便开始从事历史教科书及地图编辑、编审工作。1959年,中国历史博物馆开始筹建,经中国历史地理大师、复旦大学著名教授谭其骧先生的推荐,王先生被国务院聘请担任该馆历史地图组组长。

1972 年,中国历史博物馆即将重新开馆,将王先生抽至博物馆,他再次担任历史地图组组长,主持开馆前的地图修复工作。历史博物馆与故宫仅咫尺之遥,工作之余,他来到了故宫午门,看到北京的形制,与凤阳"县城"南门基本相同,他疑惑了:凤阳这座"县城"的形制为何与北京故宫相似? 为何一座"县城"城墙、城河竟与北京故宫相同? 它到底藏有多少秘密? 为什么中国专家学者们对这座"县城"一无所知? ——一连串的问题,浮现于脑际,埋藏于心中。

1973 年年初,国家有关部门在复旦大学召开了《中国历史地图集》审图会。他作为专家之一,参加了这次会议。会议期间,一次偶然的机遇,他看到了乾隆《凤阳县志》:

> (我)粗略翻阅了一下,看到有关明初建中都的一些记载,才初步了解不是没有搞成,而是基本建成了;不仅有皇城,还有二道城和外围的中都城;不仅有宫殿,而且还有太庙、太社稷,有圜丘、方丘,有中书省、大都督府、御史台等等中央官署,有国子学、会同馆、观星台,有中都城隍庙、功臣庙、帝王庙,有金水河、百万仓,有中都留守司、教场,还有皇陵、龙兴寺,许多开国功臣的宅第、坟墓等等。

"天生我材必有用"。王剑英先生对明史及历史地理有着深厚的基本功,又是一位历史地图专家。此时他明白,这块神奇的土地将是自己一个求之不得、拼搏人生的战场,是许多学者一生都无法碰到的机遇。于是,会议之后,他立即返回凤阳,决定对明中都进行考察。

王先生的住地干校总部,原是安徽省第四监狱。四周为高大的砖墙,中间为宽敞的砖砌瓦房。这些建筑是新中国成立之初扒拆几座中都桥梁上的城砖修建而成的,砖上显露了许多文字。此时的干校已没有劳动任务,整日开展政治学习。王先生利用空余时间,抱着一颗好奇的心,在干校里寻找字砖,将砖上的字一一记录。从此,他开始了明中都考察的第一步。

接着,为了寻求字砖的秘密,他向凤阳县档案馆借阅并抄录了乾隆《凤阳县志》和光绪《凤阳府志》。上述志书虽为清人编纂,但基本勾勒了明中都的轮廓。

王剑英先生决定实地考察。但作为一名"有历史问题"五七干校学员,一切言行都必须向组织如实汇报,不能隐瞒,否则后果将不堪设想。于是,他将自己的想法向当时的干校负责人张健同志(后任中央教育科学研究所所长)做了汇报。张健破例同意他每逢星期天可以外出考察,还借给他一辆自行车、一部照相机。多年后,王先生感慨地对我说:"如果没有张健同志的支持,《明中都》这本书就写不成。"有了领导的支持,王剑英先生单枪匹马地开始了考察工作:

> 从这年(1973)4 月起,我每逢星期天,便身背水壶,带点馒头咸菜,清晨就骑车出门,到处寻找遗址,访问群众,测量绘图,至晚方归。
> 由于年代久远,建置变革,广大群众对明初中都的情况不甚了解。如为了寻找南左甲第门的位置,我多次从鼓楼南行,见人就问,一直到达亮岗(乡)西北的岗集,

都未找到。看不到城门遗址，也看不到中都城埂遗址。当地群众只知道老北门即北左甲第门城根遗址、独山城根遗址、门台子城门遗址、涂山门遗址，其他都不甚了解。他们都不知道有"南左甲第门"的名称，也不知道有"中都"和"中都城"的名称，只知道有一圈"外罗城"。一直到后来找到了钟楼遗址的前右甲第门遗址，和从那里到洪武门遗址之间的中都城南城埂遗址，看到了正好竖立在它北侧的高压电线杆，才找到了南左甲第门的确切位置。道路两侧的两个瓦砾废丘天天摆在那里，不知来回走了多少次，都没有把它看成是遗址。此后，中都九门和30多公里长的中都城遗址先后都找到了，即使部分地段已无痕迹，只要把已知的部分直线延长即可相连接。

方志载鼓楼到钟楼相距五里，当时这条路上尚无里程碑。没有工具，就用自行车蹬圈测量①，结果是六里，我怕记错了，分段反复测算，还是六里。后来才发现明里180丈为一里，华里150丈为一里，两者正相符合。

初步方位确定，我开始测绘明中都地图。最短的用钢尺，长的用头上缺了3米的皮卷尺②，再长则用自行车，③测绘了一幅明中都遗址复原的平面图。一年后，看到五千分之一的地形图，基本相符，实在高兴……

时间长了，社员跟我熟了，告诉我他家有龙瓦或凤滴水，愿意送给我。一看才下午四时，就架起自行车，跟他们一起劳动、抢场，待收工时再一起去取。为了了解有关中都的历史和遗迹，我东至临淮、钟离古城，南至皇陵、大庙、徐府，西至官沟、刘府和蚌埠的曹山，北至长淮卫、方丘和淮北的郭府。有时中途遇雨，农村道路泥泞，自行车推不动，还得扛着车走。经过半年左右的时间，走遍了凤阳的山山水水，社社队队，初步摸清了中都遗址的情况，有尚未找到的，也有文献上所未曾记载的。

30年后，即2003年10月和2004年5至6月，笔者为本书(即《明中都研究》，王剑英著，陈怀仁、林福江、陈毓秀、夏玉润、王红编，中国青年出版社2005年出版)增补照片，沿着王剑英先生当年走过的路重新走了两遍。此时我的行头与道具与当年王先生基本相似：一部自行车，一双军用球鞋，一瓶矿泉水，一部照相机，一本工作笔记。时而在宽阔的大道上飞驰，时而在羊肠山路推车而行，时而在狭窄的田埂上慢慢挪动，还有几回遇到沟壑，只得弃车步行。拍摄北左甲第门时，恰遇暴雨，全身淋湿；拍摄皇陵土城东门时迷了路，在烈日下暴晒数小时，头颈、胳膊脱了一层皮；拍摄李家大堤时不慎跌入沟内，全身酸痛，沉迷半小时才醒过来；拍摄独山顶上的观星台时，因未留意开山农民发出即将爆破的信号而往山上爬去，幸亏被一采草药农民紧急喊住，这才在鬼门关前止步。这两次拍摄的行程，使我深深地体会和理解王先生当年的艰辛与劳苦。所不同的是，我比王先生幸运得多：王先生除白天辛劳考察，晚上回去还要写"检查"，接受批判。

---

① 据王先生说，在自行车前轮扎上细绳做记号，算出脚踏圆盘转一圈，前轮能转几圈，最后算出两地之间共蹬圆盘圈数，即可算出共多少米。

② 王先生的皮卷尺长度为30米，因头部缺少3米，故仅有27米。

③ 据王先生说，测量中都城周长时，同样是用一部自行车，但上坡和下坡、顺风和逆风，测量的数据都不一样，测量明中都周长时，来回不知多少遍。有的特殊地方，还要用步测。

在那特殊的年代，一位年过 50 的外地人，操着浓浓的吴音，到处寻找明中都的遗迹。这一奇人奇事，很快在当地群众中传开了。居住在中都皇城、皇陵一带的老百姓，都知道有一位从北京来的"老王"，或者是高教部的"老王"、戴眼镜的"老王"。一提到他，老百姓都说，这个人能吃苦，没有架子，有本事，能讲许多凤阳的古迹。这些古迹，我们八辈子都不知道，他不是凤阳人，怎能知道这么多?!

然而，王先生在另一部分人的眼中，又是另一种形象，他们说：这个人神经有点问题，一天到晚就是在皇城、皇陵乱跑，把烂砖碎瓦当宝贝，不知道搞什么名堂!

王剑英与凤阳群众建立了友情：

> 老乡不但把耕地、挖塘、开沟时捡到的龙瓦、凤滴、吻饰送给我，还告诉我许多文献上没有记载的珍贵信息：如承天门东侧水沟里出现过成排的浮雕；千步廊位置掘出过南北成行的红石条；午门内外，东、西华门内侧等处地下都有大桥；奉天门前原都是白玉石大街；后宫位置下有大量的琉璃大瓦、琉璃碎件、大城砖的墙基；武英殿位置地里还有从未移位的石础等等……

多年后，王先生在回忆这段往事时，深情地对我说：感谢凤阳老乡的支持和帮助，这对我以后撰写《明中都》和《明中都遗址考察报告》非常重要。

1973 年国庆节期间，"五七干校"组织全体学员在安徽境内参观旅游。王先生利用这段旅游假期，去查寻史料，与半年来的实地考察所取得的资料相互印证。而当时凤阳仅有清光绪年间的府志和县志各一部，且不完整，必须到南京查阅。他的请求再次得到了领导的批准：

> 同年(1973)10 月，我自费到南京查阅文献资料，主要阅读并抄录了南京地理研究所藏的《凤阳新书》，南京图书馆藏的《中都志》、《临淮县志》，南京大学藏的《明实录》、《大明会典》、《大明一统志》等等。
>
> 住了一个半月，天气渐渐凉了，就把替换的衣服、雨衣全部加在身上；钱带得不多，先住小旅社，后住进南京大学；每顿饭只吃二两光面加点米饭，没有菜，直到钱全部用光。此时干校电报催我回去，我才返回凤阳。
>
> 1974 年春天，我利用回北京探亲的机会，又到北京图书馆(今改称国家图书馆)、中国科学院图书馆看万历《凤阳县志》、万历增补的《中都志》图、康熙《凤阳府志》、《高皇帝御制文集》等珍贵史料。图书馆闭馆日，我就到故宫去细细观察。
>
> 我原以为北京故宫的建筑一定是全国最精致、最豪华的，是无与伦比的。可是事实竟然完全跟我主观的想法相反：明中都午门须弥座上是绵延不断的、十分精致生动活泼的浮雕，有飞龙、翔凤、麒麟、奔鹿、双狮耍绣球，各种花卉和图案，而南京、北京的午门仅两端有点程式化了的图案装饰，其余全都是光秃秃的白石；明中都的石栏板两侧都是精致的浮雕，北京故宫石栏杆两侧则全是白的，没有浮雕；明中都宫殿的石础是 270 厘米见方的蟠龙石础，而太和殿的是 160 厘米见方的白础，面积

只有明中都的三分之一大;明中都所有建筑的构件都比北京的精致,标准高。经过对比,我认识到明中都是朱元璋统一全国后悉心经营的高标准建筑,又是后来改建南京、营建北京的蓝本。

在这段日子里,精通明史、中国都城史的王剑英先生带着明中都这一问题,重新在史学的海洋中寻找一切与凤阳,与朱元璋,与元、明、清都城,与明中都、皇陵有关的史料,哪怕蛛丝马迹也不放过。经过半年的努力,王先生搜集了大量资料,为明中都的继续考察与写作,奠定了基础。

三

1374 年,明中都营建进入全面、紧张的施工阶段。

1375 年四月丁巳,朱元璋下诏,罢中都役作。

1974 年,王剑英先生在凤阳县文化馆的协助下,开始撰写《明中都城考》。

1975 年春,书稿成。

1974 年春,王剑英先生返回凤阳后,继续利用星期天,背着水壶、相机,带着干粮、咸菜,骑着自行车,奔波在凤阳的大地上。

刘建桥对王剑英先生考察明中都的消息早有所闻。

刘建桥,凤阳县文化馆唯一分管文物考古工作的文化干部。这年夏天的一个上午,刘建桥与王剑英在皇陵相遇了。当时王先生看《皇陵碑》文,发现府志、县志所载各有相异,于是爬上大木梯,手里拿着《皇陵碑》文,与皇陵石碑上的字一个一个地对照,并不时地在纸上做记录。皇陵碑文是竖排的,他每看一行文字,便从木梯上爬上爬下一次。50 多岁的人,工作在 7 米以上高的石碑上,连年轻人都害怕。只见他满身是汗,短裤背心全湿透。

刘建桥等他工作完毕,便向他询问。王先生回答:我是教育部搞明史的。刘说:如果你感兴趣,能否对明中都全面考察一下,写个东西出来。王先生答应了。

一次偶尔的相遇、三言两语,彻底改变了王剑英先生考察写作的环境。

第二天早饭后,刘建桥前往教育部"五七干校"总部,只见王先生的住地——三间通为一室的大屋内,摆满了几十张高低双人床,王先生的床便摆在东南角。床前破旧的大木箱是他的办公桌,两块叠起的大城砖上面铺一张报纸便是他的办公椅。此时他正在那里沉迷于书籍中,对屋内打扑克、下象棋、谈话而发出的笑声和叫声毫不知觉。二人见面后,王先生提出:要想尽快将《明中都城考》一书写成,能否通过组织,将他抽出专门写作。

当天下午,文化馆负责人周其芳与刘建桥手持文化馆的介绍信,找到了干校的党委负责人。答复是:我们是来接受贫下中农再教育的,不能参加文化馆的工作。

他们又从县委办公室开了一张介绍信,但答复依旧:我们不是考古部门,也不是历史研究单位,我们不参与地方活动。"

刘建桥打听到,教育部"五七干校"的军代表讲话最算数,于是找到了凤阳县人武部政委,政委又找到"五七干校"军代表,军代表一口答应了。从此,王剑英被抽至文化馆,专职考察、研究明中都。

1974年5月初,笔者调进凤阳县文化馆从事群众音乐工作。我第一次见到王先生是在两个多月后的一个盛夏的夜晚。当时气温高达39度以上,气闷无风,我与文化馆的同事们被热浪驱往大院内,手持芭蕉扇纳凉谈心(那个年代,电扇、空调尚未进入百姓家中),无法入睡。文化馆内的一间办公室内灯光通明,我进去一看,眼前出现如下画面:屋内一无电扇、二无蚊香,仅穿一件裤头的王先生,一条湿毛巾披在肩上,赤脚插在水盆里,正趴在硕大的乒乓球桌上撰写《明中都城考》书稿。王先生为了节约经费,在用过一面的纸上撰写文字,为了防止汗水湿透稿纸,他在右臂下垫了一块干毛巾。桌上、地上摆满了各种书籍、资料、地图,他不时地用左手拍打着身上正在吸血的蚊虫——这是我第一次见到王先生的情景。这一画面永远定格于我的脑中,虽时隔数十年,恍如昨日。

从1974年下半年到1975年春天,从酷暑炎夏到严寒隆冬,王先生夜以继日地研究与写作,并不时地到遗址现场考察核实,以完善书稿。关于这段经历,当年文化馆馆长蒋汝成回忆说:"我每次看到王剑英先生,他都是风尘仆仆的。他常常到我家谈工作,叫他吃饭,他从不客气,没吃饱还要,饭量大,一顿能吃两大碗面条,不多言语,吃好了也不说声谢谢就去工作了。我从未见过有这样忠于工作和事业的人。他把全部精力拼在工作上了,现在想起来还叫人感动不已!"

1975年春,王剑英先生的《明中都城考》(历史篇)完稿。

该书史料广征博引。1992年中华书局出版的《明中都》一书中,所列重要参考书目就达73种之多。同一书目有其他版本者,王先生总是千方百计地查寻,并与原版本对照。如柳瑛《中都志》有弘治元年原刊本、隆庆三年刻本、万历四十一年增补本,他分别在南京图书馆、南京大学图书馆、国家图书馆看过。又如,朱元璋撰写的《皇陵碑》文,他看过如下文献:书籍有《高皇帝御制文集》、郎瑛《七修类稿》、沈节甫《纪录汇编》、徐乃昌《安徽通志金石古物考稿》;志书有天启本《凤阳新书》、康熙本《凤阳府志》、乾隆本《凤阳县志》、光绪本《凤阳府志》、光绪《凤阳县志》;拓片有北京图书馆藏拓片、滁县地区文化局新拓片、凤阳县文化馆收购的旧拓片。有了这些,他仍不放心,冒着高温,爬上木梯,与皇陵碑实物一字一字地核对,即刘建先生所看见的那动人的一幕。

王先生强调地图在史书中的作用,即古人所说的"左图右史"。在《明中都》一书中,文字仅有21.8万字,而地图与插图竟达83幅之多。王剑英先生在凤阳期间,亲自绘制了《明中都总图》、《明中都遗址示意图》、《明中都皇陵遗址踏测图》、《明中都鼓楼立面、平面图》、《明中都圜丘遗址图》、《明中都观星台遗址图》、《明皇陵遗址示意图》、《明中都城原设计复原图》、《修改后的明中都平面图》、《明中都午门以南、建筑平面图》、《明中都钟楼大钟与北京钟楼大钟、大钟寺大钟比较图》、《凤阳府城地图》、《明中都部分街坊复原示意图》、《凤阳府城地图》等,共50余幅图。上述图片,精细而准确。在介绍中国历代都城遗址的著作中,明中都遗址的地图与插图最多,质量最高。

笔者在整理王先生遗物时,发现王先生当年为了节约经费,他把地图画在用过一面的书写纸的背面。一幅《明中都总图》,他分解为 6 张小图,然后合并,又涂彩,最后晒图,共有数道工序。草图的四边,密密匝匝地写上自行车轮转数乘以米数的计算列式。地图上的每一厘米长度,每一条等高线的弯曲,每一道山脉、每一条河流的走向,对于一个不是凤阳人的学者来说,不知付出了多少心血与汗水。像这样的地图,王先生用最原始的方法共绘制了十多幅,这对于今人来说,简直不敢想象。

王先生的《明中都》一书中,还收录了 72 张照片。这些照片,是从王先生所拥有的上千张有关明中都照片中精选出来的。上述照片分两大类:一是史料照片,主要有明清时期凤阳府及所属州县方志中的地图、插图、书影,为此他还撰写了《古方志中有关明中都、凤阳、皇陵、祖陵的插图和书影》一文,介绍了这些图片的来源及史料价值。此外,还有《大明会典》、《金陵古今图考》地图、插图、书影;有《太祖洪武实录》、《高皇帝御制文集》、《大明一统志》书影等。笔者在王先生的遗物中,发现《太祖洪武实录》书影共 29 面,《高皇帝御制文集》书影共 39 面。上述均装订成册。二是王先生亲自拍摄的明中都遗址照片。当年王先生自费购买了一部上海产“海鸥牌”4B 型 120 照相机,他还自学了配制药水、冲放底片照片的技术。他在明中都遗址上的每一个角落、每一件遗物遗迹上,都留下了镜头。为了节省经费,他购买的胶卷质量较差,再加上暗房技术能力有限,所以此类照片质量不佳(后来凤阳县文化馆专职摄影干部程玉钧等人协助这项工作,才提高了照片质量)。当年王先生为了摄制照片,留下视觉图像资料,仅从工资中扣除小部分生活费,其余全部用于摄影。这种无私忘我的敬业精神,为当今社会中一些动辄讲钱、唯利是图者们无法理解。

在此期间,王剑英先生还走访并记录了数十位凤阳当地群众对明中都遗址的回忆。其中一部分被《明中都遗址考察报告》所引用。上述被调查者如今已全部去世。这些调查记录成了珍贵的口述历史。

王剑英先生曾对我说过:在学术上,他受“乾嘉学派”的影响,注重原始资料。王剑英先生把自己做学问的方式称为“磨刀背”。他说:“没有现成的东西,不磨怎么办?”《明中都城考》是一部从刀背上磨出来的著作。明中都史料缺乏,遗址被破坏,王剑英自费在全国各大图书馆内大海捞针,并依靠一个缺头的皮尺和一部自行车,行程数千里,在凤阳大地上将明中都建筑的全部遗址一一找出,绘图标明位置。这是一个具有开创意义的大遗址文化考察工程,亦是全面、系统、多方位、多层次并利用当时一切可利用的手段来研究明中都的一个艰巨而又浩大的文化工程。而这一工程仅在两年多的时间内由个人单独完成。如果放在今天,估计要从科研部门抽调数十人,下拨数百万乃至上千万的科研经费,历时数年才能完成。可以说,《明中都城考》的完稿,是中国古今学术史上的一大奇迹。

中国都城史、陵寝史是开辟不久的研究领域。在这一领域中,先人留给我们的史料并不丰富,这一领域的研究成果,目前还处于起步阶段。而王剑英《明中都城考》不论是体例的创建,史料的搜集与使用,研究方法的科学与准确,还是众多地图、插图、照片的运用,以及采访记录数十名当地群众的民间口述信息,均比历史上任何一部此类著作大大向前超越了一步，并在诸多方面填补了古代史、都城史、陵寝史、建筑史之空白，推动了我国古建筑史的研究。可以毫不夸张地说，王剑英先生的名字，将与明中都这座都城永远联系在一起，刊载于中国古代都城陵寝史中。

<h1 style="text-align:center">四</h1>

洪武八年四月丁巳，朱元璋虽诏令"罢中都役作"，但中都工程仍未停工。如当年建钟鼓楼，后又改建皇陵，修建了十王四妃坟、龙兴寺，修筑外城砖墙、城门等。

从1952年开始，对中都皇城进行了扒拆，至"文化大革命"期间，中都皇城遭受重大破坏。

王剑英先生在凤阳撰写《明中都城考》前后，为保护明中都遗址，到处奔波、呼吁……

1973到1975年，既是王剑英先生考察、研究明中都和撰写书稿的岁月，也是中都皇城遭受严重破坏的多事之秋。他无法面对中都皇城一面面城墙、一个个城门、一座座金水桥在他眼前逐渐消失的现实。王先生明白，那毁灭的是华夏的文化、人类的文明，那消失的是凤阳大地上巨大的财富、中国辉煌的都城史。中国知识分子传承民族文化的深切情感和强烈的责任心，驱使着他在撰写书稿的同时，向领导、向群众大声呼吁，请他们停止任何破坏明中都遗址的行为；他四处奔波，拿起照相机、纸笔，记录遗址被破坏的那瞬间情景。

新中国成立之初，中都皇城的建筑就开始遭受破坏。1952年，主要扒拆了城内的房屋、墙基、殿台。1956年又挖拆了城内金水河石岸、桥梁。1958年，凤阳县以"大炼钢铁"为由，开始扒拆中都皇城东华门附近的城墙，从而使这座保存近600年之久的城墙开始毁损。

"文化大革命"期间，中都皇城遭到了疯狂的破坏。1967年，城北、城西、门台等公社社员前往皇城扒拆城墙，人山人海。县委知道后，认为这样乱扒，不如组织人去扒，收入归县财政，便于1969年4月成立了"拆城小组"，并提出"砸烂旧县城，建设新凤阳"，"让朱元璋为社会主义服务"的口号，组织城西公社各生产队劳力2000多人大兵团作战扒拆城砖。3个月后，又改为城西公社"扒城墙专业队"来干，并一直干到1972年。在这几年中，装运城砖的各色车辆云集皇城周围，穿梭不绝，火车载，轮船装，单是卖给上海就有几百万块，卖了20万元。当时的城西公社各处新盖的公私建筑（包括厕所、猪圈），用的几乎都是中都皇城的城砖。

1972年，在安徽省文物工作会议公开点名凤阳的破坏文物的行为，凤阳被迫解散了"拆城小组"。大规模的扒拆活动虽已停止，但零敲碎打的扒拆城砖活动一天也未停止，如县直机关各单位、府城镇（凤阳县城关镇）分别与城西公社有关大队私自挂钩，多次购买城砖。1974年，为了兴建县化肥厂，县委要求城西公社扒拆30万城砖；同年，城西公社为了盖办公楼，扒拆了内金水桥；1975年，城西公社前进大队以为下放知青盖房为由，南门生产队以开水沟为名，县城大队以给大队盖厨房为名……中都皇城所在地城西公社,在经济利益的驱使下,大队、生产队一些干部公开带头扒拆,公社领导在背后积极支持,再加上县里领导的默许,中都皇城的扒拆行为从未间断。

王剑英先生就是在这一背景下从事明中都考察与研究工作的。他在《明中都遗址的发现及其研究》一文中写道:

> 从酷暑炎夏到严寒隆冬,我夜以继日地开始了研究和写作,并不时到现场去考察核实。那时,大规模的拆城工作已经停止,但偷挖和偷拆城砖的事时有发生,还有把白玉石浮雕拉去砌坑烤烟,变成石灰,说是"一举两得"。地面下的大桥一条又一条地被扒拆,西安门遗址下的木桩被吊起堆积如山。我忧心如焚,担心我材料还没写完,遗址倒先拆光扒尽了。我到处奔走呼吁……

王剑英先生在撰写书稿最紧张的日子里抽空到处奔走宣传,在县直机关各单位、各学校,城西公社各大队、生产队作演讲报告。凡是有单位请他介绍明中都的,不管路途远近,时间早晚,天气好坏,一律接受。只要听说城西公社水利工地开工,他必主动前往,宣传明中都。他相信群众是通情达理的,只要让他们了解保护明中都的重要意义,就会从根本上扭转破坏明中都的局面。

事过多年,原文化馆馆长蒋汝成对笔者说:"我最怕王剑英先生找我说,某某地方又在扒城砖了。我去吧,又无权处理,上面领导又不支持;要不去吧,又怕挫伤他的积极性,只好跟着他到那里去制止。我被他的精神感动了。"

笔者在编选本书(即《明中都研究》一书)时,在王剑英先生的遗物中找出当年宣传国家文物政策的两本小册子和两页宣讲提纲。两本小册子:国家文物事业管理局编印的《文物法令选编》和安徽省博物馆革命委员会编印的《文物保护工作手册》。两页宣讲提纲:一、广播马克思、列宁、毛主席语录;二、宣讲中共中央、国务院关于保护文物的文件,宣讲凤阳县革命委员会 1974 年 7 月 5 日关于加强保护县城的紧急通知;三、介绍第一批全国重点文物保护单位;四、全面介绍明中都的情况,介绍明中都是历史上最好的都城,具有重大历史、艺术、科学价值,已受中央、省、地各级领导的高度重视。

王剑英先生对明中都遗址执着的爱、深厚的情,感动了凤阳父老乡亲。每逢王先生演讲时,室内总是挤满了聚精会神的人群。为了支持协助王先生的工作,凤阳县凡是有打字机的单位(如县公安局、农林局、人民银行)及打字员,都愿意替王先生打印书稿;县建设局技术人员一次又一次地为王先生测量遗址数据;县档案馆将有关历史资料、图书借给王先生阅读;凤阳师范教师帮助王先生绘制插图;一些县直机关干部得知遗址的新发现后,立即通知王先生,并陪同他一起赶往发现地;社员把在遗址上挖掘出的龙瓦、凤滴水主动送给王先生。上述所有给予王先生的支持与协助,全部出于自愿与义务。

在王先生大力呼吁下,凤阳人知道,被称为"不成样子、只剩下土堆、里面屌啥没有、没有屌用"的中都遗址,是朱元璋留给凤阳人民的宝贵历史文化遗产。这一社会舆论,从县直机关传至工厂企业,从城镇传至农村。正是这种无形而巨大的宣传力,使明中都的破坏速度得到很大的扼制与约束。今天我们再回顾这段历史,可以得出这样的结论,如果当时没有王剑英的话,中都皇城的城墙完全有可能全部扒光,中都皇城完全有可能在"建设凤阳、发展凤阳"的口号下,变成一栋栋高楼大厦……

因此,我们可以毫不夸张地说:是王剑英先生为凤阳人民保留下了这座中都皇城,保护了凤阳优秀的历史,保护了凤阳人民世世代代传承下去的金饭碗……

五

1375年九月辛酉,朱元璋在罢建明中都的五个月后,下诏改建南京大内官殿。

1975年10月26日至11月1日,国家文物事业管理局委派杨伯达、单士元、李怀瑶、王剑英、徐萍芳5位专家到凤阳调查。

1975年7月29日,《明中都城考》(历史篇)印成,共150份,书稿送至省、地、县有关部门及领导。

1975年,教育部凤阳"五七干校"解散,王剑英先生返回人民教育出版社。他一到北京,就把书稿送给国家文物事业管理局、北京故宫博物院、中国考古研究所、北京大学等单位及有关专家学者。王先生的书稿立即引起国家文物考古、历史、历史地理、古建筑史学各界专家学者们的强烈反响。同年10月24日至11月1日,国家文物事业管理局委派杨伯达、单士元、李怀瑶、王剑英、徐萍芳5位专家到凤阳调查。经过调查,专家调查组认为:

> 明中都皇城建于明洪武二年,在我国古代都城发展史和建筑、雕刻艺术史上都占有重要地位,它继承了宋元时代的传统,同时又开创了明清时代的新风格。明清的故宫,就是参考着明中都皇城而修建的。因此,它具有重要的历史、艺术、科学价值。
>
> 皇陵建于洪武初年。陵前的石雕具有很高的艺术水平,与南京的明孝陵和北京的明十三陵具有同等重要的价值。皇陵碑也是研究朱元璋的重要历史资料。

调查组针对明中都受到严重破坏,特别是中都皇城破坏情况十分严重、破坏活动持续不断的情况,提出了《关于保护明中都皇城遗址和皇陵石刻》的六点建议。调查组于11月上旬,分别向凤阳县委、县革委会的主要领导,滁县地委、地区革委会的主要领导,安徽省委宣传部、省革委会文化局主要领导作了调查汇报。省、地、县各级领导对由于认识不清、措施不力,使明中都皇城遭到严重破坏,承担了责任,并对如何坚决制止继续破坏,加强宣传教育,设立文物保护管理机构,划定保护范围、竖立重点文物保护单位标志等,提出了许多具体的意见。特别是安徽省委宣传部副部长韩寅同志对如何重视和加强中都文物保护工作,提出了应该采取的一系列具体措施的意见,主张坚决把皇城遗址保护下来。

然而,会议上的表态与实际情况并不一致,主要体现在凤阳县委对明中都保护的认识上。11月7日,专家调查组研究决定,将王剑英先生留在凤阳,继续宣传国家文物政策,并将破坏情况向有关上级部门汇报。王剑英先生立即返回凤阳,对明中都遗址的保护情况作了调查,在短短的几天中就发现:码在东华门外的大城砖不见了;午门洞口丢失了两块石雕;筑路翻过了中都宫殿殿台遗址;皇陵石人被卡车撞倒一个。尤其令王先生不能容忍的是,县委领导在接受专家调查组的六点意见的同时,调查组还未离开安徽,就下令在三大殿的遗址上新修筑了一条道路,且深挖一米左右。11月10日,王先生与省文物局李新国立即给省委宣传部副部长韩寅同志打了电报,要求立即予以制止。第二天,韩寅来电批评了凤阳领导。然而更为遗憾的是,1976年省委第一书记宋佩璋来凤阳视察,地、县分管文物的领导和有关同志陪同他到皇城去看一看,希望他能说两句把中都皇城遗址保护好的话,他却说:"北京、南京城墙不是都扒了吗?"又说:"把那些水沟都填了种粮食。"结果中都皇城金水河被填了。

王剑英先生正是在这种环境下,在留守凤阳的近半个月内,先后写出了《安徽凤阳明中都皇城及皇陵的调查报告》《关于对明中都皇城、皇陵保护工作的汇报》,并用复写纸抄录数份,向上级有关部门及领导及时反映明中都遗址继续被破坏的现象。今天我们再看这两份报告、汇报,字里行间透露出王先生对明中都执着的爱、深厚的情,以及尴尬的呼吁。这一呼吁尽管十分微弱,但是在那个年代起着极其重要的作用。王剑英先生为明中都遗址的保护,做出了最大的努力。

1975年11月17日,王剑英结束了凤阳考察工作返回北京,把上述两份材料向国家文物事业管理局进行了汇报。1975年12月18日,国家文物事业管理局及时下达了《关于明中都遗址保护的意见》。文件原则上同意五人专家调查组所提的六点建议,并指出:首先要进行遗址保护范围的划定工作;在一般保护区内经过批准和清理发掘之后,才能兴工动土,在重点保护区内非有特殊情况不能改变原来的面貌。这是国家首次对明中都遗址保护,专门向安徽省文化局下达的正式文件。

王剑英离开凤阳后,凤阳县文化部门迈上了保护明中都皇城的坎坷道路。1975年12月2日,凤阳县文化馆写了《关于要求县委对继续扒拆"明皇城"城墙、破坏国家文物的事件进行严肃处理的报告》。1977年9月18日,新成立的凤阳县文物管理所向凤阳县革命委员会写下《关于要求对扒拆明中都皇城城砖、破坏国家文物首要分子应依法惩处的报告》。然而,凤阳县破坏中都皇城的行动仍在继续。直到在1980年滁县地区文物会议上,有关领导对凤阳明中都皇城遭到极大破坏的问题提出了严肃批评,得到了新上任的县委书记陈庭元的重视,关押、处分了几个扒拆城砖的城西公社基层干部,扒砖拆城的活动终于停止了下来。

1976年2月,在国家文物局的资助下,王剑英先生对初稿进行了修改,在北京刻印了《明中都城考》(二稿)油印本200份。①

---

① 王剑英先生把《明中都城考》交给北京一家具有古籍刻印资历的刻印社时,被拒绝了。他们说:这本书是为封建帝王服务的,我们不敢印,否则会犯错误。后来,凤阳县文化馆开具了证明,盖了公章,才得以刻印。

　　王剑英撰写的《明中都城考》（1992 年改名为《明中都》，由中华书局出版）以及保护遗址的事迹，得到了故宫博物院专家、中国文物界泰斗单士元先生的赞扬：

　　　　我过去知道朱元璋想把凤阳建为中都，但到底建成了没有，一直模模糊糊，很不清楚。现在剑英同志把营建中都的详细过程、它的布局设计、规范体制都弄清楚了，有文献资料，有实地考察，有明代的地图，有今天的测量图，有文字叙述，又有遗址遗物的照片。因此《明中都城考》实实在在比萧洵《故宫遗录》叙述元代宫室的贡献还要大，使一座已经湮没无闻的明代中都重新复活了。过去我一直以为北京故宫是照南京故宫建的，现在才弄清楚原来连南京明故宫也是照凤阳明中都改建的。
　　　　…………
　　　　王剑英《明中都》一书，是在中都被遗弃之后数百年，也是被人忘却的数百年后，根据遗址遗物，并征考文献，科学地复原出中都原貌。这一工作，不仅复原中都历史面貌，还进一步启发我们认识到中都宫殿规模是总结了几千年来从奴隶社会、封建社会历代王朝都城宫殿的设计杰作。过去研究秦、汉、唐、宋都城宫殿，大都从田野考古发掘而推断复原，剑英同志《明中都》的科学性远胜前者。不经剑英同志发现后及时考证复原，再过数年，可能由于基建需要，中都紫禁城内外残存遗址遗物都趋于湮没。剑英同志独具只眼，发挥其湛深的史地学术知识，成此巨著，使人钦佩无量。

　　已故著名的原国家文物局古建筑专家调查组组长、原中国文物学会名誉会长罗哲文先生说：

　　　　王剑英先生把他在教育部安徽凤阳干校劳动时期在劳动之余调查研究的成果《明中都城考》送给了我，并共同回忆了干校"峥嵘岁月"的生活。他还讲述了他如何与受"四人帮"蒙蔽监视他们的人们周旋，艰苦奋斗进行明中都古城调查研究和写作的情况。我接过他那本厚厚的蓝色封皮、打印文字和描绘的图纸书本的时候，十分钦佩和感动。我也同样在干校劳动，一无所为，真有些自愧不如。
　　　　……一谈起来明中都他就好像着了迷一样，从历史文献到现存情况，如何需要抢救保护等等。那种对明中都深厚的感情，也深深地感动了我，使我也和他一样对明中都产生了深厚的感情。因为我很理解他这种感情不仅来源于对明中都在我国历史文化、城市发展史上的重要价值，更在于他在那里"峥嵘岁月"的生活和克服种种困难进行考察研究的奋斗经历。听说当时一些不明真相的人还给他戴过"神经病"的"桂冠"，也不是事出无因的。

　　著名戏剧作家、传记文学家、诗人、散文家、美术理论家柯文辉先生说：

　　　　当大多数人活得艰难的时候，英雄不失人格地活着。

当大多数人无所作为的时候,他为父老姐妹做成几样有益于后代的实事。

而剑英先生便是这样的英雄。他做的事并不惊天动地,甚至称不上伟大杰出,但全国极少有人做成类此之举。他证明了在 7 亿人跳忠字舞、唱语录歌、看 8 出样板戏、吟 37 首诗的岁月,还有人保存了治学意志,默默无闻地打破窒息人思维的大一统,兀立于千人一面之外,不肯丧失良知与自我。

曾任出版总署副署长、人民教育出版社社长、教育部副部长、民进中央主席叶圣陶先生,曾于 1977 年 11 月为王剑英先生赋诗一首,序及诗曰:

剑英同志居凤阳干校数年,学习劳动之暇,调查研究洪武初年营建凤阳为国都之史迹,撰《明中都城考》,承贻一册,赋此奉酬,至希正之。

明祖奠京都,凤阳宁善图。残民营故里,惊变辍中途。断刻搜罗富,遗踪稽访勤。一编承贶我,致绩喜君殊。

1982 年 3 月 10 日,国务院公布“明中都皇故城及皇陵石刻”为全国第二批重点文物保护单位。

王剑英先生用血汗换回的文化成果,终于获得国家与社会的承认,受到了凤阳人民的尊敬。

六

1381 年,朱元璋在凤阳设置中都留守司,开设演武场;燕王朱棣等诸皇子在凤阳练兵习武。

1981 年,在滁县地区行署文化局的协助下,王剑英带着女儿王红来凤阳进行为期一个多月的考察工作;同年 5 月,撰写《明中都遗址考察报告》。

王剑英先生于 1974 年开始撰写《明中都城考》时,将专著分为“历史篇”、“文物篇”。其中,“历史篇”——《明中都城考》(历史篇)于 1975 年 7 月、1976 年 2 月两次油印。而“文物篇”直到 1976 年初王剑英先生返回北京后,才“试写了一小部分”,后又停了下来。因为“文物篇”主要撰写明中都的遗址和遗物,因此,他希望再到凤阳现场来,一边考察,一边撰写。

1976 年,新设立的凤阳文化局的首任局长武谋同志到教育部借调王先生去凤阳继续撰写“文物篇”,滁县地区文化局也曾来信向王先生探询此事。由于国家正处于改革开放初期,百废俱兴,王先生编写全国通用教材的任务十分紧急,工作繁重,领导未能同意。1980 年年底,王先生的工作即将告一段落,立即去信给安徽省委宣传部副部长、省文物局长韩寅同志,建议省文物局与文物考古工作队参与其中。

然而,了却王先生撰写“文物篇”心愿者,却是刘思祥先生。刘思祥自 1979 年从事滁县地区文物行政管理工作,他与王先生早有联系,对王先生考察撰写明中都由衷尊敬。经局领导同意,他以在凤阳县举办一次全区文物工作培训班的名义,邀请王先生及其女儿王红来凤阳考察明中都遗址。

1981年3月10日,滁县地区行署文化局开始了对明中都遗址普查。普查工作由刘思祥同志负责,并组织抽调了滁县、全椒、天长、来安、嘉山、定远、凤阳7县和琅琊山从事文物、摄影、拓片的同志共15人。王剑英先生和正在北京师范大学历史系读三年级的小女儿王红从北京赶来,参加这项工作。考察工作分成两个组,王先生带一个组主要考察遗址,刘思祥带一个组调查字砖。因明中都遗址面积辽阔,他们的交通工具全部是破旧的自行车。工作中,王先生十分认真,要求严格。汇总遗址测量时,有一个数字不准确,但差距不大,有人说差不多就算了。王先生说,说差不多怎么行呢? 再去测量,直到准确为止。

调查工作十分辛苦,每天都在晚上11点半后才能休息,而第二天一早,其他人还未醒来,晨练后的他已经坐在桌前安排这一天的调查工作了。

考察期间,调查组还去了江苏盱眙县(原属泗洪县)参观考察了明祖陵遗址。

3月30日,考察工作结束,历时整整20天。在离开凤阳的前夕,笔者请王先生、王红、刘思祥3人到家中做客。当我询问这次考察的成果时,王先生笑着用吴语连声说:"蛮好! 蛮好!"

工作结束后,王先生带着女儿王红前往南京,寻找南京城墙上的字砖,以便与明中都字砖加以比较。回到北京后,王先生立即撰写补充修改考察报告,于当年5月撰写出12万言的《明中都遗址考察报告》。1982年5月,王剑英《明中都遗址考察报告》由滁县地区行署文化局、凤阳县明中都遗址博物馆刊印(油印本)。

<h1 style="text-align:center">七</h1>

朱元璋自1375年四月丁巳下诏"罢中都役作"后,虽再也没有返回家乡凤阳,但凤阳人一直以他为自豪,必称自己与朱皇帝是老乡……

王剑英先生自1975年离开凤阳后,称凤阳是他的第二故乡,与这块土地从未中断联系,他撰写《对〈凤阳明中都皇城及皇陵石刻保护规划〉的意见》是一份保护明中都遗址纲领性、前瞻性、科学性的文章,然而主政者没有听从。近年来,王先生呼吁要保护的遗址,大多遭到破坏……

1975年,王剑英先生离开凤阳后,以各种方式与凤阳联系,他曾与凤阳的朋友们写过许多信,信中必谈明中都。凤阳文化部门的同志去北京办事,也必拜访王先生。在王先生的遗物中,我看到武谋(时任凤阳县文化局长)、刘建桥去北京,通过王先生寻找修复、黏接皇陵石刻工匠时的合影;看到刘建桥、葛皋(凤阳县文化馆)等给王先生的信件等。

1983年9月25日,王剑英先生参加了中国建筑历史学术委员会在凤阳举行的"明中都遗址保护讨论会",他在会上介绍了发现明中都遗址以及有关明中都的情况。

王先生最后一次来凤阳,是参加1990年10月中国明史学会在凤阳召开的"朱元璋与明初社会研讨会"。会上,他发表了长达3万余言的《〈大明皇陵之碑〉考释》,对皇陵碑文进行了至今为止最为详尽的考释,为后人研究朱元璋、研究明史、研究凤阳史,提供了一篇好论文。

在王剑英先生的文章中,最为重要的是《对〈凤阳明中都皇城及皇陵石刻保护规划〉的意见》一文,这份《意见》今天读来,仍是明中都遗址保护的纲领性、前瞻性、科学性的建议,一百年、一千年后也不过时。这份《意见》共六条,其中前两条最为重要:

一、安徽凤阳明中都是明代早期营建的都城,规模宏大,部署完整,内容丰富,雕刻精美,它在明代都城的选择形势、设计思想、规划布局、宫阙制度、建筑工艺、石雕艺术等方面,居于承前启后的重要地位,是我国建筑史上的瑰宝。明中都建成以后,虽未正式启用,现仅存遗址,但地层清楚,基础尚全,上无覆盖,是全国唯一完整的都城遗址,应从宏观上予以完整的整体保护,并非仅皇城一处。皇城亦是规模宏大的明初建筑群遗址,亦非仅存石刻。因此,从保护范围到正式名称,宜改为"明中都"和"明皇陵"两大项,以免由于开始注意不够,以至明中都皇城及皇陵石刻以外的完整遗址逐渐遭到破坏,追悔莫及。

二、明中都皇城重点保护区应自午门向南伸展,包括太庙、太社稷、中书省、大都督府、御史台、端门、承天门诸遗址并南及左右千步廊、大明门、洪武门、南左甲第门、前右甲第门,东至中都城隍庙、中都国子监、鼓楼,西至开国功臣庙、历代帝王庙、钟楼诸点。

皇陵重点保护区应扩大至原砖城,并北沿神路至正红门暨神厨、斋宫、混堂及大水关、皇堂桥、於皇寺、朱元璋故里等诸点。

王先生似乎看透了后人对明中都保护的曲解,而提前写出这篇《意见》。然而,王先生的《意见》被当成"耳旁风"。在王先生去世后,当地主政者仅对国务院公布的"中都皇故城及皇陵石刻"进行保护,而对以外的建筑,进行了毁灭性的破坏:

1999年,在太庙遗址上开发了居民住所"长安花园";
2005年,在中都城隍庙遗址上开发了居民住所"玺园";
2006年,在开国功臣庙遗址上开发了居民住所"名都帝景"、"紫薇花园";
2008年,长春门遗址被铲平,建起了公路;
2012年,明清都城中规制最高大的"洪武门"遗址被铲除一半,建起了公路;
2013年,独山门遗址被铲平,建起了公路;
2013年,朝阳门遗址旁建起了楼房;
2014年,在全国重点文物保护单位涂山门遗址东部堆满了建筑垃圾……

另外,历代帝王庙遗址亦被卖给开发商,它毁灭的命运将指日可待;全国重点文物保护单位观星台遗址所在的独山、明中都的主山凤凰山在数十年开山取石中,已是千疮万孔，目不忍睹；全国重点文物保护单位方丘台基遗址被砖厂取土达十多年之久，文物部门多次制止，但破坏依旧……

2013年，明中都皇故城及皇陵石刻入选国家"十二五"大遗址保护库。我们面对明中都近年来继续遭受破坏的同时，再读一读王先生的这份《意见》，令人百感交集，目不忍睹，无言以对……

<h1 style="text-align:center">八</h1>

结束语：应该为王剑英先生树立铜像。

从历史的角度来看，凤阳的历史、凤阳的文化、凤阳的知名度，主要靠历史人物朱元璋来支撑。就连当代闻名遐迩的"大包干"，1981年5月31日邓小平在肯定这种生产责任制时，也把它和朱元璋有关的"凤阳花鼓"相联系。

朱元璋与凤阳的关联，除了这里是他的家乡外，凤阳大地上的明中都及皇陵，便是朱元璋给家乡留下的文化符号。而时隔600年，这一文化符号的发现与解读者便是王剑英。仅对凤阳来说，王剑英先生撰写的《明中都研究》，有如下重大意义：在动乱岁月中有效地缓解了破坏明中都遗址的速度；把残破的明中都皇城保护了下来；把明中都皇城、皇陵石刻送入"国家重点保护单位"的大门；把丰厚的凤阳文化遗产的史实，全面、系统地告诉凤阳人。王先生在凤阳土地上用心血凝成的文化成果，必将转化成巨大能量，为今后凤阳社会经济的发展提供永恒的动力。

2006年1月，中国文物研究所（今称"中国文化遗产研究院"）调集全国20余名著名文物专家到凤阳全面考察了明中都大遗址。其负责人在讲话中呼吁：

> 建议凤阳应该做一件事：为这位曾为凤阳文化做出重大、杰出贡献的王剑英先生树立铜像！凤阳县人民政府为王先生树立铜像花多少钱都是应该的！

2005年初稿、2015年定稿

本文撰写主要采用以下资料：

1. 王剑英《〈明中都遗址考察报告〉前言》（初稿）。
2. 王剑英《明中都遗址的发现及其研究》。
3. 王剑英《建国以来明中都皇城遗址的变迁》。
4. 王剑英著，陈怀仁、林福江、陈毓秀、夏玉润、王红编《明中都研究》。
5. 1989年5月21日，笔者在北京采访王剑英先生的记录。
6. 1986年10月14日，笔者采访蒋汝成先生的记录。
7. 1986年10月23—24日，笔者采访刘建桥先生的记录。

8. 1975年12月2日,凤阳县文化馆《关于要求县委对继续扒拆"明皇城"城墙、破坏国家文物的事件进行严肃处理的报告》(复写件)。

9. 1977年9月18日,凤阳县文物管理所《关于要求对扒拆明中都皇城城砖、破坏国家文物首要分子应依法惩处的报告》[凤文物(77)第01号](打印件)。

10.《明中都及皇陵大事记》(1366—1983)。

作者简介:

夏玉润,中国明史学会理事,朱元璋研究会副会长,中国紫禁城学会会员,南开大学历史研究所兼职教授,安徽蚌埠明文化研究会顾问。

王阳明的教育思想及其对教育的影响

王仕康

（蚌埠行知高级中学）

一、王阳明教育思想产生的由来

（一）王阳明的家庭背景对于其成长道路的影响

过去我们批判遗传论，认为人的一切都是后天形成的。实际上，怎么可能没有遗传？如果没有家庭遗传，怎么会有千人千面？怎么会有人种的不同？当然，后天的努力是主要的，如果说后天的生活环境对人的影响更大的话，那么家庭环境就是人们童年最早经历的生活环境，所以还是离不开家庭。中国人论事论人都喜欢查家谱，无论一个人走得多远，家庭背景永远与其紧紧相随，形影不离。的确，人们常说，产生一个富翁，只需要几年，但是要培养一个贵族，却需要几代人的努力。这就是家庭对于人们的深刻影响。就让我们去看看王阳明这个精神贵族是怎样从其家庭背景中脱颖而出的。

"在一个尊重家世传统的中国社会，祖先的行为成就和人格表现，往往会对后世子孙意趣志向的启发和培养产生影响。"[1] 王阳明是在一个世代书香并淡泊名利的特殊的家庭环境里长大的。正如《王阳明大传》一书作者周月亮所言：王阳明祖上"三代人耕读养气"，不失"江左望族"的余风，已殊为可观。其家族在明代流氓政治的旋涡外，在世风日替的龌龊声浪之外，保持着"隐儒"风范，真的有腐败权贵世家或单纯农商家族所不具备的文化力量。王世杰去世后，他的儿子王天叙自幼受家庭影响，刚成年，就被浙东浙西的大家族争着聘请当塾师，以授业、教育有方而名扬浙江。终于，王天叙培养出了一个状元儿子王华和一名心学大师孙子王阳明。

王阳明的爷爷王天叙遗传给了王阳明"仁义和乐、与人交际亲切蔼然而尊严不可侵犯的个性，还有敏捷练达的才智，处逆心顺的作风"。王阳明的父亲王华则遗传给了王阳明"生而警敏，读书过目不忘"的聪明大脑，以及"气质醇厚，坦坦自信，不立边幅，议论风生，由衷而发"的性格特征；还有"组织能力强，百务纷陈，应之如流；在危疑震荡之际，能卓然屹立"的大丈夫气概。而上述这些人性气息，我们从王阳明的品质特征和教育思想里多少都能嗅出一些。

（二）王阳明的哲学思想是从其曲折的生活阅历中升华出来的人生真实感悟

家庭毕竟是家庭，不能代表个人。因为无论你创造了多么好的条件，最后还要看人的内因是否起作用，要看个人是否努力。以下，我们从王阳明的个人经历中探求一些他教育思想的由来。王阳明从小受家庭影响便学习刻苦，以读圣贤书、修身齐家治国平天下为己任。他天资聪颖，儒、释、道、诗书、兵法、骑射等各门学问无所不通，15 岁时便开始随父亲游历黄河南北、大江上下，了解风土民情，熟悉边塞形势。1499 年考取进士，授兵部主事。1506 年他得罪宦官刘瑾被贬去贵州偏僻山区的"龙场驿站"，历经了几年艰难困苦的流放生涯。

王阳明早期师承朱熹，曾按朱熹"格物致知"的教诲坐在竹子前七天七夜，以图穷竹子之理，可是最终什么也没发现，自己却病了一场。从此，他对朱熹的理学产生了怀疑。在龙场缺衣少食、举目无亲的贫困生活中，他曾一度陷于绝望。但在苦思冥想之后，他突然间大彻大悟，对《大学》的中心思想有了新的领会，发现心是万事万物的根本，世界上的一切都是心的产物，由此创造了"心学"基础。他说："尔未看此花时，此花与尔心同归于寂。而来看此花时，则此花颜色，一时明白起来。便知此花，不在尔的心外。"这次发配贵州，与他同行的人都在磨难中倒下了，可他在磨难中完成了"龙场悟道"，思想上大获丰收。

三年后，王阳明走出贵州龙场，之后便一生在官场上游走。他在担任地方官时，曾造福一方百姓；在挂帅剿匪时屡立奇功，曾大破宸濠之乱，平定江西匪乱。可是这些功业并没有给他带来好处，相反，却遭人嫉妒与陷害，使他遭受了更多的磨难。晚年他奉旨去两广平定少数民族起事，胜利后返回途中病逝于船上。王阳明用自己一生的立德、立功、立言，为后人留下了一笔宝贵的文化遗产。他临终前，学生周积问他还有什么遗言，他指着胸口说："此心光明，亦复何言！"这使我们想起了司马迁那段最为精彩的人生总结："盖文王拘而演《周易》，仲尼厄而作《春秋》，屈原放逐乃赋《离骚》，左丘失明厥有《国语》，孙子膑脚《兵法》列修，不韦迁蜀世传《吕览》，韩非囚秦《说难》、《孤愤》，《诗》三百篇，大抵圣贤发愤之所为作也。"在这里我们是否可以加上"阳明发配贵州龙场，才有心学问世"？情况的确是这样，王阳明在仕途上不得志，于是兴办书院，讲学不辍，不断完善和传播他的思想。如果他仕途坦荡，官居一品，还会有骇世惊人的心学出现吗？磨难与打击犹如烈火锻造，是石料的，就会被焚碎；是真金的，就会越炼越坚。正所谓宝剑锋从磨砺出，梅花香自苦寒来，坎坷曲折的生活阅历对王阳明教育思想的形成可想而知。

（三）社会环境对于王阳明教育思想的熏陶

明朝自 1368 年建立，到 1644 年灭亡，历经 276 年。而王阳明所处的时代处于明朝中期最为腐败、最为黑暗的时期。正德皇帝昏庸无度，整天沉浸于声色犬马之中，不理朝政，把大权整个交到了太监刘瑾手中。刘瑾利用手中的大权，专横跋扈，利用令人胆寒的东厂、西厂，专事迫害忠良，镇压百姓。于是，各地的农民起义不断发生，社会动荡不堪，贤良志士遭受压制，奸臣贪官小人得志。王阳明生活在这种时代，自然是英雄无用武之地。但也正因为如此，心学在乱世中产生了。心学的产生，如漫漫黑夜中的一盏明灯，既照亮了个人的心，也照亮了社会。对于个人，人们可以用内心的平和、无私来抵御外界的混浊，纷扰；对于社会，可用道德规范来抵御世俗的败坏。因此说，心学的产生，是明代中期以后社会经济发展的必然要求。因此，王阳明心学一出，学子云聚，风气大开，心学思想立刻在社会上广泛传播。

二、王阳明教育思想的内容及评价

(一)"知行合一"的道德教育论

美国著名学者狄百瑞对阳明学的研究堪称得其三昧,他对王阳明一生的教育实践着实佩服,对其曾有过一段持平之论。

"最大的才干与其说是个哲学家、学者或官吏,不如说一直是教员。作为教员,就其学生的数目之多、师生建立的学派之众和当时思想教育的广泛影响来讲,也许在中国历史上没有任何人比得上他如此直接的个人影响。当时恰恰是在教育领域,王阳明把个人主义表现得最清楚,最真实。"[2]王阳明以道德教化为中心,视讲学授徒为终身事业,躬耕践行儒学"己欲立则立人,己欲达则达人"的规则,其目的在于挽救世人日益沦丧的道德,以及缓解明王朝岌岌可危的政治危机。王阳明倡行圣学的目的可谓高尚,志向堪称远大,但他并不是谈空说有、坐而论道的空谈家,而是事必躬亲的教育家,他的以德化民与身体力行是对"知行合一"学说的最好诠释。

"知行合一"基于"心即理"而提出,但它并不限于人性论与认识论,更有道德论方面的阐发。杨国荣认为,王阳明将知行合一作为解决知行关系的基本论题,并把知与行的合一理解为由本然之知到行,又由行到自觉之知的双重转化过程。这种动态的知行过程多少克服了朱熹对知与行的形而上学的割裂,一定程度上纠正了朱熹离行言知的繁琐哲学偏向。[3]的确,"知行合一"作为王阳明的立言宗旨,实是针对朱熹"知先行后"的知行观而提出。

"今人欲就将知行分作两件去做,以为必先知了然后能行,我如今且去讲习讨论,做知的工夫,待知得真了,方去做行的工夫,故遂终身不行,亦遂终身不知。此不是小病痛,其来亦非一日矣。"[4]

"知行合一之说,专为近世学者分知行为两事,必欲先用知之功而后行,遂致终身不行,故不得已而为此补偏救弊之言。学者不能著体履,而又牵制缠绕于言语之间,愈失而愈远矣。行之明觉精察处即是知,知之真切笃实处即是行。足下但以此语细思之,当自见,无徒为此纷纷也。"[5]

当时的许多学者把孔孟之道当作讲论题目,但从不去反思如何身体力行,这类学者的一个漂亮借口是,由于知得不真,所以不便实行,要等到知得真之时才能实行。王阳明认为知与行皆从属于心,故应该是合一的;将知行分成两件,其根源在于往心处去寻求天理。王阳明对"心外无理"的充分论证,为心体所发之"知"与"行"的一致找到了论说依据。实际上,也为"知行合一"的"知"与"行"的一致找到了论说依据。实际上,"知行合一"的"知"与"行"是一个心理过程的不同方面,"知"是开端,"行"是完成;"知"是动机,"行"是实现。王阳明点明了空谈家的症结之所在,把言不由衷的假面彻底揭开。他认为朱子"论轻重行为重,论先后知为先"的观点割裂了知行,给只要讲论不要实行的人提供了引经据典的口实。

王阳明对"知行合一"意义的揭示,可以用三句话来概括:"知是行的主意,行是知的功夫","知是行之始,行是知之成","知之真切笃实处即是行,行之明觉精察处即是知"。均说明知行本体只是一个,或者说明知行只是一个功夫,"只说一个知,已自有行在,只说一个行,已自有知在"。"知"与"行"是一物之两面,既不能分离,也没有先后。与"行"分离的"知"不是真知,而是"妄想",与"知"分离的"行",不是笃行,而是"冥行"。此三句从不同层面回答了知行合一的意义。

王阳明教导弟子存养内心、树立志向、静坐反思,均可以发现他教法日臻娴熟。因为王阳明的口讲指画,既注重自身修养,又兼顾教范世人。他认为无论是洒扫应对、执政之方,还是读书讲学、著书立说,皆是一种修养,均能扩大内心、培育万物一体的心灵。执政一方的父母官,在其位应保持敏感的道德意识,把对自己父母的情感推己及人,把对自己孩子的关爱推己及人,对百姓的疾苦了然于胸,就具备了担负起为民谋福的使命,此修炼内心与事上打磨为一,本体与功夫结合的理论,就是"知行合一"的命题内核。这既是对当时教学的总结交代,也是针对当时的道德水平下滑而做的补救工作。王阳明一生奉行"知行合一"的道德精神,将之贯彻到立德、立功、立言的道德实践当中,目的在于净化人的心体,不使一念不善存于心中,即在于解决人的道德意识与道德行为的问题,以及德性成就的方法问题。因此,"知行合一"说实质是德性圆成的成对之教,也成就了他不同凡响的儒学生涯。

（二）"致良知"的教育目的

王阳明平定宁王叛乱,本应该受到朝廷的论功行赏,然而明武宗宠幸奸臣,反而迁怒于王阳明,王阳明对此痛心入骨。王阳明的学生还遭非法逮捕,更使王阳明肝肠寸断。不得已,王阳明只好退避九华山,忧郁心情可想而知。然而虽在退隐之中,王阳明仍旧关注黎民百姓的疾苦,他上疏痛陈田地荒芜,饿殍满地,请求宽恤赈济灾民。明武宗不但不予采纳,反而额外派征赋税,王阳明对明王朝的腐败政治失去信心。由此,他开始反省"知行合一"学说思想,发现该学说可能没法规约统治者的行为,也不能促使其道德自律与道德反省。由此他意识到帝王的昏庸与政治的腐败,是他一己之力所无法拯救的,这样的愤懑与反思催生了他对于改造与创新已有学说的念头。其间,地位卑微的高徒王艮对王阳明的影响很大,王艮的救世精神中具有强烈否定明王朝现实政治的倾向,这深深地触动了王阳明。稍后,他在南昌等地的讲学旋即表现出他思想转变的超然绝俗,公开与朱学、时俗对垒,势不两立,在当时引起了很大的震动。

"吾真见得良知人人所同,特学者未得启悟,故甘随俗习非。今苟以是心至,吾人为一身疑谤,拒不与言,于心忍乎?"[6]

"近来信得致良知三字,真圣门正法眼藏!往年尚疑未尽,今自多事以来,只此良知无不具足,譬之操舟得舵,无不如意,虽遇颠风逆浪,平澜浅濑,舵柄在手,可免没溺之患矣。"[7]

1521年正月,王阳明时值五十岁,开始思忖自己艰难的人生境遇,他愈来愈坚信"良知",于是始揭"致良知"之教,并从不平凡的内心经验中认识到"良知"对于统摄身心和因应时事具有至关重要的作用,从此找到阳明学发展的新路径。王阳明修人伦,建功业,鞠躬尽瘁,以此获得生命的真义;而作为思想家与哲学家,王阳明从学说中获得安身立命之说，从而成为一代大儒。

"致良知"可以说是《孟子》"良知"说与《大学》"致知"说的结合。《孟子》所谓"良知"之"良"指原本具有的意思，"良知"指人原本具有的知识。"致良知"即获致并推行、推广自己原本具有的道德知识。"致良知"一方面赋予人的道德属性的先天性，另一方面又肯定后天学习的重要性。"致良知"是王阳明教育哲学思想的重要命题，也是其核心所在。他的"致良知"学说，包括"体认"和"实现"两个层面。"体认良知"是指人的自我修养；"实现良知"则指人的思想和情感见之于行为的过程。"致良知"的思想内涵体现了对学习主体性的充分关注，即要将一定的社会道德规范转化为人的自觉意识与行为，并强化主观立志与主体精神的力量，强调人的自我更新与自求自得。学贵自得，即学习强调自我的"解化"，而不是单纯依靠旁人的"点化"。单纯的读书也有限度，必须考之于心。读书不过是寻求工具与方法，盲从典籍、人云亦云，是不能学会于心的。他指出："圣人之学，惟是致良知而已。"它的内涵也就是理学家共同强调的"存天理，灭人欲"。王阳明说："减得一分人欲，便是复得一分天理。"王阳明不同意朱熹"格物穷理"的主张，认为认识"理"，从本质上说，不是外求的过程，而是体验"吾心之良知"。按照"心即理"的原理，"有孝亲之心，即有孝亲之理；无孝亲之心，即无孝亲之理"。其他道德也是这样。如果"理"只是外在的道德认识，而不进入自己的内心，那就会是说的、做的是一套，而心里想的可能是另一套。或者要求别人的是一套，要求自己的却是另一套。他看到社会道德虚伪的一面，想从匡正人心的根本途径来维护封建道德。

（三）"唯求其是"的学风

王明阳理学所提倡的"求是"学风，所谓"求"是追求、探究，"是"是真谛、本质也，所以"求是"就是一种探究奥秘、寻求规律，更指追求真理的学习态度、学习精神。而"君子之学"指的是真正只在乎真理知识的学习，而今它也是在现实生活中有着重要意义的，无论是做人做学问做事情皆是如此。

王守仁对"求是"学风多有阐发，其中一些重要的观点体现在当时的"朱陆之争"中。"朱陆之争"要从南宋的鹅湖之会说起。作为理学代表人物的朱熹和心学代表人物陆九渊在江西上饶鹅湖寺就一系列哲学问题展开激烈辩论。中国古代思想史上这次著名的"鹅湖之会"没有取得一致意见，而是将朱陆之争公开化了。到了明朝，"朱陆之争"愈演愈烈，很多士人卷入其中。王阳明有两个弟子——徐成之视朱熹为真理化身，王舆庵视陆九渊为超级偶像，二人争执不下，便让老师出面评断。

作为当时的知名学者，王守仁应邀表达了对这场学术争论的看法。"夫君子之论学，要在得之于心。众皆以为是，苟求之心而未会焉，未敢以为是也；众皆以为非，苟求之心而有契焉，未敢以为非也。"⑧意思是说，君子讨论学术，要点在于真心探究。就算众人都认为对，我自己一个人认为不对，也不能附和；众人都认为不对，我自己一个人认为对，那么我也会坚持自己的看法。周桂钿说："这是培养学生独立自主的治学精神，因为做学问离不开独立思考。"王守仁认为，学术是古往今来圣贤的学术，是天下公理，不是几个人的私自见解，天下公理应当为天下人建言。因此，王守仁反对将个人的门户之见带到学术探讨中。

王守仁还强调即使是圣人的话，也不可轻信盲从。王守仁认为，如果不能得到自己的真心认同,即使是孔子的话也不能认为就是真理,更何况是那些比不上孔子的人呢?如果道理是对的,即使是平常人所说的,我们也不能认为它不对。也就是说,话是谁说的并不重要,关键是对不对。王守仁倡导的这种不迷信权贵,敢于坚持自己见解的治学精神,应当予以充分肯定。

具体到"朱陆之争",王守仁并非在弟子之间"和稀泥",他的立场很明确——"非朱是陆",就是总体上反对朱熹的学说,赞同陆九渊的学说。王守仁在阳明书院等处讲学,一贯倡导"求是"学风。在当时孔子、朱熹的言论被尊奉为法典和被法定为科举考试的标准答案的情形下,王守仁提出不以孔、朱的言论作为检验"知"的是非标准,表明他革新程朱理学的学术胆识和勇气。浙江大学和贵州师范大学都有"求是"书院,"求是"学风的影响显而易见。

(四)蒙学教育思想

1. 蒙学教育观

王阳明从官宦生涯与讲学经历中,深谙儒学的种种弊端,以创立的王学为基础,形成一种以自然教育为核心的蒙学教育观。他主张教育必须符合蒙童的年龄实际,提倡把孩子看做孩子,而不能把他们当做小大人,体现了一种"人本主义"的关怀。

基于"明人伦"的教育目的,王阳明认为人伦教育不仅要针对成年人,也要针对蒙童。蒙学教育的主要任务当在"教以人伦","惟当以孝悌忠信礼义廉耻为专务"。从赣南"社学"的办学宗旨中,可以发现其有关蒙学观的论述均是面目一新的真知灼见。他的"社学教条"以及《训蒙大意示教读刘伯颂》等亦可作为探究其蒙学教育观的依据。其中他对于蒙学教育课程、教学目标和教学方法亦有详尽的论述。比如《教约》一文,紧扣儒学的教学目标,提出了许多颇有见地的教育观点。文中表述了对德育的重视与方法的妙用;提倡从言行举止去规范蒙童的道德意识,对不良行为则要求"有则改之,无则加勉";尤其是"歌诗"、"习礼"与"授书"等段落的精妙论述,反映了阳明在提升教育教学效能上的独具匠心。

王阳明反对每日授之以句读课的教学方法,指出教师只知道"责其俭束"而不知对于礼的养成教育,只知道对于智慧的培养而忽略对于德性善的引领,甚至采取过激的行为,对学生如同对待犯人。这应该是学生厌恶学校,视蒙师如寇雠的主要原因。蒙学应该顺应蒙童和激发蒙童的学习兴趣。而如何顺应蒙童的性格、激发蒙童的学习兴趣呢?王阳明认为蒙童不受拘束,犹如草木的萌芽时分,顺应其生长则能使之茁壮成长,摧残它则会阻碍其正常发育。他特别点明教育犹同植物生长。

"大抵童子之情,乐嬉游而惮拘检,如草木之始于萌芽,舒畅之则条达,摧挠之则衰痿。令教童子,必使其趋向鼓舞,中心喜悦,则其进自不能已。譬之时雨春风,霑被卉木,莫不萌动发越,自然日长月化;若冰霜剥落,则生意萧索,日就枯槁矣。"[9]

王阳明认为教育的目的在于"明人伦",通过对蒙童伦理纳常的引导,教导其明白做人的根本,而其中"孝悌、忠信、礼义、廉耻"就成为教育的基本内容。上述这些教育观对当时的蒙学教育产生了极大的影响。

2. 蒙学之教法

王阳明对于蒙学教育教学方法,在长期的教育教学实践中形成了他独具特色、行之有效的教学方法论。

（1）教育教学重在诱导

王阳明主张"点化善诱"法，表明其教育观尤重老师的循循善诱之功。针对蒙童的窘迫处境，王阳明反对体罚，认为体罚并不利于蒙童的成长。他反对只是教读经书而不引导习礼；他还反对只是一味做"智"上的要求，而不用道德"善"来加以引领。最极端的做法是用鞭子毒打，这就是儿童视学校为监狱、不愿读书、不愿尊师的根本原因。在王阳明所处的时代，体罚是再自然不过的事情，而他对于体罚恶果的揭示，切中了当时教育的要害。王阳明认为老师只要对蒙童"诱之歌诗"、"导之习礼"、"诵之读书"，就能使其品尝到学习的快乐，在渐滋化育中"义礼通晓，聪明日开"。

（2）教育教学重在渐进

王阳明接续了传统教学中的循序渐进法，他认为道德修养最重要的是道德觉悟的唤醒，而不是仅仅限于理论知识的梳理；而道德觉悟的培育，须从"喜怒哀乐未发之中"的本源上用力，脚踏实地，切忌天马行空。

"立志用功，如种树然，方其根芽犹未有干，及其有干尚未有枝，枝而后叶，叶而后花实。"

王阳明反对"超人圣人"的捷径，还有更多精彩的论述，比如他认为学问当在循序渐进、日就月将中成就，循序渐进在教学中就是量力而行。

（3）教育教学重在多思

王阳明认为先生应有坚定的独立主见，弟子则应有清醒的独立思考，先生和弟子均不应该人云亦云，不应该树立偶像崇拜。学习贵在自己的独立思考，不要因人废言，学问当是天下人之公有，而非一己所藏。

"大学贵得之心，求之于心而非也，虽其言之出于孔子，不敢以为是也。而况其未及孔子者乎！求之于心而是也，虽其言之出于庸常，不敢以为非也，而况其出于孔子者乎！"[10]

"大道，天下之公道也；学，天下之公学也。非朱子可得而私也，非孔子可得而私也，公言之而已矣。"[11]

王阳明的儿童教育思想，虽其目的是为了向儿童灌输封建伦理道德，即所谓"今教童子，惟当以孝、弟、忠、信、礼、义、廉、耻为专务"。但他反对"小大人式"的传统儿童教育方法和粗暴的体罚等教育手段，要求顺应儿童性情，根据儿童的接受能力施教，使他们在德育、智育、体育和美育诸方面都得到发展等主张，反映了他教育思想的自然主义倾向。他早在15、16世纪就提出这一思想，确实难能可贵。

三、王阳明教育思想的影响

（一）对明代教育的影响

1. 学风方面的影响

同程朱理学比较偏重于实证不同，"心学"偏重于玄思，所以往往流于空谈。明末清初的一些思想家在评价明代的学术时,常常将"心学"作为批判的对象,由此可见一斑。王守仁认为,如果不能得到自己的真心认同,即使是孔子的话也不能认为就是真理,更何况是那些比不上孔子的人呢?如果道理是对的,即使是平常人所说的,我们也不能认为它不对。也就是说,话是谁说的并不重要,关键是对不对。王守仁倡导的这种不迷信权威,敢于坚持自己见解的治学精神,应当予以充分肯定。这也是王阳明"唯求其实"学风的具体表现。

2. 教育观念的影响

与朱子教人匍匐于天理、圣人脚下相异,王阳明教人张扬个性,自尊无畏。阳明学是不是如批评者所言,要人师心自用,猖狂妄行?答案显然是否定的。"心即理"绝不意味思所欲思,为所欲为,人的所思所想必然要与时代合节。自尊无畏并不可以取代治国平天下的本领和人生所需要的知识技能。同时,王阳明将孔子"有教无类"的教育思想发展为"人人具有良知,不分圣愚比比皆然"超过了"惟上智而下愚"不移的观点,因此,这一方面的事实是显而易见的。

3. 教育制度和实践方面的影响

王阳明实教从学的主要目的是教化风俗、倡明学术和立政治民。他本人对于文章、政事、气节和勋烈的态度,远没有对于为教事业那么倾心。王阳明对于儒家传统的讲学和教化,素来尊崇备至,他甚至认为只要在讲学上有所作为,即可称作"全人"。而我们在审视王阳明一生的讲学志业里,他挽救当时政治制度的危机与维护儒家正统所做的努力,是当时他为教的出发点。所以他们利用其政治资源,大兴讲学以化民俗。王阳明无论在颠沛流离之际,还是居家赋闲之时,抑或戎马倥偬之余,均坚持开门授徒,讲学不轻辍。他"门徒遍天下,流传逾百年"的教育实践影响了一个时代的世风转移,也给思想界带来一股清新之风。

(二)对现代教育的影响

1. 关于王阳明教育思想中的人与自然和谐成分意义

"和谐"是中国社会亘古至今的认知理念与实践追求。在人与自然和谐问题上,王阳明将其"心学"理论,尤其是"良知说"推及自然界的万事万物。他的"心物一体"的思想与我们正在实践的"人与自然和谐相处","统筹人和自然和发展"的发展战略有着极为相似的内涵,其无疑有助于现代生态建设、生态教育乃至生态伦理观的现代构建。

2. 关于王阳明教育思想之于社会建设的意义价值

社会建设是与经济建设、政治建设、文化建设并列而为中国特色社会主义建设"四位一体"之总体布局的重要组成部分。其含义可视为从社会所处的发展阶段出发,遵循社会发展的客观规律,有目的、有组织、有计划地动用各种力量,在社会领域从事的重在改善民生、促进社会和谐的社会活动和过程。

王阳明教育思想之于当今社会建设的可借鉴之处有:一方面强调个人必须学"圣人之学",认为作为道德规范的理是作为行为主体的人的动机意识的表现,亦即都是心之所发,通过心理合一的"事上磨练"和"实地用功"而"致良知",获良能,并实现良知良能的和谐统一,实现个人身心的和谐,从而成为社会合格的人以及良好社会秩序建设的基础；另一方面是为政以德的理念与实践。

3.王阳明教育思想对教育文化建设与发展的积极启示

教育文化是社会行业文化的一部分，是教育活动的潜规则，是教育过程中物质文化与精神文化的结合体。其主要特征就是强调教育要富有文化，要富有理念的精神，而优秀的、科学的、民族的、大众的文化应是教育的必要内涵，应与教育教学的过程相伴随，与培养人才相始终。教育文化的目标则是通过教育文化化、文化教育化的有机结合，提高人的综合素质、提升人性美德、促进人的全面发展。

文化育人的本质在于提升人性，文化育人又重在情感与精神的培养，文化育人重视技能到人格的提升，文化育人有利于恢复教育的品德和荣誉。基于以上认识，反思阳明教育思想中的学必立志、德育为先、"修德"以"致良知"、"人皆可以为尧舜"、"勤学"、"改过"、"责善"、"知行合一"、"鼎革创新"、"教书"与"育人"并重以及独立思考、自求自得、因材施教、教学相长等观点和主张，无疑给我们以厚重的启示。教育必须以"树人"为本，教师应率先垂范，为人师表，培养的人才应是理想、有道德、有文化、有知识、有技能的人。德、智、体、美、劳都是"做人"不可或缺的，不可偏废。

四、结　语

在中国数千年的历史上，阳明先生是屈指可数的几位既有"立德"、"立言"，又有"立功"的人。因此，有一种说法：中国有两个半圣人，一个是孔子，一个是王阳明，半个是曾国藩。还有一种说法：中国的文人能带兵打仗的，有三个人，一个是诸葛亮，一个是王阳明，还有一个是毛泽东。

王阳明作为一个中国历史上少有的集政治家、思想家、军事家、教育家为一体的伟大人物，其德行、事功，至今仍受到中国、日本乃至全世界读书人的敬仰，可见其巨大之人格魅力。

而王阳明的教育思想是王阳明心学的核心，在中国教育史上占据着重要的一页。用现代教育原理来审察王阳明的教育思想，"知行合一"可谓是教育教学过程论，而"致良知"则是其教育方法论。从王阳明的教育实践和当今践行"良知教育"的实验来看，基于"明人伦"的教育目标而采取"致良知"之学，仍有所作为，此当是对现代教育方法论的有力补充。而王阳明提倡"君子之学，唯求其是"[12]的"求是"学风，并多有阐发。时至今日，"求是"精神仍然十分重要。浙江大学更是把它作为校训的一部分，可见其"唯求其是"的学风影响之深远。同时，王阳明指正了蒙学教育中重智轻德的现象，以及忽略歌诗、习礼等陋习，还指正了蒙学教育偏重死记硬背和滥用体罚的现象，以致过于紧张的师生关系使儿童的学习兴趣荡然无存。

王阳明的教育教学实践距今已有五百年之久，当时的历史境遇与现在的社会实际已是天壤之别，然其教育思想仍可为现代教育所借鉴。诚然，王阳明身为封建地主阶级的思想家和教育家，其教育思想有着更多的时代与阶级的局限，有关教育的论述也未免失之偏颇。对此，我们需要运用马克思主义的立场、观点与方法和现代教育原理，对王阳明教育思想予以重新挖掘和拣选,从而达到取其精华、推陈出新之效。正是在这种"取其精华,去其糟粕"的前提下总结过去、反思实践、放眼未来,不断给予教育文化以时代的声音而体现其内在的理念、精神与价值。

参考文献:

[1] 钱明.阳明学的形成与发展[M].江苏古籍出版社,2002.

[2] 李国均.中国书院史[M].湖南教育出版社,2004:691.

[3] 杨国荣.王学通论:从王阳明到熊十力[M].华东师范大学出版社,2003:78.

[4] 传习录上·徐爱录.[M].中州古籍出版社,2008.

[5] 王守仁.王阳明全集·与道通周冲书五通(四)[M].上海古籍出版社,2001:564.

[6] 王守仁.王阳明全集:下卷[M].上海古籍出版社,2001:1278.

[7] 王守仁.王阳明全集:下卷[M].上海古籍出版社,2001:1278—1279.

[8] 王阳明.传习录·训蒙大意示教读刘伯颂[M].中州古籍出版社,2008:58.

[9] 王阳明.传习录中·答罗整庵少宰书[M].中州古籍出版社,2008:32.

[10] 传习录下·门人黄修易录[M].中州古籍出版社,2008.

[11] 王阳明.传习录中·答罗整庵少宰书[M].中州古籍出版社,2008:46.

[12] 王守仁.王阳明全集[M].上海古籍出版社,2001:145.

[13] 周月亮.王阳明:内圣外王的九九方略[M].中华工商联合出版社,2007.

作者简介:

王仕康,男,蚌埠行知高级中学副校长,安徽蚌埠明文化研究会会员。

明皇陵石刻文官服饰考

郑艺鸿

（安徽科技学院建筑学院）

摘　要：明皇陵作为明代第一陵，奠定了明清帝陵的基础，而石刻官员所显示的服饰领域却鲜有研究触及。服饰是中国古代封建等级制度的集中体现，有着明确的要求和规定，而对于皇陵文官的服饰及装饰，实地考察和史料记载的比对给出了答案：皇陵文官为"朝服"服式且无"方心曲领"之装饰。

关键词：明皇陵；石刻文官；石刻服饰；方心曲领

简　引

明皇陵石刻作为 1982 年第二批国家重点文物保护单位，被国务院列为我国最高保护级别的文物和遗产，近年又在积极申报世界遗产，具有极其重要的地位，其两个特征更是体现出唯一性：一是皇陵坐南朝北，以北为正向，正门设于北，神道石刻也以北向为起点，这是中国所有帝王陵寝的特例；二是皇陵石刻为三十二对，这是单个皇家陵园石刻数量之最。这两个特征更加提高了皇陵石刻在历史中的地位及在陵寝石雕领域的重要性，同时也增加了其对各研究领域的吸引力。

明皇陵石刻主要是由两部分组成，一是动物石刻部分，包括独角兽、石狮、石马、石虎、石羊，共计 5 类 40 件；二是人物石刻部分，包括马官、文官、武官、内侍，共计 4 类 20 件；此外还有两对石望柱。其中最精彩的雕刻当属文武官员。在笔者的实地考察中，人物石刻完整的服式装扮及清晰的装饰图样格外引人注目，而本文要探究的正是明皇陵石刻文官服式及其装饰。

一、文官石刻现状

实地考察可见，明皇陵石刻以北向为起始，东西相对分列于神道两侧，文官石刻共两对，位于第二十七组、第二十八组位置。石刻文官宽 1 米多，下连两层石质底座，上层底座与文官为整体石料，下层底座为单独石块。第二十七组上底座宽 1.15 米，高 0.4 米，下底座宽 1.25 米，高 0.2 米（此为地面以上高度）；第二十八组上底座宽 1.10 米，高 0.25 米，下底座宽 1.26 米，高 0.32 米（地面以上）——前后两组底座纵深俱为 0.8 米。石刻整体高度约为 3.3 米，形体巨大，视觉昂然。王剑英先生《明皇陵遗址》1973 年 9 月的调查显示："第二十七东侧文官缺头，西侧文官头部有缺损，第二十八东、西文官皆完好。"[1]说明文官石刻现在所呈现的雕刻面貌基本是完好的,作为当时服饰的反映是没有问题的。

至于明皇陵石刻文官服饰具体特征,实地考察记录信息如下。文官石刻正面考察显示:文官戴七梁冠,冠额正中饰以浮雕双线长圆宝相形,圆中空白,颜题(古代对帽子覆额部分的称呼)左右两侧刻以对称缠枝装饰纹样(此处名称依据缠枝、宝相比较而定),簪贯穿冠耳(古代对官帽耳部以上及后脑处遮发部分的称呼)两侧,簪首尾已损,仅留较短两端;两对文官俱双手交叠,左手外右手内,持笏胸前,笏上至下颌须,笏下至革带底;革带正面中间三台(古代对革带中间连接合口的称呼)被笏底所遮,左右圆桃呈对称形,仅露一对(按照古时要求,革带圆桃全为三对),其余革带被宽袖所遮;大带上缘系于革带之下层,正中打结,大带下缘于结处下垂;交领右衽,内着中单,宽袖长袍,袖垂至膝;左右两侧为佩,佩之上端为袖所遮,下端至履(古时对鞋子的称呼)。

文官石刻背面考察显示:文官装饰上简下繁。梁冠系于双耳上缘高度、头部后脑正中位置;上衣所刻领缘清晰,中缝垂直;革带于外大带于内,圆润工整;大带之下层为组绶部分,三小绶下垂于外,以二绶环相连,小绶下层为大绶,满刻云、禽图案,大绶下结丝网。将文官衣饰分层次由外至内归纳起来则为:最外层为革带,系于腰际;次为大带,上系下垂于革带之下层;大带之后,正面为蔽膝,背面为组绶,侧面为佩;蔽膝、组绶内层为上衣;上衣内层为下裳;下裳下为云履。

由以上信息可以总结出明皇陵石刻文官的服饰构成,可见者包括梁冠、上衣、下裳、中单、革带、大带、蔽膝、佩、小绶、大绶、丝网、履,此外还有笏。凡此种种,正是明代官服样式的基本硬件。

二、服装样式考证

明代官员服式主要有朝服、祭服、公服及常服等款式,对于皇陵石刻文官是何种样式,则需对比史书记载才能确定。现有研究对于明代服饰的引用大多来源于《明史·舆服志》所载,本文在对比了《明史·舆服》和《大明会典·冠服》之后,决定以《大明会典》所载作为明皇陵石刻文官服饰考证的史料依据。原因有二,第一,《大明会典》与《明史》中对官员朝服、祭服、公服、常服内容的记载基本相同,仅制定时间稍有出入,《大明会典》全部记为"洪武二十六年定"。《明史》中除了常服记载为"二十四年定"之外,其他俱同。但《大明会典》服饰卷配有部分插图,并且作为专载明代制度类的官修文献对各类制度记载更加细致。第二,《大明会典》为大明几朝官员所撰的官方资料,早于清代所修《明史》,在时间上更为原始,因此选之。

按照《大明会典·冠服》对文武官员服式的记载,可以归纳出几种服式的主要特征及组成。朝服为参加重大活动类所用的礼服,采用古代传统"上衣下裳"制,其组成包括:梁冠、上衣、中单、下裳、蔽膝、大带、革带、佩、绶、丝网、袜、履。以冠梁数及大绶装饰图案分等级。其记载如下:

朝服。凡大祀庆成……则文武官各服朝服……梁冠,赤罗衣,白纱中单,俱用青饰领缘，赤罗裳，青缘，赤罗蔽膝，大带用赤白二色绢，革带，佩绶，白袜，黑履。一品至九品，俱以冠上梁数分等第……一品冠，七梁，不用笼巾貂蝉，革带与佩俱玉，绶用绿、黄、赤、紫四色丝，织成云凤四色花锦，下结青丝网，绶环二，用玉。笏用象牙。[2]

而专用于祭祀类活动的祭服与朝服有所不同，区别主要在于两点。一是颜色有别：上衣颜色不同，朝服用赤，祭服用青；白纱中单（类似现在的衬衣）领缘颜色不同，朝服用青，祭服用皂；下裳虽都为红色，但边沿颜色不同，和衬衣用色变化一样，朝服用青，祭服用皂。二是方心曲领佩戴有别：朝服无"方心曲领"，祭服有"方心曲领"。也就是说祭服比朝服还繁杂、庄重，多了一个"方心曲领"，其他则同于朝服。其载如下：

> 祭服。凡上亲祀郊庙社稷，文武官分献陪祀，则服祭服。一品至九品，青罗衣，白纱中单，俱用皂领缘。赤罗裳，皂缘。赤罗蔽膝。方心曲领。其冠带佩绶等第，并同朝服。[3]

公服为正规上班所用的正式办公服，多用于重大朝会，可以理解为公共议会等所着服装，主要特征为"圆领右衽"、"展角幞头"（亦有称"展脚幞头"者，此处以《大明会典》、《明史》所载称），以袍服颜色及所绣花样大小区别等级。其载如下：

> 公服。在京文武官，每日早晚朝奏事，及侍班、谢恩、见辞则服公服。在外文武官每日清早公座亦服之……用盘领右衽袍，或纻丝纱罗绢从宜制造，袖宽三尺。一品至四品，绯袍。五品至七品，青袍。八品九品，绿袍……公服花样：一品用大独科花，径五寸。二品小独科花，径三寸。三品，散答花无枝叶，径二寸。四品五品小杂花纹，径一寸五分。六品七品小杂花，径一寸。八品以下，无纹。幞头：用漆纱二等，展角各长一尺二寸。其杂职官员幞头，用垂带。[4]

而常服为平时工作所穿的工作服，可以理解为在自己的办公场所正常办公所用，主要特征为"乌纱帽、团领衫、束带"以及"补子"，以革带材质及补子图样区分等级。记载如下：

> 常服。洪武三年定，凡文武官常朝视事，以乌纱帽、团领衫、束带为公服。一品玉带，二品花犀带，三品金钑花带，四品素金带，五品银钑花带，六品七品素银带，八品九品乌角带。二十六年定，公侯驸马伯，麒麟白泽。文官一品二品，仙鹤锦鸡。三品四品，孔雀云雁。五品，白鹇。六品七品，鹭鸶鹨鹕。八品九品，黄鹂鹌鹑练鹊。风宪官用獬廌。武官一品二品，狮子。三品四品，虎豹。五品熊罴。六品七品，彪。八品九品，犀牛海马。[5]

此处需要说明的是，各服式中所绣装饰图样部位之不同，公服所绣不同尺寸的花样针对的是整件袍子而言的;朝服中所绣云禽图样针对的仅仅为革带、大带所束之大绶;祭服与朝服同;而常服中不同类别的禽、兽图样针对的仅仅为补子。这些装饰花样的不同虽然不是区分官员等级的唯一因素,但是最为重要的因素。

依据明皇陵石刻文官服饰显示的构成硬件,可以详细地与史书所载进行比对:根据梁冠、幞头、乌纱帽的具体佩戴不同排除"公服"、"常服"款式,根据没有方心曲领排除"祭服"款式,之后明确地看出皇陵石刻文官衣着构成与史载"朝服"款式相同。另外,即使从各种款式的不同用途,也可以排除"公服"、"常服",因为此二者为办公所用,并不适合在神道出现;而祭服专为祭祀所用,朝服则为"大祀"(意即最隆重的祭祀)等重大活动所用,都是适合在神道中出现的。因此,由上可以总结,明皇陵石刻文官服式为"朝服"样式。

三、"方心曲领"装饰

在对明皇陵石刻文官的现有研究中,对于其是否佩戴"方心曲领"产生了不同结论。如王磊在两篇文章中论述明皇陵石刻文官时都谈到了明皇陵文官"宽袍大袖,方心曲领"(详见其作《明中都皇陵石像生的装饰性与审美追求》及《凤阳中都皇陵石像生的艺术特色》),该作者将文官所着服饰述为"祭服",并强调其"方心曲领";而其他研究却有不同见解,如秦士芝将明皇陵文官论述为"交叉叠领",而将孝陵文官述为"方心曲领"(详见其作《明祖陵的营建及其神道石刻》),与王文观点截然不同。

那么皇陵石刻文官是否具有"方心曲领"? 就要看其是否符合"方心曲领"的有关特征。现存文献对"方心曲领"的记载不具体且多为语言阐述,难有确切的直观依据,仅有《明宫冠服仪仗图》对"方心曲领"有明确配图[6],清晰地表现了"方心曲领"的特征。据此,可将"方心曲领"确定为上圆下方,其圆处如项圈,用丝带系在脖子上,下垂方形,垂在外衣外边起压领作用的一种饰物。这表明了"方心曲领"在古代是具有一定功能的装饰,且其形状特征为方圆组合的一种装饰,那么符合以上特征的就是"方心曲领",不符合的就不是。本文前面依据实地考察已经证实,明皇陵石刻文官服式不是祭服,没有佩戴"方心曲领",而仅仅是传承以前汉服典型特征的"右衽交领"。假如对此还有疑问,则可以通过明孝陵、明十三陵的文官来对比确认。明孝陵文官石刻细节虽已不清晰,但是,正面胸前笏板之后"方心"的痕迹还是很明确的,再加上从石刻后背看,清晰的两条垂带足以证明文臣是佩戴了"方心曲领"的。而明十三陵总神道官员石刻清晰地展现出了"方心曲领"的样式,证据确凿。有些研究对此也有论述,如胡汉生《明十三陵探秘160问》在论述明十三陵石刻特点时说:

> 真实地反映了明朝文武官员的朝服服饰特点和侍卫将军的甲胄形制……另外石像生品官、功臣像在脖领之下均雕有方心曲领装饰,而《大明会典》没有记载这种装饰物。[7]

以上论述能充分地证明明孝陵、明十三陵石刻文臣"方心曲领"的观点是符合事实的,而明皇陵文臣石刻其服饰与二者是明显不同的。两相比较,可以说明明皇陵石刻文官并无"方心曲领"之装饰。

结　　语

通过对《大明会典》、《明史》等史籍的详细比对,明皇陵石刻文官服式及装饰与史书记载内容完全相符合,可以互相印证。这说明明皇陵石刻具有重要的历史、艺术价值,是文献记载立体、直观的体现,也是研究中国古代雕刻、古代服饰的珍贵遗产。

同时,在对明皇陵石刻文官服饰的研究过程中,明确了由于"朝服"、"祭服"等服式不同而有无"方心曲领"的区别,也了解了"方心曲领"作为古代服装的一种装饰,其具体的特征及使用范围。皇陵文官着"朝服",自然就不会配"方心曲领",而佩戴"方心曲领"的明孝陵、明十三陵石刻官员恰好可以说明此二陵采用了"祭服"服式。

(本文撰写过程中,史籍文献的查阅主要来源于安徽科技学院明文化特藏书库、明文化数据库、安徽蚌埠明文化研究会。在此一并致谢。)

参考文献:

[1] 王剑英.明中都研究.北京:中国青年出版社,2005:421.

[2] (明) 李东阳,等.大明会典(影印本)卷六十一·冠服二·文武官冠服.申时行,等,重修.扬州:广陵书社,2007:1053.

[3] (明) 李东阳,等.大明会典(影印本)卷六十一·冠服二·文武官冠服.申时行,等,重修.扬州:广陵书社,2007:1057.

[4] (明) 李东阳,等.大明会典(影印本)卷六十一·冠服二·文武官冠服.申时行,等,重修.扬州:广陵书社,2007:1057.

[5] (明) 李东阳,等.大明会典(影印本)卷六十一·冠服二·文武官冠服.申时行,等,重修.扬州:广陵书社,2007:1058.

[6] 李之檀,等.珍贵的明代服饰资料《明宫冠服仪仗图》整理研究札记.艺术设计研究,2014(1):26.

[7] 胡汉生.明十三陵探秘160问.北京:燕山出版社,2004:102—103.

作者简介:

郑艺鸿,男,安徽科技学院建筑学院副教授,安徽蚌埠明文化研究会副秘书长。主要研究方向:明代石刻艺术。

凤阳明代雕刻代表"龙凤"石刻研究①

徐姗姗

（安徽科技学院建筑学院）

摘　要：凤阳作为明代文化的发源地，其中最为著名、最为珍贵的是列为国家重点保护文物的明代石刻。而明代石刻中最为精彩的又属"龙凤石刻"。该石刻细致精美，形式多样，内涵丰富，充分体现了凤阳作为明代最早期都城建设的规格和显赫地位，是南京、北京明都城石刻的起始和不可超越的见证，在明代雕刻中具有独一无二的特殊性。

关键词：明代雕刻；明中都；龙凤石刻

一、概　　述

　　凤阳作为历史文化名城，是明太祖朱元璋的家乡，有举世闻名的明中都皇故城和明皇陵，是庄子与惠子濠梁观鱼之地，是传说中八仙之一蓝采和的成仙之地，也是中国农村改革开放的发源地。可以说，明文化、小岗村、花鼓戏，是凤阳这座古城的三大名片。花鼓戏属于国家第一批非物质文化遗产，被较好地保护、发扬、传承了下来；小岗村作为改革第一村，也通过建立旅游区和教科书的宣传而被人们熟知；明文化遗址遗迹的保护和开发，则不那么尽如人意，有待进一步完善。

　　凤阳明遗址遗迹的保护和开发步伐并不一致。具有代表性的明皇陵和龙兴寺景区，相对完善。明中都古城墙的开发保护难度较大，需要较多投入，故此方面工作不力。目前，古城墙已遭到了较为严重的破坏。破坏特别严重的是明中都整块墙体及午门门洞内部，附立于城墙之上的浮雕不可避免地也遭到破坏。

　　尽管毁坏严重，残存下来的雕刻数量有限，却依然具有震撼人心的力量。不难想象这座城墙的建成，在当时耗费了怎样的人力、财力、物力。城墙整体的恢宏大气，并不妨碍其细部的装饰美，墙体基座残存的浮雕细致精美、形态各异，显示出当时雕刻工匠深厚的功底和技术。

　　我们所知的明代雕刻，一般为南京地区的明代前期雕刻及北京的明十三陵雕刻，这些雕刻多数为单体的石刻圆雕，形体巨大、立体感强，极具视觉威慑力，很好地烘托了皇家地位的高贵。此两地的明石刻，与本文所论述的凤阳石刻有直接的承继关系。

　　凤阳明代石刻属于1982年第2批国家重点保护文物，该石刻作为600多年前的文物，是凤阳明代文化最重要的代表，具有重要的历史、社会价值；该石刻形式多样，也是南

①　基金项目：安徽科技学院大学生创新创业训练计划省级项目"凤阳明代雕刻代表龙凤石刻研究"（108792015031）。

京、北京明都城的起始和原稿,在国内整个明文化旅游业中,是独一无二的,具有不可替代的重要地位;凤阳明代石刻中的浮雕又以明中都城墙基座的"龙凤"浮雕最具有代表性。因此对包括古城墙浮雕在内的凤阳石刻进行合理开发利用,对于保护文化遗产,对于发展凤阳本地旅游业,均具有重要的作用和价值。

二、"龙凤"浮雕的特色

凤阳古城墙基座的浮雕属于砖石雕。砖雕出现很早,在秦汉时代已普遍盛行。这一艺术形式代代相承,凤阳浮雕石刻既是其中的一个环节,又极富个性,非常珍稀。据考查,同属于明代建筑的凤阳中都鼓楼、南京中华门城墙、北京故宫宫墙及明十三陵相关墙体,都没有类似浮雕。

古城墙基座的浮雕形制多样,图案包括莲花、牡丹、祥云、狮虎及抽象的装饰纹,这些图案烘云托月,主体部分是体现皇家特色的龙凤。现存龙凤石刻形象各异,几乎没有相同的形态,雕刻精美,连龙鳞和凤毛都刻画得栩栩如生。作为明代早期的龙凤形态,与后期的明代雕刻中的龙凤造型有较为明显的区别。

"龙凤"浮雕石刻成为浮雕主体,并非偶然。"龙"、"凤"是中华民族最重要的两种图腾。"龙"作为中国古代传说中的灵异神物,号称万兽之首,虎须鬣尾,身长若蛇,有鳞若鱼,有角仿鹿,有爪似鹰,能走能飞,能大能小,能隐能现,能翻江倒海,吞风吐雾,兴云降雨,后来更成为中国封建时代帝王的象征。"凤"是凤凰的简称,亦称为朱鸟、丹鸟、火鸟、鹍鸡等,是中国古代传说中的百鸟之王,在中华文化中的地位仅次于龙。凤凰羽毛美丽,雄的叫凤,雌的则叫凰。"凤"是人们心目中的瑞鸟、天下太平的象征。它与龙一起构成了龙凤文化。如同龙是封建帝王的象征一样,凤也成为后妃的符瑞。凤阳作为明太祖的龙兴之地,号称中都,其城墙大量雕刻龙凤图案有其必然性。

凤阳"龙凤"浮雕的一种是单纯的凤雕刻。依据头部姿势,造型有几种形式,其一为上昂式(如图1)。各种造型不同的凤凰昂首挺胸,却又姿态各异。有的展翅翱翔,有的翘首似顾,有的振翅欲飞,形态各异,栩栩如生。凤尾的部分有的状似火焰,有的形如祥云,有的如丝帛绸带,也有的似流苏垂柳。凤凰造型的差异,在凤凰的尾部显得尤为突出。可以说,这些凤凰的尾部刻画是这一系列的龙凤浮雕中差别最为明显的地方,也是最能体现前人丰富想象力的地方。

图1

其二为下斜式(如图2)。这类形态的凤凰大多尾部上翘,凤头朝下,以一种翩然起舞的姿态或徜徉于祥云之中,或垂直而下,或相互嬉戏,或追逐自己的辉煌美丽的尾巴,或侧身将头部埋于翅下。形态多样使人眼花缭乱,如若可以将其拓下,细心描绘,确实是非常有价值的。凤冠也有各种不同的形态,与尾翼的形态一样,几乎没有重复,各具姿势造型。翅膀或全然展开,或半开半闭,更有似梳理羽毛者,神秘之中也掺杂着自然鸟类的温馨之举。

图2

"龙凤"浮雕更多的是以龙为主体的雕刻形式,多为龙腾式(如图3)。其特征为以单个的龙作浮雕主体,且多配有祥云,营造出龙跃九天,踏云而来的形象,显得雄浑而气宇非凡。龙角、龙鳞以及龙爪刻画得尤为精细。龙角的基本形态状如尖笋,又如同锋利的尖刀,其纹路又好似公牛的尖角。角的基部有类似装饰品的突起,仿佛鹿茸状。这样的龙角形态与我们潜意识以及在荧幕或者其他地方看到的形似珊瑚状的龙角有着明显的区别差异,这说明在这个时期龙角的作用并不是单纯的装饰作用,可能还带有一定的攻击作用。龙鳞的刻画非常细致,每一片龙鳞的形态都清晰可见。可惜岁月的尘埃让这些龙鳞大部分褪去了雕刻的印记,或者已被灰尘和泥土遮掩。不论龙身以一种怎么样的缠绕的形态刻画,在非常显眼的地方都有可见的龙爪,并且有一只或者两只龙爪是踏着祥云的,这样才符合这神圣的龙腾千里的形象特征,体现了它在那时候人们心中的至高无上的地位。

图3

"龙凤"浮雕还有龙凤组合的雕刻形式,主要造型是龙凤相望式(如图4)。龙的形态同样是多种多样,大抵可以分为与凤凰相望的形态和独自缠绕的状态。由多数的雕刻整体可以看出来,在这种形态的雕刻之中,虽然龙凤同时存在,但相比较而言,还是以龙作为主体的。龙的整体形态在整个版图中所占据的比重是相对较大的,并且有的搭配有祥云。整体上,凤凰呈现一种追随的状态而存在,甚至间或有两只凤凰环绕前后。这样的布局使一块长方形墙砖石上的雕刻显得丰富而饱满,仿佛是在阐述故事,而细节上也并没有任何的疏忽,龙鳞和羽毛以及祥云,每一处都雕刻得异常精美细致。龙首多为后仰与凤凰对望,整体掩映在祥云之中,凤凰追随其后,展翅而飞,画面显得非常和谐。

图4

总之,"龙凤"浮雕是精美的艺术品。虽然每处"龙凤"浮雕面貌各异,但不论从整体构思还是局部的细节,这些浮雕都和谐而细致,没有任何的突兀感,千姿百态的造型让人不得不被前人的想象力深深折服。

三、浮雕的保护开发

如前所述,"龙凤"浮雕文物价值、研究价值、经济价值均不可替代,可惜保护开发都非常有限,由于宣传不到位,对广大民众而言,还"养在深闺人未识"。为改变这一堪忧现状,笔者不揣浅陋,建议如下:

其一,加大投入,责任到人。落实国家《关于进一步做好文物保护"五纳入"的通知》精神,将包括古城墙浮雕在内的明代石刻保护,纳入经济和社会发展规划,纳入城乡建设计划,纳入财政预算,纳入体制改革,纳入各级领导责任制。建立多渠道、多层次的管理体系。强化政府宏观管理职能和全县文物工作的整体水平。将历史文化遗产保护工作纳入各级领导的责任制加以考核,落实各区文保机构人员的定岗定编。加强专业队伍的建设,因地制宜引进文物保护管理、文物基础研究等方面的业务人才。建立财政专项文物保护经费,并逐年稳步增长。不仅要有宏观规划和管理,更要将城墙的保护责任到人,为防止城墙进一步被破坏,可以设立专职的城墙保护管理员。相信责任到人,资金到位,一定会打开包括古城墙浮雕在内的凤阳明代石刻保护开发的新局面。

其二,加大宣传力度,建立公众参与的保障和激励机制,提高社会公众参与度,鼓励社会各界广泛参与文化遗产保护。宏伟巍峨的城墙是凤阳本地的明代景点之一,城墙基座的浮雕是城墙的亮点和特色部分。然而目前知道古城墙并去过的人都是少数,能够注意到基座的浮雕的更是少数。加大宣传、教育力度,一方面可以打响"龙凤"浮雕的知名度,一方面更能提高普通民众的保护意识。注重发挥以街道、社区为构架的基层业余文物保护组织的作用,形成各级各层次管理机构各司其职、相互协调的良性运作机制。加强业余文物保护队伍建设,拨出一定的专项资金,以"以奖代拨"的形式建立对业余文保员和对历史文化保护有贡献者的经济激励制度。

其三,保护措施上,要结合浮雕特点,有针对性。由于自然人为的复杂原因,浮雕已经大面积被破坏,残损严重。如果进行大面积重建、修补是不切实际的,也会失真。笔者以为,可以在适当的地方进行小面积修复,使之恢复原貌,再放光彩。对于那些保存还较为完整的,可以用图像、视频的形式保存,还可以用拓本形式将这些精致的雕刻拓绘下来,长久地留下来。利用图像、视频、拓片,将"龙凤"石刻打造成凤阳旅游业最具有代表性的宣传标志,可以用于广告宣传等系列产品之中。

总之,要在各方面、全方位地对这一项目高度重视,对这些浮雕进行保护,做到实处,而不是泛泛而谈,空谈保护却不落实政策和措施。

四、总　　结

历史并未走远,"龙凤"石刻这些600多年前的遗留文物,是凤阳古老历史的妩媚展示。可喜的是,政府部门已经对古城墙开发保护做了一些工作。整个古城墙已经作为一个较大投资的项目在修葺。距离凤阳并不遥远的另一个城市南京,其明城墙保护和开发走得较早,知名度更大,早已成为很有特色的一大旅游项目。我们凤阳古城墙"龙凤"石刻有南京不可企及之处,可以借鉴南京的经验,在发展中又保持自己的特色,将凤阳明代石刻打造成明文化旅游业中首屈一指的品牌。希望凤阳古城墙及其石刻的开发保护走得更好,更健康。

参考文献：

[1] 王剑英.明中都研究.北京:中国青年出版社,2005.

[2] 安徽省凤阳县地方志编纂委员会.凤阳县志.北京:方志出版社,1999.

[3] 夏玉润.朱元璋与凤阳.合肥:黄山书社,2003.

[4] 谭峰.明帝陵石雕艺术.北京:大众文艺出版社,2008.

[5] 汪元宏.明文化研究.南京:南京大学出版社,2013.

作者简介：

徐姗姗,女,安徽科技学院建筑学院在校生,安徽蚌埠明文化研究会会员。

从龙兴寺建筑看明代室内装饰艺术文化

肖 晴

（安徽科技学院建筑学院）

摘 要：本文以龙兴寺为例，介绍了明代木结构建筑室内装饰艺术文化，分别从室内空间结构、室内装饰构件、室内装饰纹样等方面进行了详细阐述，以期全面展现明代建筑室内装饰文化，为明文化研究做出贡献。

关键词：龙兴寺；明代建筑；室内装饰

引 言

早在七八千年前，中国就出现了以木结构为主的框架式建筑，古代工匠们以师傅传徒弟的方式使得中国古建筑的建筑水平得到了快速的发展。到了明代，随着人们审美水平的提高，木结构建筑技术水平已经发展到了一定高度。与此同时，室内空间的装饰性也显著提高。现以明代开国皇帝朱元璋出家礼佛的龙兴寺为例，从室内空间结构、室内装饰构件以及室内装饰纹样三个部分详细论述明代木结构建筑室内空间的装饰艺术文化。

龙兴寺，位于安徽省凤阳县府城镇北部，始建于洪武十六年（1383 年），是明代皇家寺庙建筑。1981 年被列为安徽省重点文物保护单位。经过 600 多年的风雨沧桑，大部分建筑遭到不同程度的破坏。但其遗址、布局、尚存的部分文物和建筑构件仍能显示其当年的气势、规格和规模[1]。龙兴寺现有建筑主要包括"龙兴古刹"牌坊、天王殿、大雄宝殿、大悲亭、明太祖殿、玉佛殿和藏经楼、五百罗汉堂、财神殿和地藏殿、七佛宝塔以及念佛堂、禅堂等。本文主要以天王殿和大雄宝殿两栋建筑为例。

一、龙兴寺部分建筑室内空间结构

进入"龙兴古刹"牌坊，往北行 400 米左右便是天王殿，建筑为砖木混合结构。屋顶结构、门、窗等均为木质结构，均漆暗红色油漆。地面为水泥地面，铺设印有"卍"字形的地砖。大殿前后均设有入口，前后入口正面中间均放置佛像，佛像前设置蒲团，供跪拜用。东西两侧各有一暗间，内塑四大天王神像，并在神像前设置栏杆。

大雄宝殿是龙兴寺现存不多的古建筑。光绪三年捐修三宝殿三楹，五年添修卷廊及殿之东西房各一楹。1942 年重建，1959 年重修，基本保持旧观。"文化大革命"初期，殿内文物皆毁，仅存空殿。1968 年，寺为县民政局占用，大殿改为五一综合厂铸造车间；

1975 年,寺又为县农机培训班占用,大殿改作教室。1981 年 12 月,被县文物管理所收回,作为文物陈列场所[2]。

大雄宝殿建筑为砖木混合结构,屋顶为重檐庑殿顶,属皇家建筑规格。大殿前后均设有入口,南入口正中为释迦牟尼铜像,高丈六,像前设有供奉香火长案,北入口正中即释迦牟尼铜像后泥塑山架,山洞重叠玲珑,上有泥塑唐僧师徒取经的故事;顶端塑一大鹏鸟[3]。山架正中塑有观音立像。大殿东西两侧各有一暗间。暗间东西山墙处设有一米高的神台,神台立面有龙纹图样,台上放置玻璃展柜,并列供奉罗汉泥像九尊。神台南北分别放置大鼓和大钟,暗示晨钟暮鼓。

二、龙兴寺部分建筑室内装饰构件

中国独特的木结构梁架建筑体系赋予了内部空间最大的自由,门、窗、屏风、隔扇的运用和灵活的空间组合处理使建筑内外空间融为一体;藻井、博古架等成为室内空间划分中极具装饰性的构件,它们精致的工艺、精美的结构图案都是独树一帜的。建筑室内空间中承重的结构部件如梁、柱、斗拱等也成为室内装饰的重要内容,成为力学和美学完美结合的典范。

我国古建筑普遍是梁架结构,所以,中国传统建筑自古就有"墙倒屋不塌"的说法[4]。中国古建筑的木质构架分为三部分:柱、斗拱及梁枋[5]。柱子和梁是主要结构,在古建筑中起到了承重和支撑作用。龙兴寺中的天王殿内部为木桁架结构,但是,天王殿的木构架结构中没有斗拱的存在,直接是柱梁相接。梁、柱成了主要的结构支撑。梁,是古建筑中上架的最主要的承重构架,承担着上架构建和屋顶的全部重量,再由柱子转移到基础。这大概是由于天王殿是后期工匠按照其他寺庙的型制建构因而忽略了明代建筑中重要的一个建筑构件——斗拱。天王殿内有四根承重的柱子,柱上有彩色浮雕雀替装饰,柱下为圆形柱础。

大雄宝殿内部也为木结构屋顶,屋顶结构由柱子、梁、斗拱和藻井组成。由于内部做成了藻井,所以在大雄宝殿室内看不到斗拱的存在,但是在外立面能清晰地看到屋檐下斗拱的结构。据现状分析,此时大雄宝殿上的斗拱已经没有了承重的作用,仅仅起到了装饰作用。藻井是中国古代尊贵建筑中常见的一种装饰,一般建在屋顶天花中心部位,起着强调室内空间中心及重点装饰的作用。因其形状似井,又在上面饰藻纹,所以被形象地称为藻井。藻井随着建筑技术的发展、社会的变化而逐步演变,从原始简单的藻井逐步演化为复杂、华丽的藻井形式,到了明代以后,藻井的式样越来越复杂,也更加精致,有方形、八角形及圆形等多种形式。藻井主要用于庄严雄伟的宫殿或神圣肃穆的佛堂中,是建筑装饰艺术中的重要组成部分。大雄宝殿屋顶天花全部以藻井装饰,藻井为方形,上面绘有莲花纹样,饰以蓝绿色彩。梁上绘有二方连续纹样,与藻井风格、色调一致。梁下设有雀替,呈镂空雕刻卷草纹样,表面饰以金黄漆作装饰,整个室内空间显得雅致、气派,可称皇家寺庙建筑的典范。

三、龙兴寺部分建筑室内装饰纹样

我国古代工匠经常运用象征比拟的手法把植物、动物等纹样运用到建筑装饰中来。松、竹、梅被誉为"岁寒三友",因为其不畏严霜的高洁风格经常被匠人使用;龙属于神兽,是帝王的象征;狮子性情凶猛,是兽中之王,是威望和力量的象征;龙、虎、凤、龟是我国古代的四灵兽,素有"左青龙,右白虎,南朱雀,北玄武"之说。中国传统的室内装饰纹样,到了明代也达到了相当高的水平。

在大雄宝殿的空间装饰中随处可见中国传统装饰纹样。主入口前设有两只狮子,象征着威望;入口正中横梁匾额上下层装饰纹样均为龙纹,象征着大雄宝殿的地位;中间层装饰纹样为蝙蝠,表示福气、福禄寿喜等祥瑞。大殿东边走廊房顶上绘有牡丹图案。牡丹被视为繁荣昌盛、美好幸福的象征,宋时被称为"富贵之花"。藻井为莲花装饰纹样,代表"净土",象征"纯洁",寓意"吉祥"。室内雀替为植物装饰纹样,呈卷草式,是中国古代常用的装饰纹样。

结　语

龙兴寺中的部分建筑室内装饰艺术隐约再现了明代建筑装饰的繁荣景象,既表现出了中国古建筑独特的建筑艺术与精湛的技艺,又反映出了中国古代人民思想中丰富的文化内涵。中国的建筑室内装饰艺术是多元化的,研究古代建筑室内装饰艺术不仅能使我们了解古代文化,也能为现代室内装饰艺术的发展找到新的方向,使现代设计师在追求西方现代化的同时,不忘把中国古代建筑室内装饰文化融合到现代室内设计中,做到古为今用。

参考文献:

[1][2][3] 安徽省凤阳县地方志编纂委员会.凤阳县志[M].方志出版社,1999.

[4] 楼庆西.中国古建筑二十讲[M].北京:三联书店,2004.

[5] 林洙.中国古建筑图典[M].梁思成,等,摄.北京:北京出版社,1999.

作者简介:

肖晴,女,安徽科技学院建筑学院讲师,安徽蚌埠明文化研究会会员。

凤阳明皇陵的营建及墓向探析

孙祥宽

摘　要：明皇陵是朱元璋父母的陵墓。有学者认为：洪武二年（1369年）前，皇陵墓向坐北朝南，后改成坐南朝北偏东向。甚至有的人说：皇陵在元末为一荒冢，后被破坏，无墓可究。

但从有关史料和墓地环境来看，其坟墓很可能就是朝北偏东方向。一，凤阳一带葬俗，坟墓皆是以远近地势而定朝向，因此四面八方的墓向皆有。二，明皇陵坟墓附近及四周陵域南高北低、西高东低，按当地的葬俗墓向只宜坐南朝北偏东。三，皇陵既然没有启葬，说明原墓向就没有改变。四，明皇陵原来既然是"风水宝地"，后来扩建就更不能改变方向。五，明皇陵东北为"下砂水口之地"，以北垣正红门为正门，并将左右城墙折呈Z字形，明显地斜向东北，同中都城相呼应。

关键词：凤阳；明皇陵营建；墓向探析

一、明皇陵的营建始末

朱元璋幼年居住在濠州钟离太平乡孤庄村（今凤阳城西南二十营村），家境贫寒。元至正四年（1344年）四月间，其父母、长兄在十七天内，相继染病而亡。朱元璋"身当幼冲，百无所措"，"死者急无阴宅之难"，幸邻人刘继祖惠地，得以安葬父母、长兄；"生者为衣食之苦"，幸邻人汪氏老母施舍衣食，赵氏干娘为之洗濯。是年九月十九日，朱元璋过了17岁生日，汪氏老母又备礼遣子，送其入村旁的於皇寺为僧。后来，朱元璋弃僧从戎，"继为王、终为帝"，对父母的坟墓四次进行扩建和营建。

第一次修建皇陵是在元至正二十六年（1366年）四月。而近年有关皇陵的著述和介绍，多云始建于洪武二年，这是不够确切的。明《寰宇通志》云："皇陵……岁丙午（至正二十六年）诏修。"至正二十六年三月丙申（十四日），朱元璋命韩政率兵取濠州，并"命故臣汪文、刘英随大军回濠州，修饬金井、园陵，招集亲邻赵文等二十家看守"。① 是年四月庚申（初九日）攻下濠州城，当月丁卯（十六日）朱元璋到濠州后，"欲厚陵之微葬，卜者乃曰：不可，而地且臧"②，戊寅（二十七日），朱元璋将回应天，谒辞墓；五月壬戌朔（初一日）回应天。朱元璋在家乡十几天，必然要修建坟墓。不过，这只是一次小规模的修建。

第二次修建是自洪武元年（1368年）至洪武二年。洪武元年正月，朱元璋即皇帝位，又追尊父母为帝、后，兄嫂和侄儿为王、妃，将其父坟墓改称仁祖陵，并命在临濠父母墓前立石。清乾隆《句容县志·艺文志·明皇陵碑》："岁在戊申（洪武元年）正月乙亥日（初四

---

① 《中都志》卷四《陵寝》。
② 朱元璋《大明皇陵之碑》。

日,1月23日）……皇帝御谨身殿,左丞相宣国公李善长奉旨刻石于临濠之先陵。善长……兹欲撰文成词,臣考摭弗周,则记载弗称,敢以上手录大概,若曰：'……赖天地之祐,祖宗之福,今有天下,顾无以惬人子之情,欲起圹而改葬,虑泄山川秀（灵）气,使体魄不安,益增悲戚。故积土厚封,势若冈阜,树以名木,列以石人、石兽,用备山陵之制而已。其据事直书,毋讳。'善长以手录付词臣（危）素等,钦承明训,黾勉论次。"碑文中说的"故积土厚封,势若冈阜,树以名木,列以石人、石兽,用备山陵之制"理当付诸实施,并且有的项目已经完工。洪武二年二月,定仁祖陵曰英陵,五月甲午朔,"更英陵曰皇陵,立皇陵卫以守之"①。

而《凤阳新书·刘继祖传》云："（洪武）二年（1369年）命临濠府加修寝园,厚封广植,崇列华表,始称皇陵。"似乎皇陵是洪武二年才动工始建的。但《明太祖实录》载,洪武二年二月乙亥（初十）已"诏立皇陵碑。先是命翰林侍讲学士危素撰文,至是文成。命左丞相宣国公李善长诣陵立碑"。至此,皇陵已初具规模。后因营建中都,工程一度停止。清乾隆《凤阳县志》记："明太祖父陵……《凤阳新书》皇陵在凤阳府治南十里。外有土城一座,中有砖城一座,内有皇城一座。其间享殿具备,殿左右庑、官厅、直房、神厨、宰牲厨、酒房等屋各数百间,金门、红门、棂星门数十间,御桥、红桥、水关数十座,碑亭二座,祠祭署、铺舍数百间,松柏数百株,石人马数十对。"其中除罢建中都后新建的以外,这样一个规模巨大的建筑群,如果不是在即皇帝位之前动工,即使洪武二年倾新王朝之威势,当年也不可能一蹴而成。

第三次是于洪武八年十月筑皇城城垣。洪武八年四月朱元璋罢建"功将完成"的中都工程后,又于同年十月乙未（初九日）,"筑凤阳皇陵城"②。《国榷》：年月日同,"城凤阳皇陵"。

明人陆容《菽园杂记》说："皇陵初建时,量度界限,将筑周垣。所司奏民家坟墓在旁者,当外徙。高皇云：'此坟墓皆吾家旧邻里,不必外徙。'至今坟在陵域者,春秋祭扫,听民出入无禁。此言闻之凤阳尹杜长云。"

《凤阳新书》也载有此事,卷二《刘继祖传》记："洪武二年,……时将筑（皇陵）周垣,（刘）英奏臣等坟墓皆在侧,请外徙。上谕：'坟墓皆旧邻里,不必徙。春秋任祭播（扫）,出入无禁。'"卷四《帝语篇·行幸叙乡党》又记："是年（洪武二年）修治皇陵。先是度量界限,将筑周垣,所司奏民家坟墓在内,当外徙。上曰：'此坟墓皆吾家旧邻里,不必外徙。春秋祭扫,听其出入不禁。'"

可以推断,皇陵"将筑周垣"是洪武二年五月以后的事,由于在其东北建中都的原因,皇陵周垣停建,直到"罢中都役作"后,才开始筑皇陵城。

第四次是洪武十一年四月"重建皇陵碑,新建皇堂"、皇城及东西庑等,十二年闰五月竣工。《明太祖实录》：洪武十一年四月,"是月,重建皇陵碑。上以前所建碑,恐儒臣有文饰,至是复亲制文,命江阴侯吴良督工刻之"。

---

① 《明太祖实录》卷四十二。
② 《明太祖实录》卷一〇一。

《大明皇陵之碑》："洪武十一年夏四月,命江阴侯吴良督工新建皇堂。"

《凤阳新书》："洪武十一年……夏四月,命江阴侯督建殿宇、城垣,植冢木,立华表,树石人、石兽,勒石建亭。"

从上述几条来看,《凤阳新书》记载的虽不够确切,但似乎与重建皇陵碑和新造皇堂不无关系。

首先,陵前放置石像生,往往与神道碑同时树立。皇陵碑立于洪武二年,说明石像生早在洪武二年甚至元年即已雕就安置。这次仅是重建皇陵碑及碑亭,不须再树立华表、石人、石兽。

其次,皇堂是举行祭祀大典的场所,其内供设所有葬者的牌位,故称祭殿、享殿。可想而知,之前应有此类建筑,否则朱元璋不可能亲自或派子遣官致祭皇陵,追尊的帝、后、王、妃也无处安身。这次名为新造皇堂,实为改建祭殿。至于改建是否因原建筑简陋,尚难确知。

再者,皇城是围绕祭殿而筑,既然祭殿扩建,皇城虽已建也应随之而动。这从有关记载和《中都志》里万历四十一年增补的《皇陵总图》中,还能看出皇城"周七十五丈五尺",正中为皇堂,九间,规模宏大。东西围墙为左右庑,各十一间;北墙开有金门,五间;南墙设有后红门,五座,左右角门各一座,皆与围墙相接,可见原皇城城墙已改建。

从以上分析得知,这次皇陵工程除重建皇陵碑及碑亭外,还包括《凤阳新书》说的"殿宇、城垣",即皇堂及东西庑,皇城及金门和后红门。其中主要是改建祭殿"皇堂"。《明太祖实录》载:"洪武十二年闰五月……丁巳,皇陵祭殿成,命称曰'皇堂'。"至此,皇陵工程全部竣工,成为明代第一陵。

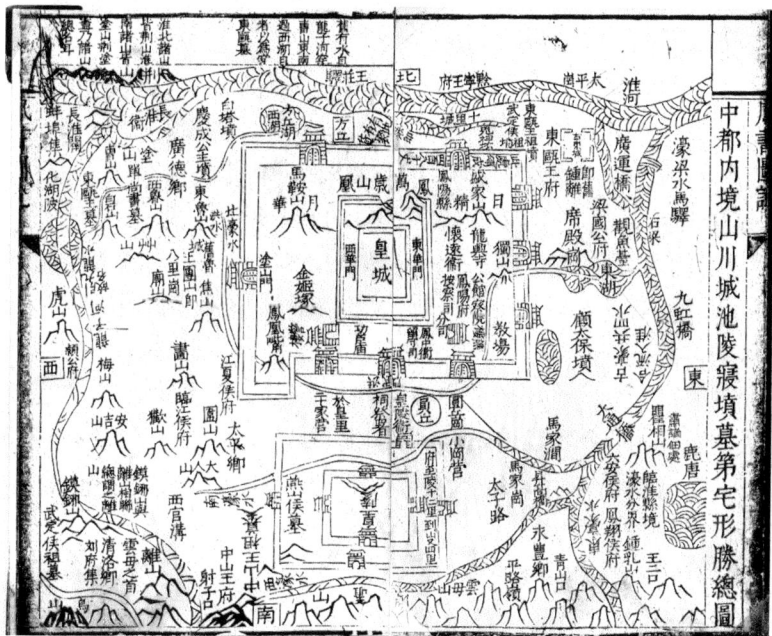

《中都志》里万历四十一年增补的《皇陵总图》

二、明皇陵墓向探析

秦汉以前的墓向多坐西朝东，东汉时墓向改为坐北朝南，唐代以后几乎形成制度。而凤阳明皇陵相反，不仅墓向坐南朝北偏东，而且陵垣正门、外城北面的正红门斜向东北。对此，新中国成立以前学术界未予重视。20世纪80年代，有学者研究指出，在洪武二年(1369年)以前，"皇陵建筑必定是向南的"，"为与在它东北方向的明中都城相配合"，"因此，从洪武八年到十一年，凤阳皇陵进行了一次大规模的改建工程，于是皇陵就改成了现在这样向北的了"。① 此后，大凡述及皇陵墓向，都沿袭这种说法。近年，甚至有的人说："皇陵在元末为一荒冢，后被破坏，无墓向可究。"

但从有关史料和墓地环境来看，朱元璋父母早年葬在这块"风水宝地"上，其坟墓很可能就是朝北偏东方向。

第一，凤阳一带葬俗，坟墓皆是以远近地势而定朝向。

凤阳县位于安徽省东北部、淮河中下游南岸，向有"南是山，北是湾，中间丘陵夹平川"之说。明皇陵位于凤阳中部，"南负云母(山)，北抱长淮(指淮河)，左龙子(河)，而右濠(河)"。云母山"周回三百里，重峦叠嶂，林木翁郁，深渊陡涧，是实为皇陵之负扆"。② 从1比1万的皇陵地形图③上看，周长7里多的二道城内及坟丘四围地形，都是南高北低，西高东低；整个陵区周长30多里的外城以内，也是南高北低，西高东低。按风水理论要求，这种自然地形坟墓只宜坐向朝北偏东。古今凤阳一带，坟墓方向没有定制，而是依据墓地周围目光所能看到的地势来定向。由于受到拥有土地的限制，因此墓向四面八方都有，这种习俗一直沿用下来。至今明皇陵新建的围墙北门(进口)东北，尚有两处后葬的坟墓，一处面向东南，一处面向东北。

第二，当年朱元璋埋葬亲人尸体时，必定会按当地的葬俗，将头朝南面高处，脚向北面低处。

朱元璋原居住在濠州钟离太平乡孤庄村(即今凤阳县城西乡二十营村，南距皇陵坟丘2.4公里)，家境贫寒。元至正四年(1344年)四月，他父母、长兄及侄儿圣保相继染病去世。当时，"生者为衣食之苦，其死者急无阴宅之难"。④ 朱元璋只好乞求田主刘继德施舍，"田主德不我顾，呼叱昂昂，既不与地，邻里惆怅。忽伊兄(刘继祖)之慷慨，惠此黄壤。殡无棺椁，被体恶裳。浮掩三尺"⑤，将亲人草草埋葬，不可能过多讲究葬礼。

但是，朱元璋安葬父母尸体，必定会按照当地葬俗。下葬前再简单也要观察一下墓地四周形势，决定墓向(即将死者头朝高处，脚向低处)，然后选好点动土挖墓穴落葬，最后在墓上堆土为坟。因此，朱元璋安葬父母时的头向和脚向理应"了如指掌"。这样做是

① 《明中都研究·明中都遗址考察报告》，中国青年出版社，2005年版，第428页。
② 《凤阳新书》卷四。
③ 安徽省测绘局1980年10月测绘，1982年印制"皇陵Ⅰ-50-116-(33)"。
④ 《高皇帝御制文集》卷三《追赠义惠侯刘继祖诰》。
⑤ 朱元璋《大明皇陵之碑》。

明中都城及明皇陵在 1：10000 凤阳县地形图上位置

要在亲人墓上留标志，以便日后祭祀。如今，明皇陵坟墓附近及四周陵域南高北低、西高东低的地势，不可能是朱元璋称王即帝后所为，应是原来地形。因此，可以说朱元璋父母的坟墓初葬时，即是坐南朝北稍偏东方向。

第三，明皇陵既然没有启葬，说明原墓向就没有改变。

元至正四年（1344 年）四月，朱元璋将亲人"入土为安"后，不久便到村旁於皇寺削发为僧。"居未两月，寺主封仓。众各为计，云水飘飏。"朱元璋在几年的云游期间，"还里省墓"[①]，"岁丙戌（至正六年），还旧里，修葺淳皇、太后坟墓，经理穴圹"[②]，以尽孝道。后来，朱元璋又回到於皇寺过了 4 年，此间不仅能经常祭扫父母的坟墓，可能还将死去的二哥、

① 《国榷》卷一。
② 《天潢玉牒》。

三哥、三嫂和侄儿旺儿安葬于祖茔①。在此期间，倘若皇陵"无墓向可究"，朱元璋如何祭奠？

朱元璋弃僧从戎之后，未能返乡祭祀，但对父母坟墓的朝向应铭记于心。至正二十六年（1366年）四月，他回濠州省墓，念先人始葬未备，议欲改葬，"时有言改葬恐泄山川灵气，乃不复启葬，但增土以培其封"。② 朱元璋父母的坟墓既然没有启葬，说明原来的墓向没有改变，只是对原有的一座座小坟丘培土厚封罢了。王剑英先生在写《对皇陵原来建筑方向的推测》时，"曾经就此与中国社科学院考古研究所徐萍（苹）芳同志商讨过。徐萍芳同志说，陵墓的方向是不能改变的，原来尸体是怎么放，就怎么建，不能改。皇陵原来南向，有没有根据？后来改为向北，有没有根据？没有根据，就不能说"。③

第四，明皇陵原来既然是"风水宝地"，后来扩建就更不能改变方向。

朱元璋回乡省墓的次年十月，遣派13岁的世子朱标、次子朱樉到临濠祭祀陵墓。至正二十八年正月，他即皇帝位，追尊父亲为淳皇帝，庙号仁祖，母亲为淳皇后，兄嫂和侄儿均为王、妃，改称坟墓为仁祖陵，并命"刻石于临濠之陵"④。明洪武二年（1369年）二月，"仁祖淳皇帝陵，名曰英陵"；是年五月，"更英陵曰皇陵"⑤。此时，皇陵已初具规模。后因营建中都，皇陵工程一度停止。洪武八年（1375年）四月，罢建"功将告成"的中都工程。同年十月，始"筑凤阳皇陵城"。"洪武十一年夏四月，命江阴侯吴良督工新造皇堂"⑥。"是月，重建皇陵碑。上以前所建碑，恐儒臣有文饰，至是复亲制文，命江阴侯吴良督工刻之"⑦。十二年闰五月，"皇陵祭殿成，命称曰皇堂"。至此，昔日一座座紧偎在一起的民家小土坟，已扩建成明代第一座帝陵。

历代帝王都自命为"真龙天子"，他们祖宗的坟址，大都有"龙脉"之说。朱元璋由穷和尚一跃称王称帝，富有天下，他父母的葬地自然变成"风水宝地"。《天府广记·陵园》记载："中国有三大干龙，中干旺气在中都，结为凤（阳）泗（州）祖陵，南干旺气在南京，结为钟山孝陵，北干旺气在北京，结为天寿山诸陵。"万历年间，漕运总督、凤阳巡抚李三才《停止庐州开矿疏》曰："皇陵龙穴，自岷山发脉，蜿蜒而来。江界乎南，淮界乎北。繇英、霍至于舒城，复起少祖之山，高矗连云，名曰猪头尖。折而左，则为武涉诸山，而尽于六安。折而右，则为鹿起诸山，繇庐江、无为而尽于裕溪江口。其中抽一支则为紫蓬、鸡鸣诸山，横亘合肥而为远障。复行百里，起平顶、大红诸山，雄峙定远而为近障。仍出洋三十里，方结禁穴，以钟王气，而肇子孙万世帝王之业。以凤凰山为案，濠梁为水口。"嘉靖三十三年《皇陵卫致仕指挥尹令奏疏》云："尝闻父老相传，国初刘基、宋濂等，称颂我皇明

① 朱元璋《朱氏世德碑》："二十四岁，天下大乱，诸兄皆亡。"《大明皇陵之碑》："（元至正十四年）成守滁阳（今安徽滁州市）……次兄已殁又数载，独遗寡妇野持筐。"

② 《明太祖实录》卷二十。

③ 《明中都研究·明中都遗址考察报告》，第428页。

④ 朱国桢《涌幢小品》卷六。

⑤ 《明太祖实录》卷四十二。

⑥ 朱元璋《大明皇陵之碑》。

⑦ 《明太祖实录》卷一一八。

承运,而兴应天之眷,得地之灵,国脉延长,发原于岷、峨之山,历川、陕,逾太行,延蔓荆、楚,逶迤于英、霍之区,起伏隐见绵亘千万里,至翔圣山太平岗,而龙脉结焉,盖自西南而来也。都城去皇陵东北一十二里,非龙脉行经之处。"这里所说的"英、霍之区",是指明代以前六安州境内的英山和霍山,故明万历二十八年五月,"矿使方兴下六安州问矿,合肥蔡悉教庐州知府具地图,言六安近皇陵,地脉关系,乃止"。① 翔圣山在皇陵南面甚远,一说即皇陵墓;"太平岗"即朱元璋父母的葬地。特别值得注意的是,刘基死于洪武八年四月,生前已洞识皇陵龙脉来自西南,足以说明原墓向朝东北,不存在初葬时或洪武二年以前的建筑向南,后来经过洪武八年十月到十一年扩建,就改成现在这样向北的了。

第五,明皇陵以北垣正红门为正门,并将左右城墙折呈 Z 字形,明显地斜向东北,同中都城相呼应。

明中都鼓楼全景(基座为明代原物,楼宇系 1996 年始重建)

皇陵建筑于洪武二年五月初具规模以后,又在陵墓东北营建中都城,为了"与龙脉风水协吉",当时"建立皇城,形如半月,抱向皇陵,其东西钟鼓二楼并各城门台基亦拱向"。② 皇城"内包万岁山,东西山势相连,皆拱对皇陵,其万岁山正当前案"。清晚期方濬师根据自己多年积存的笔记杂钞册编而成的《蕉轩随录》亦说:"凤阳郡城有钟鼓楼,东西相向峙,明太祖建以培皇陵风水也。钟楼久圮,惟鼓楼尚存。"③

万历年间,《守备凤阳内官监太监臣韩寿奏疏》说:"(凤阳)府治离宝城一十六里,为皇陵右翼护砂。况先时建造皇城,如半月之形,盖所以环抱地势也。"又说:"府城为下砂水口之地,下砂贵有情,水口要紧缉。今筑半月之城,可谓有情之砂矣,筑城于水口,可谓

① 《凤阳新书》卷七。
② 《凤阳新书》卷七。
③ 方濬师《蕉轩随录》卷三《凤阳鼓楼楹联》。

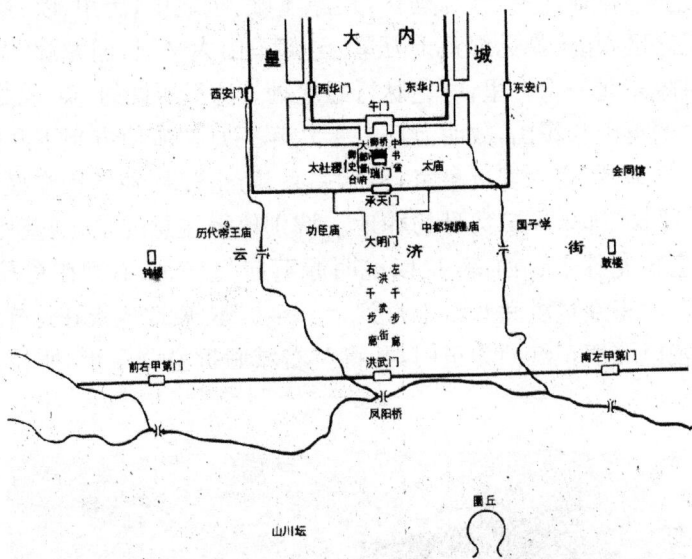

明中都钟鼓楼在皇城南部方位图

紧缚之口矣。"[1]以上资料说明，正因为皇陵墓向朝东北，十几里外的"下砂水口"地形不理想，所以在营建中都城时弥补，使它趋于理想模式。后来修筑皇陵外城垣，巧妙地将外城北面正红门斜向东北，同中都城"下砂水口之地"建筑相协调。

三、结束语

由以上分析可以看出，明皇陵原来墓向就是朝北偏东，洪武二年以前建筑的方向并非朝南，仍因原方向。否则，未曾改葬，焉能在死者坟墓头向前跪拜祭祀？可见自元至正二十六年四月、洪武元年修建皇陵，到洪武八年十月筑皇陵城垣，十一年四月新造皇堂和重建皇陵碑，只是按自北向南中轴线上依次建筑：土城（外城）北门正红门、红桥、棂星门、砖城（二道城）明楼、神道石像生、御桥、左右碑亭、皇城（内城）金门、享殿（皇堂、祭殿）、左右庑、皇城后红门、坟冢、砖城南明楼、土城南门。这样，宏丽森严的明皇陵同雄伟豪华的中都城遥相呼应。

一管之见，欢迎方家指正。

作者简介：

孙祥宽，系安徽省文史研究馆特约研究员，凤阳县党史地方志办公室聘用人员，安徽蚌埠明文化研究会顾问。

---

① 《凤阳新书》卷七。

浅议明代主流货币

谭　峰

（安徽省蚌埠市城市管理行政执法局）

摘　要：明代市场流通货币均使用制式铜钱，1368 年开国时虽发行大明宝钞，但"苛政猛于虎也，乱发宝钞至灭亡"。大明宝钞的贬值程度日甚一日，到明宣宗的时候，一石米、一匹棉居然要宝钞五十贯。正统九年（1444 年），一石米已经需要一百贯，从此大明宝钞兑换制钱（铜钱），一贯基本上没有超过两文。

关键词：金子；银子；大明宝钞；制钱（铜钱）

一、绪　论

当今影视剧表现明代普通百姓生活在使用货币方面，是使用银子、金子、钞票、铜钱一直不是很清楚，现在就明代普通百姓使用货币做一探讨。

实际上明朝以前，市场流通均使用铜钱（北宋局部地区出现了纸币——交子），一文制钱（即一枚标准的方孔铜钱）。

银两成为流通货币只是明清两代对外贸易活跃，外国白银大量涌入以后的事。但为何很多人心目中一直以为银两是历来的流通货币呢？主要是因为明清小说的盛行，均按照当时的生活情况为常识对前朝进行描写，如《水浒》、《金瓶梅》、《三言二拍》、《红楼梦》等，而这些作品中的银两价值均以明朝的银价为标准，与原有的文、贯、缗、铢、吊等货币单位搅和在一起，并且对后世影响很大。

史载明朝万历年间一两银子可以购买一般质量的大米两石，当时的一石约为 94.4 公斤，一两银子就可以买 188.8 公斤大米，就是 377.6 斤。现在我国一般家庭吃的大米价格在一斤 2.5 元至 8 元之间，以中间价 4 元计算，可以算出明朝一两银子约人民币 1500 元。

在明代，一个平民一年的生活只要一两半银子就够了，所以戚继光的士兵军饷一日只有三分银子，一月不足一两。古代中国银子缺乏，银子的价值很高。一两银子相当于制钱一千二百多文（清初以前）到三千多文（清道光以后）。到了清末，一斤（相当于 1.2 市斤）猪肉只要二十文钱，一亩良田只要七至八两银子或者十二三个银圆。要花几两银子、几十两银子，就该是件大事情了。有百两银子就相当于今日的大款，能够买上十几亩良田了。平常老百姓使用的是铜钱，到清末时使用铜圆，很少用银子作为日常交易用。许多老百姓至死都未见过银子。所以口语中表示没有钱（贫穷）时用"铜钱（钿）没有"而不说"银子没有"。这就是人们常常以银子为珍贵的原因之一。

中国是世界上发明纸币最早的国家,较欧洲要早六百多年。纸币制度对现代银行制度、货币制度很有启发。1550年出版的《马可·波罗游记》中记载,马可·波罗来到中国的时候,正是元朝最强盛时期,这期间,在元朝广大的控制区域内,纸币均通行无阻。马可·波罗相信是纸币使蒙古帝王富有,因为他们可以随心所欲地为自己制作纸币。对威尼斯人来说,蒙古人无疑精通点石成金的秘诀,把纸张变得神奇,像黄金一样有价值。[1]

现代流通纸币是受了宋、元的纸币流通的启发,这一点应该说是宋元时期给世界的一个贡献。

二、制钱与大明宝钞的发行

公元1368年,朱元璋建立了明朝,同年铸造了"洪武通宝",钱文为楷体,推出的法定货币是铜钱。洪武元年(1368年)三月,明太祖命户部与行省铸造洪武通宝钱,"其制凡五等"。即洪武通宝有五种——小钱、当二、当三、当五、当十,自一钱以上,按比例增加重量,是足值铸币。这种制(铜)钱,是明朝的第一种法定货币。

明代发行的铜钱如下。

太祖(朱元璋),在位时间:1368~1398。年号:洪武。发行钱币:洪武通宝。

成祖(朱棣),在位时间:1403~1424。年号:永乐。发行钱币:永乐通宝。

仁宗(朱高炽),在位时间:1425。年号:洪熙。发行钱币:洪熙通宝。

宣宗(朱瞻基),在位时间:1426~1435。年号:宣德。发行钱币:宣德通宝。

孝宗(朱祐樘),在位时间:1488~1505。年号:弘治。发行钱币:弘治通宝。

世宗(朱厚熜),在位时间:1522~1567。年号:嘉靖。发行钱币:嘉靖通宝。

穆宗(朱载厚),在位时间:1567~1572。年号:隆庆。发行钱币:隆庆通宝。

神宗(朱翊钧),在位时间:1573~1620。年号:万历。发行钱币:万历通宝。

光宗(朱常洛),在位时间:1620。年号:泰昌。发行钱币:泰昌通宝。

熹宗(朱由校),在位时间:1621~1627。年号:天启。发行钱币:天启通宝。

毅宗(朱由检),在位时间:1628~1644。年号:崇祯。发行钱币:崇祯通宝。

李自成、张献忠起义,发行钱币:永昌通宝、大顺通宝、西王赏功。

南明,1644~1662,发行钱币:弘光通宝、隆武通宝、大明通宝、永历通宝、兴朝通宝。

三藩,1673~1680,发行钱币:利用通宝、昭武通宝、洪化通宝、裕民通宝。

洪武七年(1374年),明朝设立了"宝钞提举司",于洪武八年正式发行了"大明宝钞"。"大明宝钞"在明初的经济发展中起到了很大的作用。

关于改行纸币的原因,《明太祖实录》中讲得明明白白。明初实行铜钱有三不便:一是需要大量的铜来铸币,而铜的匮乏,使民间不得不将铜器上缴以铸币,造成"鼓铸甚劳";二是民间有不少盗铸铜钱现象;三是铜钱分量重,用于长距离交易携带不便。因此,明朝继承宋元以来的纸币制度,发行大明宝钞,通行天下。值得注意的是,大明宝

---

[1] 《马可·波罗游记》。

钞发行之初,铜钱并没有退出舞台,宝钞与铜钱通行使用。金银被禁止流通——"禁民间不得以金银物货交易",但规定"每钞一贯,准铜钱一千,银一两"。此时的白银,在官方解释中,不能通行于交易中,只能换取宝钞。当时还有违法者治罪、告发者给赏的法律规定。

明代学习元代,发行大明宝钞。大明宝钞其实是政府发行的大面额钞票,做大宗买卖的商人用得着。它可避免携带大量现银的风险,而且方便,并与自己携带大量现银成本差不多。但是一般老百姓和官员是用不着的,所以不会有从口袋里掏出面额成百上千两的大明宝钞来支付款项的现象。即使你拿出来支付,商家和普通百姓也不肯接受。其流通程度比今日的个人支票还不如。

三、制钱的购买力

当代宋史专家王曾瑜先生在《岳飞新传》的第 7 章"克复襄汉"一章中,曾经提到朝廷在给岳飞的省札中有:"第四,支付六万石米,四十万贯钱,以作军需。四十万贯钱以十万两银和五千两金折支,当时金银尚未作为独立的货币使用。"从而可见南宋初 40 万贯铜钱,相当于 10 万两银子和 5000 两金子,基本在数量级上符合上面的这个假设。[①]

当时因战乱,临安城(现杭州市)街面流通货币紧缺,市面上见不到铜钱,宰相秦桧思考一晚上,第二天上街理发,付 5000 文,并告知剃头的,这钱过几天就作废了。第二天,临安城铜钱全部流通到市面上,解决了财政危机。没想到秦桧还是一个理财专家。[②]

要讨论货币购买力,必须先提一下两位名家的方法。黄仁宇先生在《中国大历史》[③]中基本以黄金的价格作为基准来换算的,依据 1 两金＝10 两银＝10 贯这个假设,而以国际金价来推算 1 贯铜钱在今天的价值的。吴思先生在《潜规则》[④]一书中则是同时使用米价和银价作为基准,给出了两个数字。吴思先生偏重于由米价换算出来的数据。

根据二位先生的方法,我们来看看明代的一贯(即 1000 文)合今天(2015 年 10 月份)多少元人民币。笔者取了个金价基准和米价基准的平均值 1000 元,并归整去掉零头,将 1 贯铜钱定为 1000 元人民币。基本换算如下:

1 两金＝40 克＝40×300 元＝12000 元人民币

1 两金＝10 两银＝10 贯铜钱＝12000 元人民币

1 贯铜钱＝1000 铜钱＝1200 元人民币

1 文铜钱≈1.2 元人民币

古装戏里用银两做钱的单位,那么一两银子到底是多少钱呢? 请看下面这个推导:

① 王曾瑜《岳飞新传》。
② 《秦桧传》。
③ 黄仁宇《中国大历史》。
④ 吴思《潜规则》。

"金银的比价从 1600 年前后的 1∶8 上涨到 20 世纪中期和末期的 1∶10,到 18 世纪末则翻了一番,达到 1∶20。"

可知明时 1 两黄金约兑换 8～11 两白银。

正常情况下,1 两白银大约可换到 1000～1500 文铜钱,明代通常说的 1 贯钱或 1 吊钱就是 1000 文。

明代著名戏剧《十五贯》主角因为背着十五贯钱,15000 文,重 37.5 公斤,所以走不快,才被人扭送官府。剧目大意是:两个素不相识、巧遇同行的男女青年被捉拿受审,二人屈打认招,以杀人罪判处极刑。监斩官况钟临刑时感到案有冤情,以高度负责的态度,报请都台大人批准,在十五天限期内复审结案。我们从中也可以看出明代主流货币还是以铜钱为主。

1. 金属价格

由于金银铜制成的货币本身有价值,而且理论上货币的价值就应该等于金属的价格,所以我们可以通过现在金属的价格来回答"一两银子到底是多少钱"的问题。

明代的洪武通宝铜钱每 10 枚重一两,千文重六斤四两;到清顺治年间,每个铜钱重一钱二分五厘,后又增为一钱四分,则每千文重八斤十二两。古代"两"这个重量单位虽有不同,但大约都是 40 克左右,而"斤"则大约是 700 克左右。每枚铜钱平均重量为 5 克。

2. 粮食价格

很多历史专著中都通过粮食价格来直接衡量货币关系,虽然单独考虑粮价并不很准确客观,但应该是重要的参考。明史如下记载:"上白米(石)九钱五分,中白米(石)九钱二分六厘八钱,下白米(石)八钱三分,白面(斤)九文,银每两换钱一千文。"[①]

所以,笔者建议,今后遇到古代的货币单位,采用以下换算系统,即方便又有感觉:

1 两黄金＝人民币 12000 元＝10 两白银

1 两白银＝人民币 1200 元＝1000 文钱＝1 贯(吊)钱

---

① 《明史》。

1 文钱≈人民币 1 元

另：1 石米＝1.5 两白银

古代的一两银子到底值多少钱,很多人想知道。看过一些古籍,人们就会发现,一两银子的货币价值其实相当高。为此,笔者查阅了相关资料,《红楼梦》里刘姥姥看到贾府上下一餐螃蟹值 24 两银子,感叹说小户人家可以过一年了。[①]

刘姥姥家当时有房有地,还雇得起仆人丫头,第一次上贾府打秋风,得了 20 两银子就千恩万谢。《明史》里也提到,七品知县一年的正当俸禄只是 45 两白银,相当于现在 45000 元。[②]

明朝是以"铜钱"为流通货币的,因为明朝的社会经济发展很快,工商业前所未有地发达,货币需求量也空前大,而白银的产量和进口量都不高。我们知道,古代以 1000 文铜钱为一贯,等于一两银子,历代都是不变的,但是宋朝不是这样。《宋史·食货志》及《续资治通鉴》均提到,自真宗朝开始,因白银存量偏少不足以赶上经济的发展,银价不断上涨,基本上是 2000 个以上的铜钱当银一两。[③]

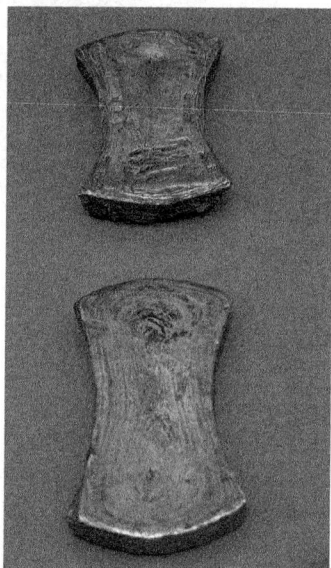

四、制钱的形制

明代铜钱称制钱。早期洪武朝铸钱较多,早中期停止铸造,使用纸币,后期万历朝铸量大增。由于避讳,明钱只称通宝,无元宝,多为真书直读。但钱文风格前后不一,前期大中、洪武、永乐、宣德风格一致,仿元至正通宝钱文,弘治朝风格开始变化,嘉靖至明末风格一致。形制上,明初形制五等,嘉靖以后以小平钱为主。

① 《红楼梦》。
② 《明史》。
③ 《宋史·食货志》及《续资治通鉴》。

　　云南省会泽县明代嘉靖年间铸造的巨型古钱币"嘉靖通宝"为世界上最大的古钱币。据鉴定,该币为明代嘉靖年间东川府(会泽原为东川府)铸钱局开业纪念币,直径58

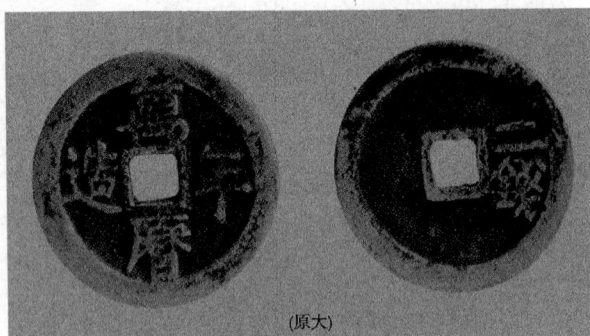

(原大)

厘米、厚3.5厘米、重41.47公斤。明代铜钱均为年号钱,一个皇帝一般只有一个年号,因而只有一种钱。其中早中期的建文、正统、景泰、天顺、成化、正德、泰昌年间未曾铸钱,现存泰昌钱系后朝补铸。

万历三十八年(1609年)甚至将"各官缉获私铸附入考成,工部奏准严禁私铸,仍行连坐之法"(卷一十一,《钱币五》)。还有官员称"铸钱之铜必将红铜配铅点造成黄,而后可铸",因此主张"凡有私设点炉者罪即比于私铸"(卷三十八,《工部·宝源局》)。而当时的皇帝将其归结为"国不收钱,而只责小民行使"(卷一十八,《钱币考五》)。天启时又开始铸造大钱,官炉的工匠趁机舞弊。有官员上疏称:"钱法全坏于炉头。"(卷三十五,天启三年六月)。因而铜钱质量低劣,"钱色不黄而白",甚至又"减铜与铅之斤两,每千文只重五斤四两",有些铜钱甚至"铜止二三,铅砂七八百文不盈寸"(卷一十四,崇祯元年冬十月癸卯)。官炉盗铸将"窃取兑入之铜,大约十取其一,不以铜补,而以钱补",这样对铸钱的质量定会有所影响。崇祯时面临日益严重的财政危机,为解决军饷问题,政府令"各镇有兵马处皆开炉鼓铸,导致钱式不一,盗铸孔繁"(卷八十一)

五、大明宝钞的贬值

明代老百姓从始至终，一直是使用铜钱作为主流货币。洪武八年（1375年）三月，明朝第一套纸币正式发行。明朝的纸币被称为"大明宝钞"，每张大约长34厘米、宽20厘米，中间写着"一贯"、"五百文"等面值，外侧是一圈龙纹的花栏，宝钞背面印着"大明通行宝钞"六个楷体大字。

纸币最初由中书省发行，中书省撤销后，改由户部负责。朱元璋规定：大明宝钞一贯等同于白银一两、铜钱一千，黄金四分之一两，还可以折换米一石（明制，一石相当于120斤）。

发行纸币应该算是社会进步的标志，然而，发行纸币是需要准备金的。通俗地说，就是你发行一贯的纸币，国库里就得有一两银子存在那儿，这样，纸币才不会贬值。

洪武时期发行大明宝钞的二十四年间，平均每年发行515万锭，洪武二十三年（1390年），大明宝钞更是发行到了1500万锭。而元代发行的纸币最初只有20万锭，后来虽然有所增加，也大多控制在150万锭之下。两相对比，我们可以知道明初的纸币超发到了什么程度。纸币超发必然带来贬值，洪武三十年，一两白银可以买四石米，如果用宝钞买，却要十贯。朱元璋死后，大明宝钞的贬值程度日甚一日，到明宣宗的时候，一石米、一匹棉居然要宝钞五十贯。正统九年（1444年），一石米已经需要一百贯，从此大明宝钞兑换铜钱，一贯基本上没有超过两文。

大明宝钞如此贬值，皇家要想有所作为，其实也不是太难，比如大幅度削减用于宫廷的各种开支，少建些宫殿，少追求些生活的奢华，少养些跟皇室沾亲带故的闲人，这钱就省出来了。退一万步说，就算缩减"政府行政性经费"效果有限，政府还可以通过发行国债的方式来解决财政危机。然而，朱棣执政时，他听从陈瑛的建议，对大家都要消耗的食盐按斤收钞。只是朱棣毕竟有点脑子，他没有立即在全国执行，只在个别地方试点。宣宗时，夏元吉建议对市集商贩加税以回收宝钞，朱瞻基对这个建议奉为至宝，一时间，菜地、果树、仓库、驴车等都要征税。他还在全国各地设立三十三个钞关，征收船钞，即按船的重量收税。老百姓因此怨声载道。

皇权维护的是一己、一个家族的利益，它在本质上是极其自私的。明朝统治者对大明宝钞的态度充分说明了这一点。曾听人说，"权力必须懂得谦卑"，其实，自古至今，从没有懂得谦卑的权力，权力的谦卑都是环境逼出来的。

明朝的衰败与过度发行货币是分不开的。"苛政猛于虎也，乱发宝钞至灭亡。"

作者简介：

谭峰，男，安徽省蚌埠市城市管理行政执法局，工程师，安徽蚌埠明文化研究会副会长，研究方向为明代历史，代表性成果为《明帝陵石雕艺术》。

浅析朱元璋的选才方式及几点思考

沈德培

（凤阳县工人子弟小学）

摘　要：一切的竞争，归根结底是人才的竞争，人才是事业的根本。只有做到唯贤是举，唯才是用，才能在激烈的社会竞争中攻无不克，战无不胜。本文就明太祖朱元璋如何慧眼识人，如何量才而用，如何选对人、用好人，谈谈自己的看法。

关键词：选才方式；荐举；科举；贤才；八股文；进士观政

明太祖朱元璋出生在草根家庭，以一介"濠梁之民"、"淮右布衣"参加了元末群雄起事，历经坎坷，颇受磨难，经过十五年的金戈铁马，打败了陈友谅、张士诚、方国珍等劲敌，建立了大明王朝，成了中国历史上又一个出身卑微的开国皇帝。他执政期间政绩显赫，奠定了明朝几百年的基业，其成功经验，除了政治能力敏锐、军事水平杰出外，其选人用人的做法功不可没。

一、对人才的认识——贤才，国之宝也

人才，被喻为国家的栋梁，它的重要作用，历来都为贤明的君主、有识之士深刻认识，并赋予神圣的职责使命。人才于国家的重要性，朱元璋深有体会，他不仅认为"贤才，国之宝也"，而且认为"举贤任才，立国之本"。

二、选才的指导思想——不尚华采，惟务实效

朱元璋的人才观体现在注重能"治世"的实用人才。"朕以实心求才，而天下以虚文应朕，非朕责实求贤之意。""以德行为本，而文艺次之。"在这种"不尚华采，惟务实际效"的用人观指导下，朱元开始了他的选士方式。

三、争夺天下时选才方式——荐举（自荐、推荐）

朱元璋对人才是极为重视的，在争夺天下时已将选拔人才作为第一要务。"为天下者，譬如作大厦，非一木所成，必聚材而后成，天下非一人独理，必选贤后治。"虽然科举已盛行数百年、多个朝代，选才拔士为世所公认。但当时朱元璋认为重开科举的条件还很不成熟，毅然实行兴于汉而停废已久的荐举方式。"卓荦奇伟之才，世岂无之？或隐于山

林,或藏于士伍,非在上者开导引拔之,无以自见。自今有能上书陈言,敷宣治道……许诣阙而陈其事。"由至正二十二年至洪武三年开科之前,朱元璋多次下令荐贤,荐贤成为这一时期的主要选士途径。"贤才,国之宝也。古圣王劳于求贤——人君之能致治者,为其有贤人而为人之辅也——有司采举,备礼遣送至京,将任用之,以图至治。"正由于朱元璋"贤人君子有能相从立功业者,吾礼用之",因此,通过荐举方式,朱元璋得到了诸多贤才,他们为建立明王朝立下了汗马功劳。

（一）广纳天下贤才

朱元璋早年参加义军的追随者大多是目不识丁的穷苦农民,虽忠心耿耿、作战骁勇,但对如何创立和建设国家可谓是一窍不通。为了远大理想,他不能不广纳贤才,共举大事。至正十四年朱元璋攻下驴皮寨后,势力迅速扩大,已经有了一支几万人马的队伍,但此时朱元璋彷徨了。究竟要干什么?是走打家劫舍、占山为王吗?究竟心中的目标是什么?这时候冯国用、冯国胜兄弟出现了,他们从历史的经验中给朱元璋提出了八个大字——"有德者昌,有势者强"。在冯氏兄弟的一番《出师表》一样的纵论之下,朱元璋茅塞顿开,立即将冯氏兄弟留在军中做了军中参谋。

在朱元璋进军滁州的时候,军中来了一位长者,就是李善长。他同样以"儒家"理念开导朱元璋,他对朱元璋说"秦乱,汉高起布衣",汉高祖的长处是"豁达大度、知人善任",但更重要的是"不嗜杀人",以杀人不能取得天下,"只有不嗜杀人,行仁义"才能夺取天下。所以,汉高祖"五载而成帝业"。李善长的话和冯氏兄弟的"有德则昌"的话如出一辙,朱元璋听了很是入耳,就让李善长当了军中的"记室"。

至正十八年,涂明道书院的山长陶安也来投奔朱元璋,向他提出了"其意不在子女玉帛",要有"拨乱救民安天下之心","行仁义,天下不足平也"。朱元璋听了非常赞成。

朱元璋打下徽州后,如刘备三顾茅庐一样,登门拜见了"山中宰相"朱升,诚心向他讨教。朱升以诚相告,给朱元璋提了"九个字",就是有名的"九字箴言"——"高筑墙、广积粮、缓称王"。朱元璋在打下婺州后路过徽州的时候,向另一位儒者讨教平天下之道。这个人就是唐仲实,他向朱元璋提出了"打仗向百姓收粮太多"的问题,他说"民未遂生息",百姓能支持你吗?但如何解决呢,他向朱元璋提出了"在自己的地盘里,靠军队自己发展生产,减轻百姓负担"的意见。

攻占浙江金华之后,朱元璋喜得宋濂,并在胡大海的推荐下得知处州的刘基、章溢和叶深三人,此即后人所称的"浙东四先生",也是朱元璋取得天下和日后治理国家不可或缺的难得人才。刘基,元末明初著名的政治家、军事家、文学家和思想家,至正二十年为朱元璋所聘。刘基后被明武宗誉为"渡江策士无双,开国文臣第一",堪称"帝师王佐",他为大明王朝的建立立下了汗马功劳。

以上可以看到,朱元璋在儒家思想的改造下,已经形成了仁义爱民的理念,军队也成了仁义之师,所以大批有志之士、良将谋臣都投奔到他的麾下,愿为他打天下出生入死肝脑涂地。他们不再是一群乌合之众,不再是为了吃饭、穿衣、生存的部队,而是一支有纪律、行仁义的队伍了。

朱元璋教导他的部下:吾自起兵以来,未尝妄杀。今汝等将兵往,当体吾心戒忌士兵城下之日,毋焚掠,毋杀戮。有犯令者处以军法。纵之者罚毋赦。

所以朱元璋的队伍所到之处,有百姓"箪食壶浆以迎王师"。他的队伍因此无往不胜,最终打败元军扫平天下,建立了大明政权。

(二)合理使用人才

洪武八年十月,朱元璋与侍臣论用人之道,谓之曰:"金石之有声,击之而后鸣;舟航之能运,操之而后动。贤者之有才,用之而后见。然人之才智,有长于彼而短于此者,若因其短而并弃其所长,则天下之才难矣。"说的就是,金属之所以有声音,(是因为有人)敲击它然后发出声音;帆船之所以能航行,(是因为有人)操纵它然后前行;贤明的人之所以有才华,(是因为有人)使用了他们然后才发现。然而一个人的才智,有强于别人也有不如别人的地方,如果因为他的短处而放弃他的长处,那么天下有才能的人就难找了。朱元璋是这样说的,也是这样做的。武将徐达娴于韬略,便授以元帅之职;常遇春英勇骁战,便做急先锋;刘基懂得运筹帷幄,便在帐前出谋献策。

(三)恰当搭配人才

朱元璋用人注意能力搭配、文武搭配。他曾把使用人才比作盖房子,各类材料、各类工匠缺一不可。"用人之道,因材而授职。譬如良工之于木,小大曲直,各当其用,则无弃材。人也是如此。有大器而乏小能,或有小能,不足以当大事……"故朱元璋取天下时,武有能征惯战的徐达、常遇春、汤和等人为他冲锋陷阵,文有刘伯温、朱升、李善长等人为他出谋划策。可见,朱元璋手下人才济济,各类贤才齐聚,有力地保证了事业的胜利与发展。

(四)注重结构调整

朱元璋用人还十分注意老少参用,注意选拔年轻的官吏。公元 1364 年正月,朱元璋任命了一批功勋卓著、练达政事的大臣之后,在三月又下旨中书省臣:官吏过了 50 岁之后,虽然政务精通,业务熟练,但是精力跟不上了。要注意在民间挖掘年富力强、才学兼备的后起之秀,充实到中央和地方的各个部门中去。当然,此举并不是抛弃老年官吏,而是让他们搭配使用,相辅相成,既可以发挥年轻人精力旺盛、富有活力的特点,又可以发挥老年官吏的长处。等到那些老年官吏到 60 岁退休的时候,年轻的官吏业务也锻炼出来了,不用担心出现人才断层的现象,从而保证人才源源不断地为国家服务,天下也可长治久安。朱元璋的人才合理结构理念,至今也不落后。

(五)近贤臣远小人

洪武元年二月,朱元璋在奉天门召见侍臣,论述忠谏谗佞。他说,凡人上疏建言,都有忠谏、谗佞之分。忠谏之言虽然逆耳难听,但其有益如药石可以治病,谗佞之言虽顺耳好听,但其遗患不可胜言。而谗佞小人,设机而巧,好察言观色,乘虚而入。开始,以微小可信之事,言于人主,借以探其浅深。若人主听信,又马上进言。人主以为上次所谈之事可信,便不假思索地信以为真。若如此,谗佞小人便得以肆其志,结果,妨贤病国,无所不至。自古以来,这类事件和教训是很多的,可惜的是昏庸之君始终不知悔悟,原因在于被甜言蜜语所迷惑。惟有刚明之君,审择于是非,取信于公论,不偏听偏信,才能杜绝谗佞小人进谗的途径。

四、称帝后的选才方法——科举

由于荐举制度的缺陷，朱元璋在采取荐举的过程中，深感所荐举的士人"未尝练习政务"就被授予官职，不少人根本不具备从政的能力。在这种情势下，朱元璋不得不考虑选才的其他方式——科举。

重视人才的实际效用，是朱元璋的人才观的一贯指导思想。荐举取士如是，开科取士亦然。"兹欲上稽古制，设文武二科，以广求天下之贤；其应文举者，考之经术，以观其业；应武举者，先之以谋略，次以方式，俱求实效，不尚虚文。"

洪武三年五月，朱元璋正式下诏于是年八月实行科举考试，并在诏中强调科举在取士任官中的重要地位，将科举规定为选拔官吏的唯一途径。"特设科举，以取怀材抱德之士，务在经明行修，博古通今，文质得中，名实相称——使中外文武，皆由科举而选，非科举毋得与官。"

（一）科举考试方法

明代以前，学校只是为科举输送考生的途径之一。到了明代，进学校成为科举的必由之路。明代入国子监学习的，通称监生。凡经过本省各级考试进入府、州、县学的，通称生员，俗称秀才。取得生员资格的入学考试叫童生试，也叫小考、小试。童生试包括县试、府试和院试三个阶段。院试由各省学政主持，学政又名提督学院，故称这级考试为院试。院试合格者称生员，然后分别分往府、州、县学学习。考取生员，是功名的起点。一方面，从各府、州、县学中的生员选拔出来的为贡生，可以直接进入国子监成为监生；另一方面，由各省提学官举行岁考、科考两级考试，按成绩分为六等，科考列一、二等者，取得参加乡试的资格，称科举生员。因此，进入学校是科举阶梯的第一级。

明代正式科举考试分为乡试、会试、殿试三级。乡试是由南、北直隶和各布政使司举行的地方考试，地点在南、北京府、布政使司驻地，每三年一次，逢子、卯、午、酉年举行，又叫乡闱。考期在秋季八月，故又称秋闱，凡本省科举生员与监生均可应考。主持乡试的有主考二人，同考四人，提调一人，其他官员若干人。乡试考中的称举人，俗称孝廉，第一名称解元。乡试中举叫乙榜，放榜之时，正值桂花飘香，故又称桂榜。会试是由礼部主持的全国考试，又称礼闱，于乡试的第二年即逢丑、辰、未、戌年举行。全国举人在京师会试，考期在春季二月，故称春闱。由于会试是较高一级的考试，考官的人数比乡试多一倍。主考官称总裁，又称座主或座师。考中的称贡士，俗称出贡，别称明经，第一名称会元。殿试在会试后当年举行，应试者为贡士，贡士在殿试中均不落榜，只是由皇帝重新安排名次。殿试由皇帝亲自主持，只考时务策一道。殿试毕，次日读卷，又次日放榜。录取分三甲：一甲三名，赐进士及第，第一名称状元，二名榜眼，三名探花，合称三鼎甲。二甲赐进士出身，三甲赐同进士出身。二、三甲第一名皆称传胪。一、二、三甲通称进士。进士榜称甲榜，或称甲科。进士榜用黄纸书写，故叫黄甲，也称金榜，中进士称金榜题名。乡试第一名叫解元，会试第一名叫会元，加上殿试一甲第一名的状元，合称三元。连中三元，是科举场中的佳话。殿试之后，状元授翰林院修撰，榜眼、探花授编修。其余进士经过考试合格者,叫翰林院庶吉士。三年后考试合格者,分别授予翰林院编修、检讨等官,其余分发各部任主事等职,或以知县优先委用,称为散馆。

朱元璋连续三年开科取士后,发现这些新进士人只是长于文辞而少实才。这和他设科以选拔执掌一方官吏的初衷有很大的差距。"所取多后生少年,能以所学措诸行事者寡。"

为矫正科举取士之不足,朱元璋于洪武十八年,开始实行进士观政制度。"其诸进士,上以其未更事,欲优待之,俾之观政于诸司,给以所出身禄米,俟其谙练政体,然后擢任之。""进士观政"制度就是进士任官之前需要被分配至六部、都察院、大理寺、通政司等衙门熟悉情况,历练处理政务、军务的能力。

(二)科举考试内容

明代乡试、会试头场考八股文。而能否考中,主要取决于八股文的优劣。八股文以四书、五经中的文句做题目,只能依照题义阐述其中的义理。措辞要用古人语气,即所谓代圣贤立言。格式也很死,结构有一定程式,字数有一定限制,句法要求对偶。八股文也称制义、制艺、时文、时艺、八比文、四书文。八股文即用八个排偶组成的文章,一般分为六段。以首句破题,两句承题,然后阐述为什么,谓之起源。八股文的主要部分,是起股、中股、后股、束股四个段落,每个段落各有两段,篇末用大结,称复收大结。八股文是由宋代的经义演变而成,八股文的危害极大,严重束缚人们的思想,是维护专制统治的工具。

多年来,人们对于明代的考试制度多持批评态度,认为中国科举制度至明代而走向没落,尤其是八股文出现后,更成为禁锢人们思想的枷锁。这固然有其道理,但带有一定程度的片面性。人们倘若从另一个角度来看待明代的科举考试,似乎也可以得出不尽相同甚至相反的结论。文官考试制度在明代得到了较为明显的发展,这应该被看作是一种文化和政治上的进步,而且明代在这方面较前代进一步成熟。八股文考试的规定,实际上正是考试规范化的表现,规范化考试使考试标准本身减少了人为的主观因素,一定程度上有助于考试标准的客观性,这对于以后的考试制度是颇有借鉴意义的。显然,问题并不完全在于他们所实行的考试制度本身,而更在于对考试本身的理解。考试本来是对于教育的总结,但往往被人们当作了教育的目的。为考试而进行的教育,必然会限制人们的全面发展,使考试结果与实际能力脱节。这种对于考试的理解,导致了后来发生的许多问题,使人们对于考试制度本身产生了怀疑,结果是事与愿违。明代的科举考试是中国传统科举考试发展的顶峰,也是传统科举考试的末世。

(三)"南北榜"事件

南北榜案,又称刘三吾舞弊案,是一件彻头彻尾的冤案。

明朝洪武三十年二月,正笼罩在"蓝玉案"血雨腥风中的明王朝,迎来了其三年一度的科举会试。在这个蓝玉案株连甚众,无数官员落马的非常时期,此次科举的结果,也无疑将对朝局产生微妙的影响。正因其重要性,在主考官的选择上,朱元璋煞费苦心,经反复斟酌,终圈定了翰林学士刘三吾为主考。

刘三吾在当时可谓大儒,他与汪睿、朱善三人并称为"三老",《明史》上更说他"为人慷慨,胸中无城府,自号坦坦翁",可谓人品才学俱佳的士林领袖。选择他为主考,既是朱元璋对他本人的认可，也是朱元璋对这次科举的期望。然而刘三吾不会想到，他的一世英名乃至身家性命，都会因为这次科举而葬送。

洪武三十年二月，会试开始，经一月考核，选出贡士五十一名，又经三月初一殿试，点中陈安为状元，尹昌隆为榜眼，刘鹗为探花。然而仅仅六天过后，明朝礼部的大门就差点被告状的砸破，大批落榜考生跑到明朝礼部鸣冤告状。南京街头，更有数十名考生沿路喊冤，甚至拦住官员轿子上访告状。短短几日里，整个南京城沸反盈天，一片喧嚣。"科场舞弊"成了南京百姓街头巷尾津津乐道的话题。喊冤的原因很简单，也很奇特。当年会试中榜的五十一名贡生，全来自南方各省，竟然没有一名北方人。因此街头巷尾各式传言纷飞，有说主考收了钱的，有说主考搞"地域歧视"的，种种说法，皆是有鼻子有眼，直让主考们浑身是嘴也说不清楚。消息传来，明王朝上下震撼，先后有十多名监察御史上书，要求彻查。朱元璋的侍读张信等人，也怀疑此次科举考试有鬼。朱元璋本人自然恼怒，穷人出身的他，一生最痛恨的就是"贪污腐败，营私舞弊"。三月初十，朱元璋正式下诏，成立了"调查小组"，这其中有曾经怀疑此次科举舞弊的张信等人，也有以学问著称的严叔载、董贯，还有以"忠直敢言"闻名的周衡、黄章等人。成员的选择上，可谓是做到了公平公正。然而调查小组经过数日的复核，到该年四月末做出的结论，再次让朱元璋瞠目结舌：刘三吾等人的阅卷公平公正，以考生水平判断，所录取的人皆是凭才学录取，无任何问题。结论出来，再次引起各界哗然。落榜的北方学子们自然不干，朝中许多北方籍的官员们更纷纷抨击，要求再次选派得力官员，对考卷进行复核，并严查所有涉案官员。震怒之下的朱元璋，却做出了一个更加极端的决定。是年五月，朱元璋突然下诏，指斥本次科举的主考刘三吾和副主考纪善、白信三人为"蓝玉余党"。结果涉案诸官员皆遭到严惩，刘三吾被发配西北。曾质疑刘三吾的张信更惨，因他被告发说曾得到刘三吾授意，落了个凌迟处死的下场。其余诸人也被发配流放，只有戴彝、尹昌隆二人免罪。此二人得免的原因，是他们在复核试卷后，开列出的中榜名单上有北方士子。六月份，朱元璋亲自复核试卷，开出了一个更令人瞠目结舌的录取名单：五十一名中榜贡士，竟然清一色是北方人，无一名南方人。

朱元璋用"搞平衡"的办法处理了这次震撼明王朝的科举大案，但案件背后的谜团，依然值得深究。

随着洪武三十年"南北榜"糊涂案的落幕，明王朝"南北分榜"的考试制度也就此确立下来，在其后的时日里，它不断被修正，到明朝中期，终变成了"南榜"、"北榜"、"中榜"的划分方式。

客观上讲，明朝的"分榜"制度，积极作用确实不少，比如普及文化教育，平衡政治关系，乃至维护国家统一等；而负面影响也不容回避，其中突出的就是对明朝官场"老乡政治"起了推波助澜的作用。

南北卷制度是科举制度发展过程中一次重大的改革，对我们目前的高考制度都有很大的影响。这也是科举制度作为国家一项基本政治制度的最终完善，对后来国家的稳定起了相当多的作用。新中国成立之后的高考制度，各学校按地区分配录取名额，也可以看到这项制度的影子。

五、对朱元璋的选人用人方式的几点思考

朱元璋虽在后期用人上存在颇多弊端,但他的用人之道仍然有许多地方值得借鉴。

(一)完善教育体制

科举考试是社会成员获取功名、地位与权利的重要途径,社会成员要想实现这一目的,就必须进学读书,学习文化知识,不经过"十年寒窗",没有较深的学识,是不敢问津的。朝廷通过一次次科举考试使大批有学识、有能力的人才脱颖而出,为国效力。从表面上看,这是一次次人才选拔的成功,但如果没有长期有效的教育、学习过程作支撑,人才选拔恐怕就要大打折扣了。

几百年前的大明皇帝朱元璋都能够认识到人才的选拔与教育密切相关,而作为身处科学技术高速发展的知识经济时代的现代人,我们就更应该把这极有价值的理念发扬光大。因此,我们在关注人才选拔的方法、程序和结果的同时,更应该对人才成长的过程给予重视。也就是说,在关注"考试择人"的同时,也要把目光放到"考前育人"上来。没有专门、系统的教育过程是不可能有高质量的结果的。因此,从某种意义上说,要想从质和量上获得所需的人才,仅为备选人员构建一个竞争平台是不够的,还应该把眼光放到人才的"预备队伍"的培养上来。在现有的人才培养基础上,制定长远规划,把人才的培养从"小"抓起,从"学校"抓起,应确保在选拔人才之前使候选人员得到必要的正规学校教育,为将来脱颖而出、为国效力奠定充分的智力基础,使人才的发现、培养以及选拔形成一个良性循环的系统工程。既然谈的是选拔,就得有被选对象,如果我们不能致力于培养相当规模的备选对象,不能夯实人才选拔的基础,那么选拔的结果肯定难能如愿。

(二)强化考试部门的独立性

考试部门不能成为其他机构的附庸机构,应该保证考试机构的独立性,不受个人与其他组织的影响,以保证考试的独立性与公正性,合理选出国家的栋梁。为了使我国社会主义国家的选才制度具有自己的特色,更能适应市场经济的需要,并发挥应有的促进作用,不仅要借鉴外国的先进经验,也须总结历史的经验,以加速我国选才制度的进一步规范化、法律化。

科举制在立法保护、连续稳定性这一点上,至今也很有借鉴价值。科举制的整个考试运作过程和机构设置都是有法律依据的,除了皇帝,级别再高的无关官员也无权过问。我们今天的选才制度必须法律化、制度化,这是保证法治、防止"人治"的最好办法。这就要求我国必须把考试制度纳入法制的轨道。

(三)"德才兼备"是选才的主要标准

"德才兼备"几乎是从古至今选拔人才的统一标准,但问题的关键在于如何在现实中评判和操作。和"才"的考核相比,对"德"的考核是更难把握的。现在的人才选拔也非常注重"德"的考查,但主要是考查对马列主义、毛泽东思想、邓小平理论、时事政治等的掌握和熟悉程度。这与科举制度的区别只在于"背"和"答"的内容不同。对人才而言,除了政治品德,还应包括职业道德、社会公德和家庭美德。只注重政治品德而忽略其他三

个方面起码是不完善、不科学的，是不能保证所选出的人才具有用好权力所需的全面的"德"。因此，在对"德"的考核上，我们应该努力探索更科学、更合理的评价方式、方法和手段，加大量化比例及可操作性，使"德"的考核更加公正，更加科学化。

（四）主动"猎才"是选才的补充

古代科举制度和现行的录用考试制度所遵循的原则是没有太大区别的。即通过考试，实行公平竞争，按"竞争择优"原则，力图从社会各部分的广泛来源中获取人才。纵观人才选拔发展历史，可以看出这一制度确实比其他传统方式具有更为科学、合理的内核。但是我们也应看到，不管是科举考试制度还是录用考试制度，他们往往都是通过发布考试信息、规定考试内容、制定录用标准等方式"静候"考生前来报名考试，然后再在众多候选人中进行人才遴选，中国传统的高高在上的"官本位"意识仍可从中略见一二。毋庸置疑，通过这种选拔方式，许许多多的有识之士纷纷脱颖而出，最终成为国家栋梁。尽管如此，部分"贤能"还是会因信息流通不畅、选拔层级过多、世俗偏见等原因而被排除在人才选拔范围之外。因此，在普遍采用考任制、委任制和聘用制等方式的同时，有必要建立相应的"猎才"机制，"主动出击"，"有的放矢"，在最大范围内最大限度地选拔有用的人才。

在"人才资源是第一资源"、"人才开发是第一开发"等观念已形成共识的今天，我们应该本着"不拘一格降人才"的原则，用新的理念、新的模式去寻求在人才选拔上的突破。

参考文献：

[1] 刘海峰.中国科举史.

[2] 林白,朱梅苏.中国科举史话.

[3] 许树安.古代选举及科举制度概述.

[4] 邱立坤.知道点中国历史.

[5] 何忠礼.二十世纪的中国科举制度史研究.历史研究.

[6] 沈大明.中国的科举制度的特点及利与弊?.

[7] 何怀宏.传统社会的进身之道——八股取士的重估.战略与管理.

[8] 杨朝仁.科举取仕的历史嬗变与现实对照.政治学研究.

[9] 吴志男.浅谈科举制度对现行公务员制度的启示.

[10] 钱穆.现代中国学术论衡.

[11] 钱穆.中国历代政治得失.

[12] 黄仁宇.中国大历史.

[13] 柏杨.中国人史纲.

作者简介：

沈德培，男，凤阳县工人子弟小学办公室主任（小学高级教师），安徽蚌埠明文化研究会会员，主要研究方向：明代思想文化史、教育史。

中华书局本《明史》正误

李坚怀

（安徽科技学院人文学院）

摘　要：张廷玉奉命领衔编撰的《明史》，由于出于众手，闻见有限，考辨不精，存在众多讹误乖错现象。特别是姓名、字号、籍里、仕履等常识性乖错违失颇多，有必要加以补正。

关键词：《明史》；疏误；指误；订正

中华书局 1974 年点校本《明史》集中了当时全国一流专家学者共同参与，阵容强大，嘉惠士林逾四十载。不可否认，《明史》依然存在一些不实或不确记载。因此，对《明史》的指误正误成为《明史》研究的题中之义，黄云眉等前辈学者扬波于前，南炳文等先生震澜于后，对《明史》的纠谬正误作了大量的前瞻性工作。笔者在编纂明万历湖州（乌程）诗人朱长春年谱时，阅读了相关明清时期湖州地区文人别集、日记、笔记及地方志等文献，发现《明史》中依然存在余嘉锡等前辈专家没有注意到的若干疏误。笔者近来翻阅《明史》，陆续发现若干漏略乖错，为黄云眉等先贤学者未考，随校随录而加以校正，现略举数例以就正于雅士君子。

一、第 3786 页。《明史》卷一百二十八《宋濂传》记载："八年九月，从太子及秦、晋、楚、靖江四王讲武中都，帝得舆图《濠梁古迹》一卷，遣使赐太子，题其外，令濂询访，随处言之。"

按：此处"九月"记载有误，当以宋濂本人记述"十一月"为准。据宋濂《游涂荆二山记》一文，朱元璋曾派人送给宋濂《濠梁古迹》一卷，要求宋濂带太子朱标共同寻访凤阳一带名胜古迹。于是，"濂奉教行，洪武乙卯冬十一月己巳发舟，庚午日曛，始泊县西门，而青宫已驻跸于东门五里矣"。于是，宋濂、桂彦良、朱伯言、朱伯清、王景彰等与朱标一起游览了涂山与荆山。宋濂在文中末尾明确记述"后一月某日记"[①]。另，《明太祖实录》卷一百〇一记载："（十一月）壬申，皇太子既过中都，乃往游焉，命濂撰文记之。其他古迹，濂历历举之，因事进说，有规益。事毕，遂还京师。"[②]据此可校正《明史》之误。

二、第 4198 页。《明史》卷一百五十二《周叙传》记载："周叙，字公叙，吉水人。"

按：字误，应为"功叙"。陈循撰《南京翰林侍讲学士周公墓志铭》记载："君讳叙，字功叙，自号石溪，姓周氏，世家吉水之泥田里。……君生颖敏，自幼随父宦游桐城、即墨，皆

---

①　［明］宋濂著，罗月霞主编：《宋濂全集》，杭州：浙江古籍出版社 1999 年版，第 1394 页。

②　《明太祖实录》，台北："中央研究院"历史语言研究所 1962 年影印本，第 1711 页。

受家教。……永乐甲午，遂举江西乡贡，戊戌擢李骐榜进士。君赐进士出身，首选复被简入翰林，为庶吉士。又三年，除编修。……又明年，迁南京翰林侍讲学士。……以疾辞归田里，不许，所修诸书皆有可观，可惜乎未尽绪而卒，时景泰三年三月二十七日也。"①另，同乡萧镃为周叙作《石溪类集序》称："《石溪类集》者，翰林侍讲学士周功叙先生所作也，先生吉水人，石溪其所居地，集以地名者，著其望也。"②明廖道南《殿阁词林记》卷四"翰林院侍讲学士周叙"条记载："周叙，字功叙，江西吉水人。永乐戊戌进士，选庶吉士，授编修。宣德初，预修两朝实录，成转修撰。正统中，进侍读。……升侍讲学士，掌南京翰林院事。"③《四库全书总目提要》卷一百七十五"《石溪文集》"条解题云："《石溪文集》七卷、《附录》一卷，明周叙撰。叙字功叙，吉水人，永乐戊戌进士，官至南京翰林院侍讲学士。"④

三、第5766页。《明史》卷二百一十八《沈㴶传》记载："沈㴶，字铭缜，乌程人。父节甫，字以安。嘉靖三十八年进士。授礼部仪制主事，历祠祭郎中。……父忧归，卒。赠右副都御使。……大学士叶向高言：'纪、纮交攻，均失大臣体。今以瀸狱斥纪，如公论何？'朱国祚至以去就争，帝皆弗听。㴶不自安，乃力求去。命乘传归。逾年卒。赠太保，谥文定。"

按：此处传记多处错误，首先来看沈节甫小传。崇祯《乌程县志》卷六记载："沈节甫，字以安，号镜宇，授仪制司主事，历本部员外郎。……江陵卒，起南通政参议，历南大理卿，南京刑部右侍郎，转工部左侍郎，即卒。赠左都御使，谥端靖，予祭葬。所著有《太仆主人集》、《先正□醇录》行世。子㴶，户部尚书，大学士，祀乡贤。"⑤据此，"赠右副都御使"应为"赠左都御使"⑥。

沈㴶，字仲润，"铭缜"乃其号也。《明史》编者误以号为字。沈节甫有三子，长沈淙，字伯声，号祖洲，万历乙酉举人，曾任潮阳知县、苏州同知。后挂冠归，以子沈榮赠中宪大夫。次即沈㴶，字仲润，号铭缜。季沈演，字叔敷，号何山。从兄弟三人字来看，明显是兄弟以排行取字。

崇祯《乌程县志》卷六记载："沈㴶，字仲润，号铭缜。昆仲俱治《春秋》。公以同试不能同魁，改毛《诗》，果皆魁。选庶吉士，授编修。庚子，典试湖广，遍阅落卷，中式者过半，人称公明。历南京礼部侍郎，时西夷利玛窦建事天堂，中设天主像，煽惑愚俗。公纠疏三上，得旨遣归。次年，山东白莲教妖贼大起，人方服公先见。神庙庚申，廷□庙召用。熹庙辛酉，以礼部侍郎，进东阁大学士，迁文渊阁礼部尚书。壬戌，请告，加少保兼太子太

---

① ［明］陈循：《芳洲文集》卷八，《四库存目丛书》集部第31册，济南：齐鲁书社，1997年版，第244—245页。

② ［明］萧镃：《尚约文钞》卷四，《四库存目丛书》集部第33册，济南：齐鲁书社，1997年版，第35页。

③ ［明］廖道南：《殿阁词林记》卷四，文渊阁《四库全书》影印本。

④ ［清］永瑢、纪昀主编：《四库全书总目提要》，海口：海南出版社，1999年版，第933页。

⑤ 崇祯《乌程县志》卷六，第332页。

⑥ 朱彝尊：《明诗综》卷四十九作："沈节甫。节甫，字以安，乌程人，嘉靖己未进士，累官工部左侍郎，赠右都御史，谥端靖。有《太朴集》。"亦误。

保、户部尚书,进武英殿。乙丑卒,赠太保,谥文定,祀乡贤。"①此本县志纂修于崇祯十年。其间,沈演参与编纂,至崇祯十一年十一月卒于家②。沈演的参与证实了崇祯《乌程县志》对沈㴶的记载不可能有误。光绪《乌程县志》延续崇祯本的记载:"沈㴶,字仲慎,号铭缜。辛卯顺天举人,大学士,谥文定。"③

除地方志记载,同时乡贤友人均在诗文酬唱中明确说明沈㴶字"仲润",而非"铭缜"。万历辛卯、壬辰,沈㴶及其季弟沈演(字叔敷)一同中举,同登进士第。时任阳信县令的乌程人朱长春分别作诗文祝贺,《遗沈仲润、叔敷二新孝廉书》④、《赠沈兄弟仲润、叔敷进士》⑤及《答二沈仲润、叔敷》⑥等,明确将沈㴶定为"仲润"。同为乌程籍文人王震在其著作《春秋左翼》中附录其与沈㴶的书信,书信名称《与沈仲润太史书》,同样称呼其字"仲润"。

同样,有以号相称的浙籍文人。如冯梦祯《快雪堂集》癸卯十一月二十八日记记载:"晴。舟至双林,访沈观颐中丞,其弟出见,先生以童子扶而出,但失明,应接谈论如故。留余饭,长郎出侍,其次郎如武林,俱余南监门生也。午后别,自双林十五里至马要,吊沈镜宇侍郎之丧,有里客出迎,云铭缜太史不在,款余。候之,然烛二寸许乃归,行礼于幕前。太史出陪,留饮至二更,流芬吐韵,如玉山相映,且见待意甚厚。"⑦朱国祯在其诗集中作诗《送沈铭镇》⑧。

沈㴶乃南京教案发起人,涉及明代宗教研究绕不开对沈㴶的探究。因《明史》的错误记载导致现代学术的误用。如,2013年出版的何孝荣先生著《明朝宗教》一书即延续了《明史》的错误。⑨而同为明末清初的藏书家黄虞稷则比较审慎,将沈㴶字空缺。上海古籍出版社修订本注明"别本□□作铭镇",亦误⑩。

关于沈㴶罢归及卒年,《明史》记载亦不准确,据上文所引崇祯《乌程县志》记载:"壬

---

① [明]刘沂春纂修:崇祯《乌程县志》卷六,北京:书目文献出版社1991年影印本,第336页。

② [清]钱谦益:《南京刑部尚书沈公神道碑铭》,《牧斋初学集》卷六十五,上海:上海古籍出版社1985年版,第1515页。

③ 按:此处"慎"字为"润"之误。

④ [明]朱长春:《朱太复文集》卷四十四,《四库禁毁书丛刊》集部第82册,北京:北京出版社1997年版,第604页。

⑤ [明]朱长春:《朱太复文集》卷八,《四库禁毁书丛刊》集部第82册,北京:北京出版社1997年版,第237页。

⑥ [明]朱长春:《朱太复文集》卷四十八,《四库禁毁书丛刊》集部第82册,北京:北京出版社1997年版,第648页。

⑦ [明]冯梦祯:《快雪堂集》卷六十,《四库存目丛书》集部第165册,济南:齐鲁书社1997年影印本,第77页。

⑧ 按:此处"镇"为"缜"之误。见朱国祯《朱文肃公集》,《续修四库全书》集部第1366册,上海:上海古籍出版社2002年版影印清钞本,第383页。

⑨ 见《明朝宗教》,南京:南京出版社2013年第1版,第307页。

⑩ [清]黄虞稷撰,瞿凤起、潘景郑整理:《千顷堂书目》卷二十五,上海:上海古籍出版社2001年版,第635页。

戌，请告，……乙丑卒。"说明沈淮告归为天启二年（1622）①，卒年为三年后的天启五年（1625），而非"逾年卒"②。

四、第7357页。《明史》卷二百八十六《文苑传·谢肇淛、邓原岳》记载："肇淛，字在杭。万历三十年进士。官工部郎中，视河张秋，作《北河纪略》，具载河流原委及历代治河利病。终广西右布政使。原岳，字汝高，亦闽县人，肇淛同年进士，终湖广副使。"

按：谢肇淛小传科份及仕履均误，谢中进士科为万历"二十"年壬辰科，非"三十"年。"终广西右布政使"，误。应为广西"左"布政使。谢肇淛撰《重修壬辰同年世讲录叙》记载："国家立贤无方，四海九州之士一旦释褐南宫赐甲第者列为同年之籍。……维时先大夫既或预雁行，而不佞复叨缵前秀，偕跻九列。"③据谢肇淛好友徐燉撰《中奉大夫广西左布政使武林谢公行状》记载："粤西左方伯在杭谢均以天启甲子冬入觐，行至萍乡，卒于官舍。……天池先生以母浙产也，命其名曰肇淛，字在杭，别号武林云。……万历乙酉，太仓王公世懋来督闽学，品其文曰：将来必为名士。拔置第一。……壬辰，再上南宫成进士。……丙午，……寻转南京兵部职方司主事。……己酉服阙，补工部屯田司主事，转员外郎。……命擢云南布政使司左参政兼佥事，分巡金仓道，辖大理、蒙化、鹤庆、丽江、永宁五郡，及五井盐课提举司。……辛酉，擢广西按察使。癸亥，晋本省右布政使，寻晋左布政使。"④据此可知，谢肇淛于万历壬辰年，即万历二十年（1592）中进士，其最终职位为广西"左"布政使。黄虞稷《千顷堂书目》卷二十五⑤、朱彝尊《静志居诗话》卷十六⑥均作"广西左布政使"。

另，邓原岳"湖广副使"一职不明。据《明史·职官志四》载，地方官"副使"一职在承宣布政使司、提刑按察使司、都转盐运使司、茶马司四司均有设置。邓原岳的最终职位则是"湖广按察司副使"，不过，他没有到任就死了。叶向高作《中顺大夫湖广按察司副使翠屏邓公墓志铭》中云："吾郡在国初，林子羽、王孟敭辈以诗名，号称十子，翩翩然有大雅之音矣。……年来才士蔚起，复修明其业，而观察翠屏邓公为之于喁鼓舞于其间。……遂擢公按察佥事，督滇学。……随晋湖广参议，治屯田、盐策、水利，兴废起坠，凡百一新，至兼摄数道，皆有治绩。……以督饷抵江淮道中得疾，竣事过里，旬余日遂卒。时公已擢湖

---

① 按：《御批历代通鉴辑览》卷一一三亦记载："壬戌秋七月，沈淮罢。"

② 按：黄云眉先生未辨误，见《明史考证》第六册，北京：中华书局1985年版，第1760页。另，谈迁《国榷》亦据《明熹宗实录》作"天启四年"卒，亦误，见《国榷》，北京：中华书局1958年版，第5280页。

③ ［明］谢肇淛：《小草斋文集》卷六，《四库存目丛书》集部第175册，济南：齐鲁书社1997年影印本，第706页。

④ 见《小草斋文集》卷十一，《四库存目丛书》集部第176册，济南：齐鲁书社1997年影印本，第315页。

⑤ ［清］黄虞稷著，瞿凤起、潘景郑整理：《千顷堂书目》卷二十五，上海：上海古籍出版社2001年版，第635页。

⑥ ［清］朱彝尊著，黄君坦校点：《静志居诗话》，北京：人民文学出版社1990年版，第477页。

广按察副使,朝命至而公不及闻矣。"①另,谢肇淛撰《邓汝高传》记载:""②据此可知,"副使"前应加"按察司"二字更为明确。

五、第4424页。《明史》卷一百六十三《列传》第五十一"陈敬宗"传记载:"陈敬宗,字光世,慈溪人。永乐二年进士。选庶吉士,进学文渊阁,与修《永乐大典》。书成,授刑部主事。又与修《五经四书大全》,再修《太祖实录》,授翰林侍讲。"

按:字误。陈敬宗,字"光祖",非"光世"。陈敬宗卒后,其次子持状请魏骥撰墓志铭,文云:"天顺三年五月二十日,朝请大夫赞治尹国子祭酒致仕四明陈公年八十又三卒于正寝。……其子国子学正培以主丧,不敢离于殡侧,遣其弟塋持南京工部尚书兼大理卿前都察院右都御使王公某状征予铭其墓。噫!予与公老交也,可忘情哉!不敢以不文辞,乃按状序而铭之。……公名敬宗,字光祖,别号澹菴,长身玉立,丰姿洒洒然,望之犹神仙中人。"③从铭文可知,陈敬宗行状为其子陈塋预备,老友魏骥所撰,不可能将其字写错,且明、清时人名、字联系紧密,其名"敬宗",字"光祖"为是。姚宗文纂修天启《慈溪县志》卷七小传,万斯同《明史》卷二一五,雍正《宁波府志》卷十九小传,黄虞稷《千顷堂书目》卷十八《别集类》,《四库全书总目提要》卷一百七十五,钱谦益《列朝诗集小传》乙集"陈祭酒敬宗"条,朱彝尊《静志居诗话》卷六"陈敬宗"条,均误④。疏误源于天启《慈溪县志》可能性较大。

六、第4765页。《明史》卷一百八十《张宁传》记载:"张宁,字靖之,海盐人。景泰五年进士。授礼科给事中。"⑤

按:籍贯误。张宁应为海宁人。明人著作均作"海宁人"。明田汝成撰《西湖游览志余》卷十三记载:"张靖之宁,海宁人,号方洲。景泰天顺间为给事中。有名奉使朝鲜国,朝鲜之人雅重之,集所著作为《刻皇华录》。成化初,忤权要出为汀州知府,无何引疾归田,雅好山水,岁率一再至杭州,至辄携亲朋出游西湖,访孤山,吊岳坟,登天竺,彩舟蜡,随意所之,兴至呼笔,大篇短章顷刻立就,又善丹青。所著有《方洲集》。"⑥钱谦益著《列朝诗集小传》"张汀州宁"条云:"宁,字静之,海宁人。景泰五年进士,授礼科给事中。成化中,奉使朝鲜。"⑦田汝成乃明正德、嘉靖时钱塘人,钱谦益为明末清初人,其作品较清史臣当更为可靠。

七、第5887—588页。《明史》卷二百二十四记载:"严清,字公直,云南后卫人。嘉

① [明]叶向高:《苍霞续草》卷十,《四库禁毁书丛刊》集部第125册,北京:北京出版社1997年影印本,第104页。

② [明]谢肇淛:《小草斋文集》卷十一,《四库存目丛书》集部第176册,济南:齐鲁书社1997年影印本,第72页。

③ [明]魏骥:《南斋先生魏文靖公摘稿》,《四库存目丛书》集部第30册,济南:齐鲁书社1997年影印本,第414—415页。

④ [清]曹秉仁修,万经纂:雍正《宁波府志》卷十九《名臣》,第1542页。

⑤ [清]张廷玉等撰:《明史》,北京:中华书局1974年版,第4765页。

⑥ [明]田汝成:《西湖游览志余》,文渊阁四库全书影印本。

⑦ [清]钱谦益:《列朝诗集小传》,北京:中华书局2008年第2版,第188页。

靖二十三年进士。除富顺知县。公廉恤民,治声大起。忧归,补邯郸。入为工部主事,历郎中。董作京师外城,修九陵,吏无所侵牟,工成加俸。连丁内外艰。服除,补兵部,擢保定知府。故事,岁籍民充京师库役,清罢之。振荒弭盗,人以比前守吴岳。历迁易州副使,陕西参政,四川按察使、右布政使。并以清望,荐章十余上。隆庆二年,以右佥都御史巡抚贵州。未上,改四川。……万历二年,起抚山西。未赴,改贵州。历两京大理卿,三迁刑部尚书。……十五年,兵部缺尚书,用杨博故事,特诏起补。遣使趣行,而清疾益甚,不能赴。又三年卒。赠太子太保,谥恭肃。清初拜尚书,不能具服色,束素犀带以朝。或嘲之曰:'公释褐时,七品玳瑁带犹在耶?'清笑而已。"

按:黄云眉先生在《明史考证》一书中对《严清传》作了补充,对其中讹误未加辨析①。该传记生平、仕履记载有误。王锡爵撰《严恭肃公墓志铭》记载云:"……公字直甫,号寅所。其先五代祖名子敬者,自浙之嘉兴徙居滇。……嘉靖癸卯举于乡,明年成进士,除富顺尹。……丁母忧,复除邯郸,其治如故操。寻召入为工部屯田司主事,历员外郎、郎中,督修外城及九陵。……丁父忧,复除兵部车驾,车驾主行邮政,以清强敢任怨闻,坐忤,出知保定府。……居保定三年,课复最,历升易州兵备副使、陕西参政、四川按察使,即其地转右布政使。……隆庆戊辰,擢都察院右佥都御史,巡抚贵州,寻改四川。……侯调五年,起督雁门关,未行,改贵州,入为南大理寺卿,寻北历刑部、吏部右侍郎。复自吏部升刑部尚书。……归之日,有诏晋秩太子少保,仍赐驰传。……初拜尚书,贫不能具服色,束素犀带以朝。其辈类或指戏之:公释褐时玳瑁七品带故在耶? 公笑曰:不然,夫犀带不装金,安知非玉? 吾顾恐难为上耳。"②据此可知,《明史》对严清丁忧记载以此墓志铭为底本所撰,但叙述混乱,第一次"忧归"为丁母忧,第二次为丁父忧,即丁"外艰","连丁内外艰",叙述不确。"历两京大理卿"不确,应为"历南京大理卿";加官为"太子少保",而非"太子太保"。另《明神宗实录》卷二二四(万历十八年六月)记载:"戊戌,原任吏部尚书严清卒,给祭葬如例。清,云南后卫人,由嘉靖甲辰进士起家县令,历郎中、知府,自藩臬升右佥都御史,前后巡抚贵州、四川、山西、贵州四省,寻改南大理卿、吏刑二部侍郎、刑部尚书。九年考满,转吏部,寻乞休家食,无何,起兵部尚书,疏辞,加太子少保,给月米,卒于家。"③谈迁《国榷》卷七十五亦记载:"……起兵部,不赴,加太子少保。"④对同僚戏言,亦有答言,非仅"笑而已"。

八、第7093页。《明史》卷二百七十七记载:"温璜,初名以介,字于石,乌程人。大学士体仁再从弟也。母陆守节被旌,璜久为诸生,有学行。崇祯十六年秋举进士,授徽州推官。甫莅任,闻京师陷,亟练民兵为保障计,明年南京亦覆,知府秦祖襄及诸僚属皆遁。璜乃尽摄其印,召士民慰谕之。金声举兵绩溪,璜与掎角,且转饷给其军,而徙家属于村民舍,未几声败。璜严兵自守,郡中故御史黄澍以城献,璜趋归村,舍刃其妻茅氏及长女,

① 黄云眉:《明史考证》第六册,北京:中华书局1985年版,第1796页。
② [明]王锡爵:《王文肃公文草》卷八,《四库存目丛书》集部第136册,济南:齐鲁书社1997年影印本,第357—358页。
③ 《明神宗实录》,台北:"中央研究院"历史语言研究所1962年影印本,第4176页。
④ [明]谈迁著,张宗祥校点:《国榷》,北京:中华书局1958年版,第4631页。

遂自到死。"①

按:"崇祯十六年秋举进士"表述有误。明代科举乡试在秋天进行,亦称"秋闱";进士科为次年春天举行,亦称"春闱"。林璐撰《司理温公传》记载:"温公名以介,号实忠,相国体仁之族弟也。丙子举于乡,更名璜。成癸未进士,官歙州法曹。……公凡三上春官始第。"②据此,应更正为"崇祯十六年春举进士"。

九、《明史》卷二百记载:"张岳,字维乔,惠安人。自幼好学,以大儒自期。登正德十一年进士,授行人。"③

按:科份误,应为正德"十二年"进士。其同年聂豹撰《资政大夫都察院右都御使赠太子少保谥襄惠张公神道碑》记载:"张维乔者,讳岳,号净峰,闽之惠安人也。……正德癸酉领乡荐第一。同予登丁丑进士,授行人。……丁外艰,服阕赴部,部悬科道以待,公力辞不就,得留都武选员外,祠祭郎中。……擢浙江提学副使,转左参政。……壬寅,拜官右佥都御史,抚治郧阳。寻改巡抚江西。……功未及奏而公卒,是年壬子四月,有大星陨西南,不数月而公应之。……上复公右都御使,赠太子少保,谥襄惠。"④据此可知,张岳登进士是为正德丁丑舒芬榜,正是十二年,"十一年"误。

十、卷二百二记载:"胡松,字汝茂,滁人。幼嗜学,尝辑古名臣章奏,慨然有用世志。登嘉靖八年进士,知东平州。……再迁南京礼部郎中,历山西提学副使。三十年秋,上边务十二事,……斥为民。家居十余年。屡荐,辄报罢。至三十五年,以赵文华言,起陕西参政,分守平凉。……三迁江西左布政使,以右副都御史巡抚其地。……进兵部右侍郎,巡抚如故。……居三年,召理部事。进左侍郎,改吏部。迁南京兵部尚书,参赞机务。……松洁己好修,富经术,郁然有声望。晚主铨柄,以振拔淹滞为己任。甫七月,病卒。赠太子少保,谥恭肃。"

按:谥号误,应为"庄肃",非"恭肃"。《明世宗实录》卷五六三:"胡松,直隶滁州人。……赠太子少保,谥庄肃,赐祭葬如例。"⑤谈迁《国榷》卷六十四:"嘉靖四十五年,十月己卯。吏部尚书胡松卒。松字汝茂,滁州人。嘉靖己丑进士,知东平,历礼部郎中,山西提学副使。言边事,进参政。亡何,褫秩二十年,荐起至今官。洁己好修,富于经术,而不为崖异。在吏部,振淹滞,破资格,事皆综理。赠太子少保,谥庄肃,予祭葬。"⑥霍与瑕《胡庄肃公遗稿序》云:"……胡庄肃公之事可睹其大略矣,公以通材粹学卓识宏猷登进士,历官山西提学,实嘉靖二十一年也。……嘉靖三十八年以屡荐,起历迁江西巡抚,有巨功,升兵部尚书,转吏部、南京兵部尚书,南北驱驰,所至,坐席未暖,又趋新命,凡数年,

① [清]张廷玉等撰:《明史》,北京:中华书局1974年版,第7093页。
② [清]林璐:《岁寒堂初集》卷三,《四库全书存目丛书》集部第283册,济南:齐鲁书社1997年影印版,第791页。
③ 张廷玉等撰:《明史》,北京:中华书局,1974年版,第5295—5298页。
④ 《四库存目丛书》集部第72册,第375—377页。
⑤ 《明世宗实录》,台北:"中央研究院"历史语言研究所,1962年影印本,第9023—9024页。
⑥ 谈迁:《国榷》,第4033页。

遂入为天官冢宰。"①黄虞稷《千顷堂书目》卷二十三："胡松:《胡庄肃公集》八卷,字汝茂,滁州人,吏部尚书,赠太子少保,谥庄肃。"②齐鲁书社 1997 年影印出版的《四库存目丛书》集部第 91 册收录胡松撰《胡壮肃公文集》八卷即为定案。

十一、卷一百九十三《陈以勤传》记载:"陈以勤,字逸甫,南充人。嘉靖二十年进士。选庶吉士,授检讨。久之,充裕王讲官,迁修撰,进洗马。……为讲官九年,有羽翼功,……父丧除,还为侍读学士,掌翰林院。进太常卿,领国子监。擢礼部右侍郎,寻转左,改吏部,掌詹事府。……隆庆元年春,擢礼部尚书兼文渊阁大学士,入参机务。累加少傅兼太子太傅,改武英殿。……遂进兼太子太师、吏部尚书,赐敕驰传归,诏其子编修于陛侍行。……以勤归十年,年七十。复颁上方银币,命于陛驰归赐之,且敕有司存问。又六年卒。赠太保,谥文端。"

按:字误。赵贞吉撰《少傅兼太子太保礼部尚书武英殿大学士丛山先生陈公墓表》记载:"公讳某,字济之,世为蜀人,族居南充水西里,盖数十代,墓宅皆在焉。……是岁为正德辛巳,而仲子之子生,甫髫年矣,有异质,神峰日上,即今内阁辅臣松谷公也。"③王叔承《苔陈济之雪中见寄》:"暮雪摇空江,美人隔烟水。门外寄书人,芦花裹双鲤。"《入越观潮同陈济之诸子石门雨宿》:"孤帆下石门,旅宿暗秋原。两岸芦荻雨,几家桑柘邨。酒堪今夕醉,心与故人论。此去钱塘近,江潮引客魂。"

十二、卷二八七·文苑列传三《蔡汝楠传》记载:"汝楠,字子木。……年十八,成嘉靖十一年进士,授行人。从王慎中、唐顺之及叔嗣辈学为诗。寻进刑部员外郎,徙南京刑部。善皇甫涍兄弟,尚书顾璘引为忘年友。廷议改归德州为府,擢汝楠知其府事。以母忧归,聚诸生石鼓书院,与说经。治民有惠政,既去,士民祠祀之。历官江西左、右布政使,擢右副都御史,巡抚河南。召为兵部右侍郎,从诸大僚祝釐西宫,世宗望见其貌寝,改南京工部右侍郎,未几卒。"

按:仕履误,其官至最终为南京刑部右侍郎。

作者简介:

李坚怀,男,文学博士,安徽科技学院人文学院副教授,安徽蚌埠明文化研究会理事。

---

① 《明文海》卷二百三十八。
② 黄虞稷:《千顷堂书目》,第 571 页。
③ 赵贞吉:《赵文肃公文集》卷十八,《四库存目丛书》集部第 100 册,第 518—519 页。

从明人序跋管窥明代宋诗接受

——以陈献章、李梦阳、公安三袁与钱谦益为例

汪国林

（安徽科技学院人文学院）

摘　要：序跋是为书、文、图等作品撰写的文辞，具有说明、议论或叙事的功能，附于正文前后，是我国古代文论研究重要的文献与理论资源。明代著名作家所著的序跋比较直观地反映了明人对前代文学作品的意见。为此，笔者选取陈献章、李梦阳、公安三袁与钱谦益等代表性作家有关宋诗的部分序跋，以管窥明代宋诗接受，发现其具有以下几个特点：其一，意气之争明显，不够客观公允，同一作家抵牾明显；其二，阶段性明显；其三，宋诗接受与政局、时风、文人心态关系紧密。总之，明人有关宋诗真实率意的序跋，在一定程度上反映了明代士人对宋诗的真实态度，及明代诗坛发展的大致轨迹。

关键词：陈献章；李梦阳；三袁；钱谦益；跋序；宋诗；接受

何谓序，《尔雅》云："序者，叙也。"①孔安国在《尚书序》中说："序作者之意。"②王应麟在《辞学指南》中说："序者，序典籍之所以作。"③明人吴曾祺《文体刍言》对序跋类文体的界定比较详细，他说："古人每有所作，必述其用意所在，以冠一篇之首。如《尚书》每篇之首数语，乃史臣之述其缘起，即序也。或读者为之，则如《诗·关雎》之有序，或云出自子夏，其确否不可知，要其由来固已久矣。至史家之体，序文实繁。"④

此外，曾国藩论及序跋文性质时说："序跋类，他人之著作述其意者。"⑤林纾在谈及序跋使用范围时说："序古书，序府县志，序诗文集，序政书，序奏议、族谱、年谱，序人唱和之诗，则归入序之一门；辨某子，读某书，书某文后，及传后论，题某人卷后，则归入跋之一门。"⑥

由此可知，"序"含义的复杂与丰富，著名文章学家吴承学先生对此归纳道："序是置在书籍或文章、图表前后的说明文字，……序可以用于介绍作者其人其事，阐述著作原由，说明作品内容，分析文章精义或者发表评论。"⑦

---

① ［晋］郭璞注，［宋］邢昺疏：《尔雅注疏》，上海：上海古籍出版社，2010年版。
② 孔安国：《尚书正义·序》，上海：上海古籍出版社，2007年版。
③ 王应麟：《玉海·辞学指南》，南京：江苏古籍出版社，1987年版。
④ 转引自吴承学：《序跋类文体》，载《古典文学知识》，2009年第1期，第104页。
⑤ 曾国藩：《经史百家杂钞》，北京：中华书局，2013年版。
⑥ 林纾：《春觉斋论文》，北京：人民文学出版社，1998年版。
⑦ 吴承学：《序跋类文体》，载《古典文学知识》，2009年第1期，第104页。

所谓跋，《尔雅·释言》云："跋，躐也。"①贺复征说："跋，足也。申其义于下，犹身之有足也。"②跋有"踩"、"踏"之义。

序与跋在明清许多文章家那里的含义是极为相近的，如明人吴曾祺《文体刍言》论及序、跋两类文体时，说道："跋亦序类也，其出比序为后，其作法亦稍近，惟序有前序后序，跋则施之卷末而已，故取足后之义为名。而金石一家，传此者甚伙，有汇成一书者，盖考证之学，于此体为宜。叙序跋类第二，为目十七，曰序、曰后序、曰序录、曰序略、曰表序、曰跋、曰引、曰书后、曰题后、曰题词、曰读、曰评、曰述、曰例言、曰疏、曰谱，其余为附录。"③

又说："题跋者，简编之后语也。凡经传、子史、诗文、图书之类，前有序引，后有后序，可谓尽也；其后贤者，或因人之请求，或因感而有得，则复撰词以缀于末简，而总谓之题跋。"④ 此外，姚鼐与曾国藩也将序、跋并称"序跋"，并视为一种重要的文章类别。吴承学先生也说："题跋是我国古代一种特殊的散文文体。古代文人在阅读书籍或欣赏字画时，如有心得体会，或要进行说明议论，可以题写于书籍卷帙之后，此类文章即是题跋。"⑤一般而言，位于正文之前为序，置于文末为跋。

序跋文献的价值极为丰富，就文学理论与批评而言，其多样化的形式、率意真诚的写作心态、优美风趣的语言使得它具有独特的价值，并成为我国古代文论中的优秀文化遗产。

笔者在教学之余，选择明代各个阶段具有代表性作家的部分序跋，看其对宋诗的接受情况，从而管窥整个明代诗坛对宋诗的态度，及其变化与其背后较为深刻的个人及社会原因。

一、明代"唐宋诗之争"概述

唐宋诗之争在宋诗特征呈现之初就拉开帷幕，尤其是南宋严羽对宋诗的"定性"影响甚大，他说："诗有词理意兴。南朝人尚词而病于理；本朝人尚理而病于意兴；唐人尚意兴而理在其中；汉魏之诗，词理意兴，无迹可求。"⑥在他看来，宋人不如唐人，宋诗不如唐诗，诗歌发展到宋代乃是"诗之一遏"。严羽此论，分唐界宋，褒贬鲜明，开启元、明二朝"宋无诗"诗论的先河。

明初高棅编撰《唐诗品汇》，标举诗之正宗在盛唐，正变在晚唐，而对于宋诗，他引《诗法源流》中的话说："唐人以诗为诗，宋人以文为诗。唐诗主于达性情，故于三百篇为近。

① ［晋］郭璞注，［宋］邢昺疏，《尔雅注疏》，上海：上海古籍出版社，2010 年版。
② 贺复征：《文章辨体汇选》，影印文渊阁四库全书本，台北：商务印书馆，1986 年版。
③ 转引自吴承学：《序跋类文体》，载《古典文学知识》，2009 年第 1 期，第 104 页。
④ 徐师曾：《文体明辨》，北京：人民文学出版社，1998 年版。
⑤ 吴承学：《序跋类文体》，载《古典文学知识》，2009 年第 1 期，第 107 页。
⑥ 严羽：《沧浪诗话》，北京：人民文学出版社，2000：148.

宋诗主议论,故于三百篇为远。"①在唐宋诗优劣中摒弃了宋诗。

明中期,"前七子"之李攀龙说:"宋人主理作理语,于是薄风云月露一切铲去不为,又作诗话教人,人不复知诗矣。"②何景明甚至说:"秦无经,汉无骚,唐无赋,宋无诗。"③"后七子"之首王世贞也很不客气地批评欧阳修说:"不识佛理,强辟佛;不识书,强评书;不识诗,自标誉能诗。"④

明代中后期胡应麟指责宋诗说:"近体至宋,性情泯矣。"⑤批评宋人"专用意而废词,若枯桦槁梧,虽根干屈盘,而绝无畅茂之象"。⑥许学夷批评黄庭坚与江西诗派:"黄诸体恣意怪僻,遂为变中之变。元美谓其'愈巧愈拙,愈新愈陈,愈近愈远',又云'鲁直不足小乘,直是外道,已堕傍生趣中'是也。然黄竟为江西诗派之祖,流毒终于宋世。"⑦即使到明末,对宋诗的批评还是不绝于耳,但诗坛上肯定宋诗的别调也在批评的洪流中愈来愈突出。

笔者选取明代各个阶段比较典型的作家陈献章、李梦阳、公安三袁与钱谦益有关宋诗的序跋,以略显明人对宋诗批评与接受概况。

二、明代文人序跋对宋诗批评与接受管窥

(一)明初陈献章序跋对宋诗的批评与接受

明初诗坛,无论创作方式上的馆阁唱和,诗歌内容上的闲适琐碎,诗歌功能上的歌功颂德,都受到宋诗的影响,其中尤以宋代理学影响甚巨。对此,廖可斌先生指出:"在明代前期文坛占垄断地位的,首先是浙东诗派,接着是以江西派作家为主体的'台阁体'。他们的诗作都以宣扬程朱理学,为统治者歌功颂德为能事。……成化弘治间,流行的以薛瑄、吴与弼、陈献章、庄昶等理学家的诗作为代表的'陈庄体'满口理学话头,'太极、帽桶、筋斗、样子、打乖、个理'之类触目皆是。"⑧"弘、正之间,李东阳出入宋、元,溯流唐代,擅声馆阁。"⑨其诗歌出入宋元,在明代中前期文人序跋中也有体现,其中尤以陈献章为突出。

陈献章(1428—1500),字公甫,别号石斋,思想家、诗人,世称"白沙先生"。宋代程朱理学向明代心学转换的关键环节就是以陈献章为代表的江门心学的兴起。陈献章序跋对宋诗的评价往往从自然心性出发,推崇宋代理学大家们的传统诗教精神;同时,对宋

---

① 高棅:《唐诗品汇·历代叙论》,上海:上海古籍出版社,2012.
② 李梦阳:《空同集·缶音序》,影印文渊阁四库全书本第 1262 册,台北:商务印书馆,1986 年版。
③ 何景明:《大复集》卷三十八,影印文渊阁四库全书本,台北:商务印书馆,1986 年版。
④ 王世贞:《艺苑卮言》卷四[A],引自周维德集校《全明诗话》[C],济南:齐鲁书社,2005 年版。
⑤ 胡应麟:《诗薮外编》卷五[A],清广雅书局丛书本[C]。
⑥ 胡应麟:《诗薮外编》卷五[A],清广雅书局丛书本[C]。
⑦ 许学夷:《诗源辨体·后集纂要》卷一[A],引自周维德集校《全明诗话》[C]。
⑧ 廖可斌:《关于李梦阳晚年悔悟问题》,载《文艺理论研究》,1991 年第 2 期,第 69 页。
⑨ 张廷玉等编:《明史》,北京:中华书局,1984 年版,第 7307 页。

诗的"头巾气"也表示不满。具体如下：

1. 肯定传统诗教，推崇宋诗尤其是宋儒诗作

他的《认真子诗集序》集中反映其观点，其文为："……言，心之声也。形交乎物，动乎中，喜怒生焉，于是乎形之声，或疾或徐，或洪或微，或为云飞，或为川驰。声之不一，情之变也。率吾情盎然出之，无适不可。……自唐以下，几千年于兹，唐莫若李杜，宋莫若黄陈，其余作者固多，率不是过乌虖，工则工矣，其皆三百篇之遗意欤！率吾情盎然出之，不以赞毁欤！发乎天和，不求合于世欤！明三纲，达五常，征存亡，辨得失，不为河汾子所痛者，殆希矣。故曰：'诗之工，诗之衰。'夫道以天为至，言诣乎天曰至言，人诣乎天曰至人，必有至人，能立至言。尧舜周孔至矣，下此其颜、孟大儒欤！宋儒之大者，曰周、曰程、曰张、曰朱，其言具存，其发之而为诗亦多矣。世之能诗者，近则黄陈，远则李杜，未闻舍彼而取此也。……夫诗，小用之则小，大用之则大，可以动天地，可以感鬼神，可以和上下，可以格鸟兽，四时行焉，百物生焉。皇王帝霸之褒，贬雪月风花之品，题一而已矣，小技云乎哉！"①

2. 批评宋诗"头巾气"

陈献章在肯定宋诗的同时，也指出其迂阔的"头巾气"，论诗推崇"雅健"，反对俗弱，少发议论等，明显是针对宋诗而言的，其文为："……作诗当雅健第一，忌俗与弱。予尝爱看子美、后山等诗，盖喜其雅健也。若论道理，随人深浅，但须笔下发得精神，可一唱三叹，闻者便自鼓舞，方是到也。须将道理就自己性情上发出，不可作议论说去，离了诗之本体，便是宋头巾也，大概如此。中间句格声律，更一一洗涤平日习气，焕然一新，所谓濯去旧见，以来新意，作诗亦正用得着也。"②

陈献章不仅在序跋中有称赞宋诗的成分，在自己诗文创作中更是表现出宋代理学诗的隔代遗传，以至于有"陈庄体"之说。对此，杨慎批评道："徒见其七言近体，效简斋、靖节之渣滓，至于'筋斗'、'样子'、'打乖'、'个理'，如禅家呵佛骂祖之语，殆是《传灯录》偈子，非诗也。"③王世贞也批评其性气诗："诗以缘物极兴，非为诂义训辞，昶与献章俱号山林白眉，至乃'鸟点天机'、'梅挑太极'，如巫师降神，里老骂坐，儿女走听，雅士掩耳。"④可见，明人对主理之诗是多么的厌恶。这也看出陈献章诗论与创作之间的差异性。

明初三杨、"台阁体"代表李东阳及其数量较为庞大的翰林文臣们的诗作不少具有学宋的成分。陈献章序跋中呈现出来对宋诗的肯定态度或许受到明初馆阁诗歌"由元入宋"的影响，这也自然受到前后七子们的猛烈批判。

（二）明中叶李梦阳序跋对宋诗的批评与接受

李梦阳（1473—1530），字献吉，号空同，祖籍河南扶沟，出生于庆阳府安化县，是明代

---

① 陈献章：《陈献章集》，北京：中华书局，1987年版，第5页。
② 陈献章：《陈献章集》卷四《次王半山韵诗跋》，北京：中华书局，1987年版，第72页。
③ 杨慎：《升庵诗话》卷八[A]，出自周维德集校《全明诗话》[C]，济南：齐鲁书社，2005年版。
④ 王世贞：《明诗评》卷三[A]，出自周维德集校《全明诗话》[C]，济南：齐鲁书社，2005年版。

中叶著名的诗文大家,前七子之首。其倡导的复古运动对明代文坛影响巨大,对此《明史·文苑传》记载道:"李梦阳、何景明倡言复古,文自西京、诗自中唐而下一切吐弃。操觚谈艺之士,翕然宗之,明之诗文于斯一变。"①李梦阳的诗学主张甚是复杂,笔者只选取有代表性的论及宋诗的序跋,不涉及其他,以管窥他对宋诗的接受态度。

1. 批评宋诗理胜辞涩有余,格调兴象不足

李梦阳对宋诗的好发议论、理胜于辞进行尖锐的批评,这在他给好友佘育之其父佘存修诗集《缶音》所作的序言中得到很好的体现,其文为:

> 诗至唐,古调亡矣,然自有唐调可歌咏,高者尤足被管弦;宋人主理不主调,于是唐调亦亡。黄、陈师法杜甫,号大家;今其词艰涩不香色流动,如入神庙坐土木骸,即冠服与人等,谓之人可乎? 夫诗,比兴错杂,假物以神变者也;难言不测之妙,感触突发,流动情思,故其气柔厚,其声悠扬,其言切而不迫,故歌之心早退而闻之者动也。宋人主理作理语,于是薄风云月露,一切铲去不为,又作诗话教人,人不复知诗矣。诗何尝无理,若专作理语,何不作文而诗为邪? 今人有作性气诗,辄自贤于"穿花蛱蝶"、"点水蜻蜓"等句,此何异痴人前说梦也。即以理言,则所谓"深深"、"款款"者何物邪?《诗云》"鸢飞戾天,鱼跃于渊"又何说也?②

他认为,宋诗过于纠缠于理、道,思维方式上重思辨,违背诗歌创造注重形象思维的规律。比起古诗与唐诗来,宋诗在创作上形象不足,缺乏流动之美,语言艰涩,如同神庙里有形无灵、面目可憎的雕塑。

理想的诗歌应该是比兴交错,逸趣横生,情思流动,格调高远悠扬,歌之者不迫,闻之者动心,这正是盛唐之音的典型特色。

同时,李梦阳对宋代理学大师程颐"重道轻文"的言论提出了尖锐的批评。当然,诗歌不是不可以说理,宋诗只是没有把握好其中的"度"而已,因而,他又说:"诗何尝无理,若专作理语,何不作文而诗为邪?"

2. 批评宋诗直陈炼字有余,比兴自然苦少

明人认为宋诗远离自然性情,多劳心之直陈,少形容之妙。李梦阳说:"古诗之妙在形容之耳,所谓'水月镜花',所谓'人外之人'、'言外之言'。宋以后则直陈之矣,于是求工于字句,所谓心劳日拙也。形容之妙,心了了而口不能解,卓如跃如,有而无,无而有。"③

李梦阳甚至主张恢复古代比兴传统,他在《秦君饯送诗序》中说道:"夫学者称饯送率于诗尚矣,然烝民首列乎崧高。韩奕亦曰'奕奕梁山',此何哉? 盖诗者,感物造端者也。是以古者登高,能赋则命为大夫,而列国大夫之相遇也。以微言相感,则称诗以谕志。故

---

① 张廷玉等编:《明史·文苑传》卷二百八十五,北京中华书局,1984年版。
② 李梦阳:《空同集》,影印文渊阁四库全书本,第1262册,台北:商务印书馆,1986年版。
③ 李梦阳:《空同集》,影印文渊阁四库全书本,第1262册,台北:商务印书馆,1986年版。

曰：言不直遂，比兴以彰。假物讽谕，诗之上也。昔者郑六卿饯宣子于郊也，宣子请各赋，以觇郑志，故闻《野有蔓草》，则曰'吾有望矣'。闻赋《羔裘》，则曰'起不堪'。闻《褰裳》，则曰'敢勤它人'。夫蔓草细物也，羔裘微也，褰裳末事也，曷与于郑志，奚感于宣子，而有斯哉？亦假物讽谕之道耳！故古之人之欲感人也，举之以似，不直说也；托之以物，无遂辞也。然皆造始于诗，故曰：'诗者，感物造端者也。'"①

3. 批评宋诗情思寡淡，性情不足

李梦阳尤其重视诗歌要有真情实感，极重诗歌的感情特征。他在《梅月先生诗序》中说：

> 情者，动乎遇者也。幽岩寂滨，深野旷林，百卉既痱，乃有编焉之英，媚枯、缀梳、横斜、嶔崎、清浅之区，则何遇之不动矣。是故雪益之，色动，色则雪；风闻之，香动，香则风；日助之，颜动，颜则日；云增之，韵动，韵则云；月与之，神动，神则月。故遇者，物也。动者，情也。情动则会，心会则契，神契则音，所谓随寓而发者也。梅月者，遇乎月者也。遇乎月，则见之目怡，聆之耳悦，嗅之鼻安，口之为吟，手之为诗。诗不言月，月为之色；诗不言梅，梅为之馨，何也？契者，会乎心者也。会由乎动，动由乎遇，然未有不情者也。故曰：情者，动乎遇者也。昔者，道之于梅也，黄昏之月，尝契之矣。彼之遇，犹兹之遇也，何也？身修而弗庸，独立而端行，于是有梅之嗜，耀而当夜，清而严冬，于是有月之吟。故天下无不根之萌，君子无不根之情，忧乐潜之中，而后感触应之外。故遇者，因乎情；诗者，形乎遇。於乎！孰谓道之后有先生哉。②

李梦阳在《鸣春集序》中也说道："鸣春集者，集霜崖子之作也。鸣春者，何鸟春则鸣也，不春不鸣乎，鸣殊乎春也。天下有窍则声。有情则吟，窍而情，人与物同也。然必春焉者，时使之也。"③ 诗歌创作是由外物感发内心情感，再行之于手的过程，李梦阳看到其中情感的巨大作用，这是对诗文创作"诗"、"情"、"物"三者关系问题的正确认识。

此外，李梦阳在《送杨希颜诗序》也说："夫歌以永言，言以阐义，因义抒情，古之道也。然而靡专于祖，故诗于人，有颂箴讽于己，则思是故，古之人之遇也，必陈诗谕志焉。"④ 都涉及诗歌重"情"的问题。

李梦阳还进一步提出衡量情感的标准，即求真，抒发真情实感，这也是对宋诗及其明初台阁体诸诗人不能以真情动人的反驳。他在《诗集自序》引王叔武言："夫诗者，天地自然之音也。今途咢而巷讴，劳神而康吟，一唱而群和者，其真也。斯之谓风也。孔子曰：'礼失而求之野。'今真诗乃在民间，而文人学子顾往往为韵言谓之诗。"⑤

---

① 李梦阳：《空同集》，影印文渊阁四库全书本，第 1262 册，台北：商务印书馆，1986 年版。
② 李梦阳：《空同集》，影印文渊阁四库全书本，第 1262 册，台北：商务印书馆，1986 年版。
③ 李梦阳：《空同集》，影印文渊阁四库全书本，第 1262 册，台北：商务印书馆，1986 年版。
④ 李梦阳：《空同集》，影印文渊阁四库全书本，第 1262 册，台北：商务印书馆，1986 年版。
⑤ 黄宗羲：《明文海》卷二六二，影印文渊阁四库全书本，台北：商务印书馆，1986 年版。

（三）明代中后期"公安三袁"序跋对宋诗的批评与接受

明代中后期随着王学左派思想的扩张，诗坛上重情思潮高涨，"公安三袁"是其杰出代表。袁宗道（1560—1600），字伯修，号玉蟠，"公安派"发起者和领袖。袁宏道（1568—1610），字中郎，号石公。袁中道（1570—1627），字小修。

宋诗主理作理语，好以文为诗，好以议论为诗，好用事，情感不足，才学有余，这理应受到三袁的不满，但事实未必完全如此。从三袁有关宋诗比较重要的序跋中，可以看出三袁对宋诗评价的公允性。其主要观点有：

1. 肯定宋诗题材之广，批评其主理、以文为诗等流弊

袁宏道思想比较通达，诗文见解也比较开阔，曾说："文之不能古而今也，时使之也。……夫古有古之时，今昔对比有今之时。"这使得他在袁氏兄弟中，对宋诗首先从理论上表示肯定。他在《雪涛阁集序》中概括了宋诗题材广泛的特点："有宋欧、苏出，大变晚习。于物无所不收，于法无所不有，于情无所不畅，于境无所不取，滔滔莽莽，有若江河。今之人徒见宋之不唐法，而不知宋因唐而有法者也。"①

同时又指出宋诗之弊："其弊至以文为诗，流而为理学，流而为歌诀，流而为偈诵，诗之弊又有不可胜言者矣。"②

袁中道对宋诗也给予了高度评价，他在《宋元诗序》中说：

> 宋、元承三唐之后，殚工极巧，天地之英华，几泄尽无余。为诗者处穷而必变之地，宁各出手眼，各为机局，以达其意所欲言，终不肯雷同剿袭，拾他人残唾，死前人语下。于是乎情穷而遂无所不写，景穷而遂无所不收。无所不写，而至写不必写之情；无所不收，而至收不必收之景，甚且为迂为拙，为俚为狷，若倒囷倾囊而出之，无暇择焉者。③

袁中道对宋诗的评价与袁宏道相同，他们都指出了宋诗境界扩大，无所不入的特点，对当下诗人不读宋元诗歌，粗暴蔑视宋代表示不满；同时都又看到了宋人"以文为诗"所带来的俚俗、冗滥的流弊。

2. 肯定宋诗平淡之美，推崇苏轼范式

袁宏道还从审美趣味上说出了宋诗"淡"的特点，他说："如淡非浓，而浓实因于淡。"公安三袁推崇宋诗，还是与他们的理论根基"独抒性灵"、"不拘格套"为限。因而，他们推崇的对象是才大格高的苏轼。

这其中尤以袁宗道突出，其有关宋诗序跋散佚殆尽，但他把自己的书斋取名为"白苏斋"，把自己的诗文集定名为《白苏斋集》，并自号白苏居士，可见其诗学志向。钱谦益

---

① 袁宏道：《袁宏道集笺校》，上海：上海古籍出版社，1981年版，第710页。
② 袁宏道：《袁宏道集笺校》，上海：上海古籍出版社，1981年版，第710页。
③ 袁中道：《珂雪斋集》，上海：上海古籍出版社，1989年版，第497页。

说他："（宗道）于唐好香山，于宋好眉山，名其斋曰白苏，所以自别于时流也。"①袁宗道崇尚苏轼，既是诗坛变革的需要，也是对恬淡、旷达性情的自我追求。他没有对宋诗作出评价，但他大力推崇苏轼是无疑的。

三袁的理论反驳及他们率真流丽的诗歌创作，确实令时人耳目一新，他们对宋诗的重新评价也得到世人的认同。对此谢肇淛在《小草斋诗话》中说道："今日介甫，明日欧公，今日东坡，明日山谷，议论繁多，遂成不可救药之症，悲夫！"②"近来常有学坡、谷者，然到底未得盛唐门径。"③

可见，诗坛学宋还只是刚刚拉开个帷幕而已。时至明末，钱谦益主持诗坛，表现出更为广阔的胸怀，唐宋诗轩轾的现象得到较好的融合与消解。

（四）晚明钱谦益序跋对宋诗的接受

晚明钱谦益主持文坛之前，整个明代对宋诗的接受以批评居多，对唐诗尤其是盛唐诗歌则极为推崇。在唐宋诗之争中，宋诗几乎没有分庭抗争的资格。直到明末天启、崇祯时，随着内忧外患的加剧，大明国势日益岌岌可危，明代士人们纷纷反思，力倡经世实学，反对空疏心学，力破门户之嫌。在钱谦益等人的努力下，宋诗才获得真正意义上与唐诗并驾齐驱的地位。

1. 推崇苏轼、陆游

钱谦益对于宋诗，尤其推崇苏轼，他在《瑞芝山房初集序》中对苏轼诗文尚奇之风表示称赞，他说："古之善为诗者，收奇抉怪，刻肾擢腑，铿锵足以发金石，幽渺足以感鬼神。尝试诵读而歌咏之，平心而思其所怀来，皆发抒其中之所有遭会其境之所不能无，求其一字一句出于安排而成于补缀者，无有也。"④

当然，钱谦益并不是对所有的宋诗都推崇，他在《王德操诗集序》尖锐批评江湖诗派及其诗人的江湖气息的"尘俗可厌"。

2. 唐诗推崇少陵、香山

对于唐诗，钱谦益极为推崇杜甫，他在《虞山诗约序》中说："余少而学诗，沉浮于俗学之中，懵无适从，已而扣击于当世之作者，而少有闻焉。于是尽发其向所诵读之书，溯回《风》《骚》，下上唐、宋，回翔于金、元、本朝，然后喟然而叹，始知诗之不可以苟作，而作者之门仞奥窔，未可以肤心而末学而跂及之也。……唐之诗，藻丽莫如王、杨，而子美以为近于《风》《骚》；奇诡莫如长吉，而牧之以为《骚》之苗裔。"⑤

3. 转益多师，唐宋诗通融兼宗

钱谦益论诗心胸开阔，转益多师，唐宋通融兼宗，几无轩轾。他在《石田诗抄序》中对沈周诗学唐宋大家杜甫、白居易、苏轼、陆游极为推崇，欣然为之作序，其序文写道："少壮模仿唐人，闲拟长吉，分刌比度，守而未化，晚而出入于少陵、香山、眉山、剑南之间，踔厉

---

① 钱谦益：《列朝诗集小传》，上海：上海古籍出版社，1983年版，第566页。
② 吴文治主编：《明诗话全编》，南京：江苏古籍出版社，1997年版，第6677页。
③ 吴文治主编：《明诗话全编》，南京：江苏古籍出版社，1997年版，第6678页。
④ 钱谦益：《初学集》，上海：上海古籍出版社，1983年版，第566页。
⑤ 钱谦益：《初学集》，上海：上海古籍出版社，1983年版。

顿挫,沉郁苍老,文章之老境尽而作者之能事毕。"①

钱谦益以杜甫为核心,兼宗唐宋,暂时消解了明代几百年的扬唐抑宋局面,为古典诗歌的健康发展开辟了道路,也为宋诗的复兴打开了一扇充满曙光的门。时至清代,宋诗长盛不衰,清初有浙派诗人群体,黄宗羲、吕留良、吴之振、查慎行、厉鄂、杭世骏、金家、汪师韩等,标举宋诗。清代中后期,以程恩泽、何绍基、郑珍、莫友芝、曾国藩为代表的宋诗派崛起于诗坛,光绪年间衍为"同光体",代表作家有陈三立、沈曾植等。正因如此,钱谦益一直被认为是清代宋诗风气的开创者。乔亿在《剑溪诗话》中说:"自钱受之力诋弘、正诸公,始缵宋人余绪,诸诗老继之,皆明唐而实宋,此风气一大变也。"②此言甚是不虚。

结　　语

明代士人对宋诗的接受极为复杂,笔者选取其中极小的部分,即明代四个时期有代表性作家论及宋诗的部分序跋,以管窥明人对宋诗的接受概况。现将有关内容归纳如下:

其一,明人对宋诗的接受以负面批评居多,而且意气之争明显,不够客观公允,而且极为复杂多变。郭绍虞先生认为明代文学批评界存在"法西斯式的作风",他说:"什么是明代文学批评的特征?那是颇带一些'法西斯式'的作风的。偏胜,走极端,自以为是,不容异己。因此,盲从、无思想、随声附和、空疏不学,成为必然的结果。"③又说:"在这种流派互争的风气下,当然其批评的态度需要一种泼辣辣的霸气。……所谓泼辣到极点了,也就狂易到极点了。"④前七子主张"宋无诗",自是无理之言,公安三袁则说:"世人喜唐,仆则曰唐无诗,世人卑宋黜元,仆则曰诗文在宋、元诸大家。"⑤更是无理。即使是同一个作家,他们对宋诗评价变化大,前后抵牾明显。如袁中道在《宋元诗集序》肯定宋诗的多,但在《蔡不瑕诗集序》中又对诗学宋代表示不解,他说:"诗以三唐为的,舍唐人而别学诗,皆外道也。"⑥在《中郎先生全集》中更是认为:"自宋元以来,诗文芜烂,鄙俚杂沓。"⑦

其二,阶段性明显。明初陈献章序跋中对宋代理学诗一股脑地继承,以至其诗被讥笑为"如禅家呵佛骂祖之语"。明代中期李梦阳关于宋诗的序跋则极力批评宋诗主理,少格调,多议论,少情趣,虽大致符合诗歌真实,但抑宋明显,对明代中期诗坛健康发展不利。继李梦阳而起的是公安三袁,他们序跋中关于宋诗的接受则似乎转了一百八十度弯,宋诗成为正面接受的对象,其中的不足也很明显。到了晚明钱谦益,其关于宋诗的部

①　钱谦益:《初学集》,上海:上海古籍出版社,1983年版。
②　郭绍虞:《清诗话续编》,上海:上海古籍出版社,1983年版,第1104页。
③　郭绍虞:《照隅室古典文学论集》,上海:上海古籍出版社,1983年版,第513页。
④　郭绍虞:《照隅室古典文学论集》,上海:上海古籍出版社,1983年版,第514页。
⑤　袁宏道:《袁宏道集笺校》卷二十二,上海:上海古籍出版社,1981年版。
⑥　袁中道:《珂雪斋前集》,续修四库全书本,第1375册,上海:上海古籍出版社,1995年版,第567页。
⑦　袁中道:《中郎先生全集序》,见《明文海》本,北京:中华书局,1987年版,第2608页。

分序跋,有兼容唐宋的气魄,唐宋诗轩轾得到较好的消解。

其三,明人宋诗接受与政局、时风、文人心态关系紧密。明初理学思潮、中期复古思潮、中后期心学高涨、晚明经世致用思潮都对宋诗接受产生深远影响。文人心态也十分重要,陈文新先生认为"(前后七子)他们有志于成为大家"。[1] 此外,文人性格也有相当影响,李梦阳论诗好走极端就与他性格有关,"梦阳素有才名,然刚愎险薄,好与人争"。[2] 何景明评价李梦阳"自崇而弗下人,太任而弗识时,多愤激之气,乏兼容之量"。[3]

总之,明人有关宋诗真诚率意的序跋,在一定程度上能够管窥明代士人对宋诗的真实态度,从中也可了解明代诗坛发展之一角。

参考文献:

[1] 尔雅注疏[M].郭璞,注.邢昺,疏.上海:上海古籍出版社,2010.

[2] 孔安国.尚书正义[M].上海:上海古籍出版社,2007.

[3] 王应麟.玉海[M].南京:江苏古籍出版社,1987.

[4] 曾国藩.经史百家杂钞[M].北京:中华书局,2013.

[5] 林纾.春觉斋论文[M].北京:人民文学出版社,1998.

[6] 贺复征.文章辨体汇选[M].影印文渊阁四库全书本.

[7] 徐师曾.文体明辨[M].北京:人民文学出版社,1998.

[8] 严羽.沧浪诗话[M].北京:人民文学出版社,2000.

[9] 高棅.唐诗品汇[M].上海:上海古籍出版社,2012.

[10] 李梦阳.空同集[M].影印文渊阁四库全书本.

[11] 何景明.大复集[M].影印文渊阁四库全书本.

[12] 王世贞.艺苑卮言[A]//全明诗话[C].周维德,集校.济南:齐鲁书社,2005.

[13] 张廷玉,等.明史[M].北京:中华书局,1984.

[14] 许学夷.诗源辨体[A]//全明诗话[C].周维德,集校.济南:齐鲁书社,2005.

[15] 陈献章.陈献章集[M].北京:中华书局,1987.

[16] 杨慎.升庵诗话[A]//全明诗话[C].周维德,集校.济南:齐鲁书社,2005.

[17] 王世贞.明诗评[A]//全明诗话[C].周维德,集校.济南:齐鲁书社,2005.

[18] 黄宗羲.明文海[M].影印文渊阁四库全书本.

[19] 袁宏道.袁宏道集笺校[M].上海:上海古籍出版社,1981.

[20] 钱谦益.列朝诗集小传[M].上海:上海古籍出版社,1983.

[21] 吴文治.明诗话全编[M].南京:江苏古籍出版社,1997.

[22] 钱谦益.初学集[M].上海:上海古籍出版社,1983.

[23] 郭绍虞.清诗话续编[M].上海:上海古籍出版社,1983.

[24] 郭绍虞.照隅室古典文学论集[M].上海:上海古籍出版社,1983.

---

① 陈文新:《论前后七子的诗学祈向》,载《洛阳师范学院学报》2001年第1期,第50页。

② 《明实录·明武宗实录》,台北:"中央研究院"史语所编,1996年版,第2282页。

③ 何景明:《何大复集》,郑州:中州古籍出版社,1989年版,第566页。

[25] 袁中道.珂雪斋前集[M].续修四库全书本.

[26] 明实录·明武宗实录[M].台北:中央研究院史语所,1996.

[27] 何景明.何大复集[M].郑州:中州古籍出版社,1989.

作者简介：

汪国林(1978.5—　　),男,安徽省青阳县人,文学博士,安徽科技学院中文系副教授,安徽蚌埠明文化研究会会员。研究方向:宋元明清文学与文化。

明清"淮商"名与实不对称探究

孙友虎

（安徽凤台县信息产业中心）

摘　要：淮域本土商人文化渊源博大，而"淮商"之名却始自明代中叶，脱胎于两淮盐商。"淮商"之实，应指所有淮域在籍商人。"淮商"的名与实不对称，既与两淮盐业的特殊性有关，也与淮域的区域特质有关，滋补着外来的徽商、晋商、陕商，反而自身成就不如当时的商帮，值得反思。

关键词：明清；淮商；名与实；探究

淮河流域处在黄河与长江的过渡带，地势平坦，物产丰富，商贾云集。悠久的淮域商业史，离不开本土的淮商支撑，而"淮商"之名始自明代中叶，偏偏脱胎于两淮盐商。"淮商"之实，应指所有淮域在籍商人。"淮商"的名与实不对称，既与两淮盐业兴盛的特殊性有关，也与淮域的区域特质有关，滋补着外来的徽商与晋商、陕商"西北商"等，自身反而成就不如当时的商帮。明清时期，全国有"十大商帮"，淮域商界除寿州"孙半城"现象外，鲜有"抱团"发展之亮点。广大淮域，直到改革开放以来才重提淮商精神，出现"淮安商会"、"淮南商会"及"淮商集团"等字眼。从这一点看，探究明清淮商的名与实，对当下发展很有必要。

一、"淮商"之名，脱胎于两淮盐商

淮域商人自古不乏奇人志士。春秋时期居于淮水支流颍水之上（今安徽颍上）的管仲起步于经商，成为齐国丞相，一部《管子》流传千古。西汉吴王刘濞"煮海水为盐，以故无赋，国用富饶"（《史记·吴王刘濞列传》），在扬州称雄，疏通水道，商贸斐然。自汉至隋，经济中心在中原地区的黄河流域。古吴越地带人烟尚少，相比之下，海盐的产量不高，两淮地位尚不突出，"顾朝议犹详西北而略于东南，其专及于淮者无有也"（嘉庆《两淮盐法志》卷一《历代盐法源流表·序》）。从唐代开始，两淮的盐产量增多，封建王朝从增加盐课收入出发，加强对盐的生产、运销、征税的管理。宋代，出现"府海之饶，两淮为最"（《宋史·食货志下四》）的盛景。明初为北方各边镇筹集军饷而推行开中制，"召商输粮而与之盐，谓之开中"（《明史·食货志》），拉动晋商等边商发展；弘治五年（1492），淮安籍的户部尚书叶淇推行变法，"令淮商以银代粟"（《明史·叶淇传》），使两淮盐场所在的扬州、淮安成为商家的汇聚地。大体看，以特殊商品食盐为支撑点，淮域在不同时代尽管出现了明珠般的淮商，却个个恰似散兵游勇，鲜有明晰的红线串联起来，造成区域性不显。

直到明代,盐政的变动,促进两淮盐商的崛起,淮商的区域性才逐渐引起官方和社会的关注,"淮商"之名应运而生。

《明实录》对"淮商"的描述有:

1.(天启五年九月庚戌,即公元 1625 年 10 月 5 日)户部尚书李起元奏定两淮盐法。"以淮南补行积引一十七万引,部商、淮商各认一半,每年可得银一十七万,尚余空窝五万引。商人金尝裕等认行二万五千引,其余二万五千引亦听淮商照数补行。总计部商、淮商共足二十二万之额。惟虑奸棍阴挠,致急公者沮害、乞严旨申饬之。"得请。(《熹宗实录》卷六十三)

2.(天启五年十月甲午,即公元 1625 年 11 月 18 日)户部复两淮巡盐御史陆世科条陈言:"两淮为财赋薮……其淮南戊辰以后十年纲法,臣部已经详定,具题编为十纲。商人刘国祚、金尝裕与淮商各行一半,岁可增银二十二万金。奉有明旨,无庸再议。至如鼓铸大臣四十八万之议,盖出于创,然原欲借课以成铸,非欲因铸以妨盐者,后该盐臣揭称到部,所据新议一播,诸商即以鸟散兽惊。正课之通,足可寒心,故臣部复行文盐臣欲将搜括银两那银一二十万以为铸本,不敢另有他求,诚以两淮财赋有此数,注彼缺此,势难两全。应敕令盐臣从长酌议,量将搜括银两作为铸本,并酌量铸局地方,以为经久之计。"得旨:"依议行。仍以两淮、浙、直、河东运除借本鼓铸外,尽有余银著都察院行各巡盐御史,仰体国计匮乏,细加搜括,以助大工。"(《熹宗实录》卷六十四)

文中"商人刘国祚、金尝裕与淮商各行一半",说明刘国祚、金尝裕是经营淮盐的大盐商,却非淮域本地商人,具体来自何地不明。

3.(天启五十月己亥,即公元 1625 年 11 月 23 日)御史崔呈秀疏议江西行盐言:"淮商江礼等愿将南赣二府委以属粤,听其自行盐、自收利……"得旨:"以南赣二府属粤,以吉安一府归淮,此盐法定论,着该部如议行。淮商见赍引银四万二千五百两,着盐部科道照数收贮,以助大工。"(《熹宗实录》卷六十四)

以上三条,"淮商"的出现,均与经营食盐有关。

《明史》对"淮商"的描述有:据《明史·食货一》载,"明初,募盐商于各边开中,谓之商屯。迨弘治中,叶淇变法,而开中始坏。诸淮商悉撤业归,西北商亦多徙家于淮,边地为墟,米石直银五两,而边储枵然矣。"叶淇变法使西北商纷纷投身淮域。《明史·叶淇传》说:"惟变开中之制令淮商以银代粟,盐课骤增至百万悉输之运司,边储由此萧然矣。"《明史·鄢懋卿传》说:"御史林润尝劾懋卿要索属吏,馈遗巨万,滥受民讼,勒富人贿,置酒高会,日费千金,虐杀不辜,怨咨载路,苛敛淮商,几至激变,五大罪。帝置不问。"这几处"淮商",均指在淮经营的盐商。

清代史料对"淮商"的记载较多,如李煦在康熙五十七年(1718 年)闰八月《请谕江西巡抚白璜勿禁盐价折》中指出:

> 今江西抚臣白璜到任之后,即禁盐价,于是淮商畏惧,众情不安。奴才据实奏闻,叩求万岁俟抚臣有折子到时,谕其培植行盐商人,则抚臣自不敢禁价,而国课商资,均有攸赖矣,伏乞圣鉴。(《李煦奏折》第 252 页,三三七折,康熙五十七年闰八月初九日)

从"禁盐价""淮商畏惧"中可知,这里的"淮商",也指的是在淮河流域经营的盐商。

关于两淮盐商的行商之艰,有"六大苦"(输纳之苦、过桥之苦、过所之苦、开江之苦、关津之苦、口岸之苦)和"三大弊"(加铊之弊、坐斤之弊、做斤改斤之弊)之说。此说由康熙九年(1670),巡盐御史席特纳、徐旭龄最先提出。嘉庆《两淮盐法志》称,其"实为淮商切骨隐痛",直接把两淮盐商简化成"淮商"。道光年间陶澍放开盐业市场,两淮盐商失去专营权,纷纷转行,特别是其中的徽商、晋商由淮扬转向其他城乡日渐增多。

由上可知,"淮商"之名脱胎于两淮盐商,究其原因在于两淮盐商在淮商中实力强、名声大,故简而名之,成为"官方特指",贯穿于明清。

二、"淮商"之实,应指淮域在籍商人

"淮商"之名与南宋"江西诗派"的称呼相仿,其主要骨干并非都是本土成员,而是以流入地"整合"发展而来的群体。在两淮经营盐业的商人,除了有两淮盐场所在地扬州、淮安等地本土商人外,还有来自山西、陕西、安徽的商人,以及少数来自湖北、湖南、浙江等地的商人。明人宋应星说:"(在扬州)商之有本者,大抵属秦、晋与徽郡三方之人。"(宋应星《野议·盐政议》)韦明铧《两淮盐商》指出:"如果对两淮盐商的成分作一个简单的分析,我们不费多少气力就能够发现两点:第一,所谓两淮盐商,真正的两淮人却很少;第二,在两淮盐商中间,弃儒从商的大有人在。""淮商"之实,应指户籍在淮河流域的商人,其经营范围,既可在淮域之内,也可在淮域之外。本文所论的淮商,包括三个方面:世代居于淮域的本土商人和自发流入的寄籍商人及官方移民的新兴商人。

(一)世代居于淮域的本土商人

清初全国最富的家族,时称"南季北亢",而"南季"所指的就是位于扬州之东的泰兴人季寓庸。李岳瑞《春冰室野乘》中"国初富室"条说:"国初富室以南季北亢为领袖。季氏居泰兴季家市,其族人三百余家皆有复道,门户相通。"淮安盐商丁佩弦,被称为"铁丁子"。徐珂《清稗类钞·义侠类·纪某为丁氏子雪弑父冤》说:"山阳(即淮安)丁佩弦富而吝,乡人怨之,呼为'铁丁'。丁闻之,亦自喜也,遂以为号。"时人称之为"顽钝无耻"。

(二)自发流入的占籍商人

扬州个园主人黄至筠,字韵芬,一字个园,原籍浙江,因经营两淮盐业,而著籍扬州府甘泉县。精于盐业,工于绘事,担任两淮商总四五十年之久。梅曾亮《黄个园家传》中云:

"君讳至筠,字个园,甘泉县人,父牧赵州时生。君十四岁孤,人没其财产。年十九,策驴入都,以父友书,见两淮盐政某公,与语,奇其材,以为两淮商总。"寄籍扬州的江世栋,因"两颐场屋"而舍儒从贾,"银台曹公视龃两淮,以品行经术见重,邀共事"。(《济阳江氏族谱》卷九《栋公原传》)光绪《重修安东县志》卷一《疆域》:"国初时卤法尤盛行,富商来邑占籍,著姓相望。"卷十二《人物四·流寓》:"初,程氏以国初来邑占籍,代有令闻。"程朝宣因出资助卯良口决口,安东人"感其义弗衰,为请占籍。程氏之占安东籍,自朝宣始也。"此后,淮安史志中出现的程氏,多为安东籍。程鉴"先世歙人,业盐,家于淮,后入安东籍,实住山阳河下也"。

(三)官方移民的新兴商人

元末的战乱,给淮域特别是江淮之间的社会经济带来沉重打击。明初实行移民屯田政策,为淮域发展注入活力。安徽省寿县孙氏家族在明朝洪武年间由山东济宁迁移而至,世代耕读传家。到明末清初,孙氏家族通过经商开始致富。清代中叶,孙氏家族通过科举考试,逐渐在政治上取得显赫地位,特别是孙家鼐在1859年中状元后,影响盛极。孙氏家族占据寿州城商贸"半壁江山",有"孙半城"之称。清末直至民国年间,孙氏家族又通过发展企业,如面粉业、银行业、水泥业、煤炭业、食盐业等,再开风气之先,成为家族式淮商发展的显著点。

三、淮商经营由食盐向多样化拓展

明代商业得到长足发展,商品种类齐全。除食盐等特殊商品外,粮食、布匹、木材、茶叶等商品也广为流通。据吴承明先生对清代前期主要商品量的估计,粮食排在第一位,其次是棉花、棉布、丝、丝织品、茶、盐(吴承明《论清代前期我国国内市场》,《历史研究》1983年第1期)。淮河流域也不例外,伴随移民屯田的推进,商贸流通比较活跃。明人丘濬曾有一段总括性的议论,他说:"后世田不井授,人不皆农,耕者少而食者多,天下之人食力者什三四,而资籴以食者什七八矣。农民无远虑,一有收熟,视米谷如粪土,变谷以为钱,又变钱以为服饰日用之需。"(《大学衍义补》卷二十五)可见,明代粮食的商品化颇具规模,以粮食变日用品成为生活中不可缺失的经济现象。把米作为商税的替代品,以备赈济,更推进了粮食的商品化。明《宪宗实录》有两个例证:其一,成化八年十一月辛亥,即公元1472年12月18日,"巡视淮扬等处南京兵中右侍郎马显奏:'凤阳府并寿州正阳镇往业商船甚众,宜照淮、扬二府收料事例,暂收钱米,以备赈济……'诏如议"(《宪宗实录》卷一百)。其二,成化十三年十二月丙申,即公元1478年1月6日,"户部郎中李炳然奏:'凤阳诸府州,民被水灾,官无储蓄。今凤阳府广济关、寿州正阳镇及亳县俱滨河,客商聚集,舟行不绝,请令所在各委佐贰官于此量收税钞。每钞一贯,折米一升,仍给帖互照,不许重税,俟仓廪有三年之蓄而止……'事下,户部议其言可从"(《宪宗实录》卷一七三)。进入清代,粮食的商品化趋势进一步发展。雍正时期,使"淮商领米得以贸易,而楚省积谷仍得流通,于商民均有裨益"(嘉庆《两淮盐法志》卷首一《制诏》)。嘉庆时期,淮商坚持经营食盐与粮食相结合,"淮商载盐而来,载米而去"(嘉庆《长沙县志》卷一十四)。

道光《定远县志》卷之二《风俗》："商人率远人贸易，土人亦间有持筹而逐末者，货俱本地所产，亦仅资糊口而已。"光绪《凤阳县志》卷三《物产》："近城一带所产烟叶，较他处为佳，七八月间商贩四集，贫民颇资以佐食用之。""临淮乡出瓜子，夏末秋初，商贩收买，此皆地利之养人者也。"

四、明清淮商名与实不对称的表现

汪崇筼在《明清徽商经营淮盐考略》中认为："明前叶经营淮盐的商人主体，是徽商与陕商（另可能还有晋商），但他们是分属于淮商与西北商两个群体。明中叶以后，西北商（含陕商、晋商）加入淮商，与徽商一起构成新时期的淮商主体。"（第 16 页）此言不虚，反映出淮商构成的复杂性。淮商的名与实不对称，显而易见。这里，笔者从以下三个方面予以阐释。

（一）**两淮商总以徽商、晋商为主，本土商人知名者较少**

早在明代设立两淮商总之前，山西商人杨继美在扬州曾被推举为盐商祭酒（相当于后来的商总、商纲），协调盐商事务（张正明、张舒《晋商兴衰史》，2010 年 5 月版，第 186 页）。王觐宸《淮安河下志》卷十三《流寓》："程朝宣，字辑侯、歙人也。父以信，故有业在安东，召朝宣代之，弗善也，去而业盐，与淮北诸商共事，不数年推为祭酒焉。"两淮总商始设于康熙年间。"历代两淮总商（一曰两淮商总），徽州人占了半数以上的位置。"（韦明铧《两淮盐商》，福建人民出版社 1999 年 9 月版，第 23 页）民国《歙县志》载"两淮八总商，邑人恒占其四"，其中歙商鲍志道任两淮总商长达 20 年之久；号称"以布衣交天子"的歙商江春（江广达）任两淮商总数十年。总商在乾隆年间在扬州设立办事机构，叫"务本堂"。清人谢元淮《养默山房诗录》卷三《蹉言二十二首》之五诗注曰："务本堂为淮商办公之所，一切出入费用皆聚于此，有堂司其事。"据记载："乾隆末年，福建盐阑入江西，其势蜂拥不可止。淮商颇困，而事体重大，莫能撄者。"歙商鲍肯园时任两淮总商，"身任其事，支拄两载，其患始平"（歙县《棠樾鲍氏宣忠堂支谱》卷二十一）。山西商人在扬州等淮域诸多地方建有会馆，两淮"南安北亢"之亢氏就是山西临汾人在扬州的大盐商，安氏是朝鲜人，"是时盐务商总以安绿村为最"（《扬州画舫录》卷九）。

（二）**淮商以坐商居多，行商以徽商、晋商为主**

两淮盐商中扬州、淮安本土商人以坐商为主，即使行商也多是雇人走动。隆庆三年（1569），巡按直隶监察御史苏朝宗在《条陈盐法六事》中指出：

> 国初边商亲自支盐，至仪、淮二所鬻卖。其后困于余盐，将河盐堆置淮、扬；存积渐多，不瑕守候，乃分拨引目鬻之居民，故内商坐致富饶，而边商奔走益困。……两淮运司设有店户居停，近来店户计引征银，岁以万计。（《明穆宗实录》卷六隆庆三年三月丙申）

文中的所谓店户，即供边商积盐的扬州住户。《清高宗实录》卷一四一九谈到盐商纳课时说:"该商人等,如系扬州本商,一切行运事宜系自行经理,则于交纳钱粮时,近在本城,自应亲自到库府兑交上纳;其籍隶山西、陕西、安徽等省之商人,所有营运等事系交伙商代办,本商多在原籍居住,相隔较远,其上纳钱粮若必令本商自行赴库兑交,转启借端需索等弊,亦非恤商之道。"文中"籍隶山西、陕西、安徽等省之商人"多在原籍,靠"伙商"代交钱粮。徽商江仲馨,"代扬商领销和州(今安徽和县)引盐",成为一位自运自售的盐商,积下丰厚资产(见于歙县江氏《二房资产清簿》手抄本)。傅衣凌在《明清时代商人及商业资本》一书中指出:"淮扬的盐业,几为徽商独霸的天下,这个情形迄于清代尚然。"(第55页)

(三)淮商本土化份额小,"游寓"者多

清代扬州居民中"土著较游寓二十之一",陈去病说"扬之盛实徽商开之"(陈去病《五石脂》)。康熙《淮安府志》卷一载:"布帛盐醯诸利薮则皆晋徽侨寓者负之而趋矣。"足见经由淮安贩运棉布的商人主要是徽商和晋商。地处淮南的霍山,"土人不辨茶叶,唯晋、赵、豫、楚,需此日用,每隔岁,千里挟资裹粮,投牙予质"(顺治《霍山县志》卷二《土产》)。《光绪重修五河县志》卷三《风俗》说:"经商则客籍多于土著。"《食货志》之《杂课》:"查五邑地亩并不邻江,亦无高山峻岭,故无盛课茶引之款,田粮之外,只有军饷、鱼、船、商税、正脚等银七十两八钱五厘。"并记载:"花布、牛、马、猪、羊等税,每两税银三分,唯歙县之街口司、和州之裕溪司船税,合肥、庐江、巢县、凤台、六安、泗州、五河等州县商税,长淮卫牙税,每年具有等额。"光绪《亳州志》卷二《风俗》说:"异闻集云,人性质朴,性务农桑,今则工商交作";"商贩土著者什之三四,其余皆客户北关以外,列肆而居,每一街为一物真有货别队分气象,关东西、山左右、江南北,百货汇于斯,分亦于斯,客民既集百货之精,目染耳濡,故居民之服食器用亦杂五方之习"。颍河上游的太和县"南北商贾,舟车辏集。大体本土之人少,徽州、山陕之人多"(万历《太和县志》卷一)。

五、明清淮商名与实不对称原因分析

(一)轻商观念比较重

明清时期,淮域人乐农,对商业不大看重。明人张瀚认为,"庐凤以北,接三楚之旧,苞举淮阳,其民皆呰窳轻诋,多游手游食"(张瀚《松窗梦语》,中华书局1997年版)。光绪《凤阳县志》卷三《风俗》说:"率性真直,贱商务农,其食粳稻,其衣纶布(太平寰宇记)";"在城务商,在野勤稼,无告讦之风(濠梁志)";"土俗俭朴,民生淳厚,力农务本,逐末者少"。同治《霍邱县志》卷一《风俗》说:"《寰宇记》云,汝阴人率性真直,贱商、务农。"《田赋》有"杂办等项"、"场租"等,却无"商税"之说。不过,也有个别地方例外,如安徽怀远,据嘉庆《怀远县志》载:"义节大约与中州相类,嗣因淮涡交通,商贾辐凑,五方逐末者居其地,服食器用多尚奢华,故人务末忘本。"

(二)包容特质在发力

淮域地势总体平坦,锻造出淮域人的包容特质,徽商、晋商等来者不拒,听任自便。当时徽商之"行货于淮泗"、"经营于正阳"、"通财于汴"者屡见记载。淮颍两河交汇之处

的正阳关，号称"淮南第一镇"（光绪《寿州志》）。明中叶，休宁人许赠贾于正阳二十余年，是该地财雄势大、显赫一时的巨商。"士大夫过（正阳）者，无不礼于其庐"。许赠"睦于亲旧，亲旧每因之起家，故正阳之市，因公（许赠）而益盛"。许赠病逝后，"挽者近三千人，观者万人"（《许氏统宗世谱》）。在安徽，阜阳县"商无居奇大贾"，城乡"唯多晋人"（道光《阜阳县志》卷五《风俗》）；颍上县，业商者"多晋人"（道光《颍上县志》卷五《风俗》）。明清时期，处在淮水支流泗水区域的山东济宁，"济当河槽要害之冲，江淮百货走集，多商贩，民竞刀锥，趋末者众"。（转见于傅衣凌《明清时代商人及商业资本》，第 28 页）

（三）抱团意识不够强

淮商以单打独斗为主，抱团发展不多。这正是淮商整体实力不够强的原因所在。史料描述淮商聚集发展的极少，如《张秋志》卷二记载，山东省东阿县的运河之滨，有个幅员数里的张秋镇。镇上最繁华的南京街就有许多徽州、江宁、凤阳人开设的绸缎铺。该处的凤阳人属于淮商。

（四）冒险趋利在作祟

淮安及通、泰二州靠近盐场各镇，有不少人专门从事走私活动。严重的是商人借引行私。"如江淮两浙之商，例有管理上场、下河之伙计，其不肖之徒，纠合无赖，挟持官引，以为影射，江河四达，莫敢伊何。又间有大胆豪商，贿通官长。捆载多舶，公然行掣，径同额盐，一体装往地头发卖，或别售他商，以取倍称之息。此南方奸商借引行私之弊也。"（《清朝经世文编》卷五十，徐文弼《缉私盐》）两淮盐枭中还出过一些历史性人物。继元末农民起义领袖张士诚（淮南泰州白驹场人）之后，捻军张乐行和投机辛亥革命的扬州军阀徐宝山等，都是靠贩卖私盐立足的。这种冒险行为，影响着守法与本分，难以维持商贸持久的生命力。

总体看来，明清"淮商"靠两淮盐业支撑，流入淮域的客商"流量"在于政策性引导，真正的本土商人份额不多。这正是当下亟须深思的话题。重提"淮商"，是新中国改革开放以来的选项。招商，必须"重商"。淮安市在江南地区苏州、无锡等地成立"淮安商会"，重塑"淮商精神"；安徽怀远县成立淮商集团，淮南市在上海成立"淮南商会"，无疑彰显出淮域人抱团发展的觉醒，书写着新"淮商"的豪迈情怀。

参考文献：

[1] 张海鹏，王廷元.徽商研究.人民出版社，2010.

[2] 张正明，张舒.晋商兴衰史.2010.

[3] 汪崇筼.明清徽商经营淮盐考略.四川出版集团巴蜀书社，2008.

[4] 韦明铧.两淮盐商.福建人民出版社，1999.

[5] 傅衣凌.明清时代商人及商业资本.中华书局，2007.

[6] 曹琳.明代商人商业经营研究.中国社会科学出版社，2013.

[7] 王振忠.明清徽商与淮扬社会变迁（修订版）.生活·读书·新知三联书店，2014.

[8] 傅玉璋，等.明实录类纂·安徽史料卷.武汉出版社，1994.

[9] 王世华,李琳琦.安徽通史·明代卷.安徽人民出版社,2011.

作者简介:

孙友虎,男,安徽凤台县信息产业中心主任,安徽蚌埠明文化研究会常务理事、安徽省作家协会会员,以研究淮域人文历史为主,出版有人物传记《大清名宦李兆洛》、《戴面具的军阀——苗沛霖和他的"天顺王国"》等多部作品。

《剑桥中国明代史》中的朱元璋形象

和建伟

（安徽科技学院人文学院）

摘　要：《剑桥中国明代史》认为朱元璋推翻元朝统治，统一全国，加强中央集权，稳定政治局势，调整生产关系，恢复发展经济，为明朝的历史发展奠定了坚实的基础。同时该著作也指出朱元璋在政策制定、严刑峻法及性格方面的一些缺陷。长期以来，国内学术界对明太祖朱元璋有不同的评价。《剑桥中国明代史》运用国际视野与比较研究方法，对朱元璋的评价与认识值得我们关注。

关键词：《剑桥中国明代史》；朱元璋；历史人物评价

西方著名的中国史专家牟复礼和崔瑞德教授主持编著的《剑桥中国明代史》（此书为《剑桥中国史》第 7 卷），1992 年经由中国社会科学出版社出版中译本以来，持续引起中国学术界的重视。虽然该书存在一些值得商榷的问题，[①]但仍不失为西方学术界全面阐述中国明代政治史的开创性著作。长期以来，中国学界对于朱元璋及其开创的明代一直存在着不同评价[②]。而该著作对于明太祖朱元璋的认识与评价，由于集中反映了西方学者考察中国历史独特的视野、方法和价值观，更值得我们格外关注。

一

评价历史人物时，国内学者过于强调从阶级性和历史必然性出发，容易忽视人物的个性特征及其社会影响，将复杂的历史现象简单化、模式化。[③] 而西方学者往往着意于揭示历史人物的心理状态、性格特征和兴趣爱好对于历史进程的影响。《剑桥中国明代史》的作者们几乎都在尽力挖掘各朝皇帝的个人因素与政局发展的内在联系，该书目录即以皇帝为中心设置章节。其中涉及朱元璋部分所用篇幅最大，共三章，约 160 页。笔

---

①　张德信：《〈剑桥中国明代史〉的得与失》[J]，《中国社会科学》，1994 年第 4 期，第 147 页。

②　相关论文可参考：胡钟达《明与北元——蒙古关系之探讨》[J]，《内蒙古社会科学》，1984 年第 5 期；田禾：《明太祖严驭宦官试析——兼及朱元璋的评价问题》[J]，《社会科学战线》，1997 年第 4 期；陈梧桐《再论朱元璋的功绩与历史地位》[J]，《河南大学学报（社会科学版）》，2002 年第 4 期；田澍、刘宝石《吴晗先生和他的朱元璋传记》[J]，《西北师大学报（社会科学版）》，2007 年第 1 期；刁书仁《朱元璋与中外"表笺之祸"》[J]，《扬州大学学报（人文社会科学版）》，2008 年第 1 期。

③　笔者查阅了近十年《中国史研究动态》中刊载的"明史研究综述"系列，未有论及历史人物的心理状态、性格特征和兴趣爱好与历史进程之关系，而多为传统的经济、政治、文化、外交等研究。

者考察全书(主要为前三章),发现其中关于朱元璋的肯定性评价至少有以下几处。

(一) 建立强大的明王朝

由于华裔学者有在西方读书或工作的经历,他们在进行学术研究时,往往自觉或不自觉地树立起比较东西方的意识。因此,牟复礼等人编撰《剑桥中国明代史》时,对史实的分析,对朱元璋等人物的评价,很自然地融入了世界眼光与比较的意识。在他们看来,明史是世界史一个不可分割的重要组成部分,明朝的建立,使"中国与其他亚洲陆上列强原来的外交关系被由中国作为世界秩序中心的时代所取代",[①]因此,"明代这几百年的历史在中国史和世界史的大范围内是多么重要"(第10页)。他们称赞明代社会具有无穷的活力,光辉灿烂的传统文化至此更臻成熟。"至少从表面上看来,明代是一个政府很坚强有力的时代"(第2页)。他们充分肯定明代社会治理体制的欣欣向荣及其在世界上的先进地位,"在明代的那个世界上究竟有没有哪个国家比明王朝治理得更好一些(其他国家没有遇到中国这么大规模的问题)。在大多数历史学家看来,这样一个问题直到明王朝以后很久还困扰着中国"(第6页)。作为奇异而强力的人物,朱元璋的性格基本决定了整个明代的政治特点,"把它建成了一个强大的、充满自信的、高度中央集权的政体"(第2页)。显然,牟复礼等人对明朝的建立是充分认可的,并因此赞扬明太祖是"雄才大略的皇帝"(第2页)。

(二) 尊重并恢复传统文化

朱元璋出身低下,却在通向帝位的道路上逐步展示出杰出的军事才能、高超的捭阖功力、不俗的诗文水平,以及较高的文化素养,[②]这与他尊重并努力学习传统文化是分不开的。

朱元璋在1354年即重用儒士李善长,1360年4月起用以宋濂和刘基为首的一批优秀学者。对这些儒士的征用,显示出朱元璋对传统文化的尊重,而与他们的长期交往,也极大地提升了朱元璋的文化素养。《剑桥中国明代史》指出,朱元璋在开国之初"致力于建立以传统的礼仪和天命为基础的可靠的文官政权"(第106页)。李善长等帮他起草治国礼仪活动的规定,制定文武科取士之法,设立翰林院和国子监,并在城外修建了与王朝命运息息相关的天坛和地坛。朱元璋称吴王时即给江河神灵奉献祭礼,后来又祭祀了上帝。1368年1月23日,朱元璋举行登极大典,"叫学者们不要拘泥于古代模式,其措施应该因时制宜。可是,学者们在拟订登极礼仪时总是走繁文缛礼的路子"(第107页)。而朱元璋也并未反对这些传统礼仪。1369年3月25日,朱元璋亲自去先农坛行籍田的祭典,而且相关程序和内容都经过官员们的详细讨论,犁地时要用两把包裹着天青色粗丝织品的犁和四头披天青色布的牛。这个礼仪之所以受重视,"部分原因是它曾在蒙古人统治时期被废弃过"(第115页)。1375年1月朱元璋亲自注疏道家经典《道德

---

① [美]牟复礼、[美]崔瑞德:《剑桥中国明代史(1368—1644年,上卷)》[M],张书生等译,北京:中国社会科学出版社,1992年版。以下相同出处在括号中标出页码。

② 相关论文可参考:张德信《论朱元璋对传统文化的认识与理解》[J],《史学集刊》,1995年第3期;陈昌云《朱元璋文学思想与诗文风貌——兼论开国帝王文学特征》[J],《学术界》,2012年第5期。

经》，该书的一些章句触动了他，他意识到重刑"不能防止人民犯罪，因为严刑重罚没有使他得到他所希望取得的任何无可置疑的权威"（第 132 页）。1380 年年底，860 名人员被推举和委以官职，用以取代被清洗的官员。同时，在官僚的最上层，朱元璋任命了几名官员特别组成他所谓的"四辅官"。这个"四"字指四季，这是古代《周礼》上的组织成规，即每一季得任用三名官员（第 139—140 页）。而朱元璋于 1385 年至 1387 年陆续颁布的用于预防惩治腐败的《大诰三编》，其中"大诰"二字即源自传统经典《尚书》（第 148 页）。

以上种种举措，固然有朱元璋稳定统治的考虑，客观上毕竟有助于复兴传统文化与认知。既然蒙古人近百年的统治使天下民众蒙受了极大苦难，那么，捍卫中华文化价值与认同，自然成为朱元璋恢复社会秩序、巩固统治的必要手段。由于朱元璋本人有着很强的正统观念，[①]中华传统文化与价值得以恢复与保存。

（三）惩治贪腐

朱元璋出身社会最底层，深知民众受贪官污吏迫害之苦，称帝后即大张旗鼓惩治贪腐。不管是贫者还是富者，贱者还是贵者，一律要求他们在政治上奉君守法，经济上纳税服役，谁一旦破坏封建法令侵犯了皇家利益，即使是皇亲国戚、公侯大臣也严惩不贷。

14 世纪 70 年代起，朱元璋开始在朝廷重建文官制度，他通过编修各种条令，使政府官员、皇室宗族和将军们各知其责。朱元璋还在 1372 年 7 月设立了一套机构来管理宫廷的女人，预防女人干政。他甚至制定了禁止奢侈浪费方面的法令，以限制皇后和其他妃嫔。此外，朱元璋颁布了《六部职掌》（后并入《诸司职掌》），从而给官员每年的考绩立下了严格的标准（第 128 页）。为了约束诸位血族亲王的活动，朱元璋于 1373 年命令宋濂和礼部尚节陶凯编纂了一部关于前朝亲王的历史教训的教材，即后来颁发给诸王子的《宗藩昭鉴录》。同一年颁发了《祖训录》，以明确诸藩主的权利和责任。此后，朱元璋不断地修改和润饰《祖训录》，以使其更加完备（第 129 页）。朱元璋敏锐地注意到功臣中间的贪腐问题，于 1373 年命令工部起草章程对付这些勋贵的渎职行为。这种法令事实上准许功臣们可以犯数量有限的凶残罪行而不受任何处罚，但是，客观上也确实限制了"功臣"们的违法行为（第 130—131 页）。朱元璋对于功臣贵族的贪腐，几乎是零容忍，并因此发动数次大清洗，处理了胡惟庸、李善长、蓝玉等一大批勋爵名臣。

1376 年，朱元璋以可能导致腐败为由，在"空印案"（第 132 页）中处死数百名官员。1385 年 5 月，朱元璋因户部侍郎郭桓贪污案处死包括礼部和刑部尚书以及兵部和工部侍郎等高官在内的数百人。1385 年 4 月 10 日在京城举行殿试，朱元璋授予 472 名士子及第并把他们安排要位，使他们能够帮他同既得利益集团的腐化做斗争。1385 年至1387 年陆续颁布的《大诰三编》表达了朱元璋对于帝国内腐败问题的关心，并详细描述了在根除它时准备使用的方法。1389 年，《武臣大诰》颁布，其治狱的对象是在不同的卫中服役的中、下级军官，因为他们利用权势欺压当地的人民和士卒。

---

① 谢贵安：《从朱元璋的正统观看他对元蒙的政策》[J]，《华中师范大学学报（哲社版）》，1994 年第 1 期。

然而,由于封建社会的阶级局限性等原因,虽然朱元璋已采取种种措施,贪腐行为仍然弥漫朝野。洪武初年,"当是时,天下初定,民顽吏弊。虽朝有十人弃市,暮有百人而仍为之"(第 132 页)。即使在立国数十年后的 14 世纪 80 年代,朱元璋仍"越来越从他的高级追随者中间发现不顺心的纪律问题"(第 144 页)。

(四) 保持平民本色,关心民众疾苦

朱元璋出身寒微,称帝后也节俭勤奋,尽显布衣本色,[①]又由于深知底层生活之不易,他十分关心民众疾苦,经常颁布法令惠及民生。

《剑桥中国明代史》指出,朱元璋出身于"被压迫群众"中最贫苦的阶层,最终凭借个人能力与机遇而夺得天下,他在周围儒士的帮助下,以汉高祖为榜样,努力想做到圣明之君,却并未"背叛"其阶级出身。直到临死前,他都一直骄傲地谈及和写到他来自充满天灾人祸的淮河地区而作为贫农儿子的卑微出身,最后他对只知道过精英阶层那种悠闲自在生活的人表达了越来越多的蔑视,甚至还表示愤慨(第 49 页)。此外,早在 1354 年起就有许多传闻轶事,说他很同情受苦的人民和坚持严格的军纪。这些传说的真实性也许受到怀疑,但是,在朱元璋最初的年代中,他确实尽力创造一个未来的贤明统治者的形象:减免战祸地区的赋税;惩罚他自己军队中的掠夺者。朱元璋的这些关心民众的举动,同蒙古官员们,同他的大部分对手的行为,形成了鲜明的对比(第 49—50 页)。1370 年夏,为了恢复受严重战祸之害的地区的经济,朱元璋下令推行开中法,调动商人的积极性,把粮食分配到萧条和贫困的山西。该办法刺激了边境的农业生产,也为洪武时期提供了平稳的粮价。1372 年 7 月朱元璋制定了禁止朝廷奢侈浪费方面的法令。

以上种种规定,自然有稳定政局、巩固统治的考虑,然而朱元璋同情底层百姓、关注民生之政策,特别是严惩贪腐之举动,亦不能不说是其平民本色使然。

《剑桥中国明代史》中还提到朱元璋的其他方面,如勤勉为政与坚持和平外交思想。国内学者多有赞扬明太祖和平外交思想之论,[②]书中亦不吝褒奖之词。朱元璋即位初期即"宣布对东方和南方诸国实行不干涉政策",并明确表示,"彼[外国]既不为中国患,而我兴兵轻犯,亦不祥也"(第 161 页)。书中当然也有朱元璋以杰出的军事才能与领导能力而结束元末乱局、统一中国、巩固多民族国家之功。限于篇幅,在此不赘。

二

一代枭雄朱元璋,逐鹿群雄,崛起于元末乱世。称帝后振兴破败,反腐倡廉,治世理乱,制定典章,一生经历丰富,波澜壮阔,纵横捭阖,有功有过。上文已论及朱元璋"功"的一面,而《剑桥中国明代史》对朱元璋的性格缺陷及错误政策等"过"也作出了合乎情理的

---

① 谢贵安:《试述〈明太祖实录〉对朱元璋形象的塑造》[J],《学术研究》,2010 年第 5 期,第 103—104 页。

② 相关论文可参考:黄国安《明代中国与泰国的友好关系》[J],《东南亚纵横》,1996 年第 3 期;陈文《明代占城与中国的友好关系》[J],《东南亚纵横》,2004 年第 7 期;万明《明代初年中国与东西关系新审视》[J],《学术月刊》,2009 年第 8 期。

批评。由于西方学者十分重视历史人物的心理状态、性格特征和兴趣爱好对于历史进程的影响，因此，书中对朱元璋的批评有不少涉及其性格方面，详述如下。

（一）政治制度设计的缺陷

朱元璋为保大明王朝长治久安，终其一生设计了许多典章制度，然而其中不少存在着先天缺陷与消极倾向。①《剑桥中国明代史》主要对相关政治制度提出了批评。书中描绘了明朝权力结构的模式：皇帝属于第一层次。藩王集团、军事贵族集团、文官官僚集团和宦官官僚集团，是仅次于皇帝并可能实际操纵朝廷大权的政治力量，属第二层次。以巡抚、总督为首的地方政府，属第三层次。为农村精英所控制的村社组织，属第四层次。朱元璋"设计了这样一种制度：即让诸藩王统率自己的军事部队的古代模式和汉代以来所用的皇权官僚行政体制结合在一起"（第129页）。恰恰是这种制度"对王朝的稳定造成了严重的威胁"，并引发了"靖难之役"。经过永乐、宣德年间采取的一系列措施，藩王的威胁才在明代政治舞台上逐渐消失。

朱元璋关于皇帝功能的认识也存在问题。"明朝的皇帝是权力结构的拱顶石，没有他们，政府的权力就不能运转"（第3页）。而明朝皇帝的功能可概括为：第一，"皇帝天生是上天（宇宙秩序）的代理人"，又是人世间帝国的代表，故而他是"国家和社会履行宗教式大典的领袖"（第3页）。第二，"皇帝是皇族的头目，他凭着这一出生的权力要统治皇族到亿万世"（第108页）。第三，"明代的皇帝又是需要日常亲政以决定和推动治理庶务的这一套制度的行政官员"（第3页）。第四，"皇帝行事要像一个不偏不倚的官僚政治的争论的仲裁者，一个躬行礼仪的没有七情六欲的人"（第493页）。稍加分析可知，在对君主非凡功能的设想与实际个人能力有限性之间，存在着无法克服的矛盾。正如书中所说，"隐藏在这套制度背后的是这样一种不切实际的想法，即皇帝在全国范围极其广泛的事务中都能做出精明的决定：从任命数以千计的各级文武官员到全面或细小政策的修订，他都得管"（第4页）。长此以往如此繁重的工作负荷，绝非常人的智慧、精神和体力所能承受得了的。

这种有关皇帝功能和能力的设想，在中国古已有之，并非始自明代。但其中蕴含的矛盾在明代达到了空前尖锐的程度。究其原因，便是肇始于1380年（洪武十三年）废除中书省、取消宰相建制的决定，"取消了中书省之后，皇帝变成了他自己的宰相。这就使他自己肩上的工作量大大增加，这种情况对充满干劲的洪武帝来说也许是合意的，但对以后那些更冷漠的诸帝来说则并非如此"（第138—139页）。于是，由高度集权向分权形式演变的趋势便不可避免。这"可视为明朝发展内阁和与正规官僚制度相应的宦官官僚制度（这两点是明代内朝的两要素）的起点"（第5—6页），也正如国内学者指出的那样，"明代这个由皇帝直接统治向分权制度演变的过程，也就是内阁和宦官权势不断膨胀的过程"。② 这也成为诱发明代政治史上一系列尖锐复杂纷争的渊薮，例如英宗时王

---

① 相关论文可参考：晁中臣《明初政策的消极倾向》[J]，《东岳论丛》，2003年第4期；李未醉、李魁海：《明代海禁政策及其对中暹经贸关系的影响》[J]，《兰州学刊》，2004年第5期。

② 沈定平：《西方学者研究中国明史的开创性著作》[J]，《中国社会科学》，1994年第4期，第140页。

振即能完全左右政府。而且明中期以后宦官篡权,作乱朝野,达到十分严重的地步。所以,作者一再批评朱元璋废除宰相制的决定,称之为"明政府的决定性弱点",他所建立的是"一个有严重缺陷的政体"(第4—5页)。

总之,明代政治特点是从"开国皇帝的直接统治向分权制度——不论是正确的授权或者是篡权——演变的趋势"(第3页)。与前代相比,君主集权制度化的程度空前,这在明朝内部,各代又有一个由集权向分权、皇帝直接统治到授权他人进行统治的演变过程。在明代各朝,集权与分权之争一直存在,中期之后更有阉宦乱政。造成此种局面的主要原因就是"那位专制的明朝开国君主搞了许多严格的条文法令来束缚他的一切后嗣"(第3页)。一旦形势发生变化,而祖制条文无法应对之时,政局往往出现混乱甚至动荡。因此,"一代代皇帝都在不断修订制度,以图克服这种基本的行政缺陷"(第5页),却往往由于严守祖训等原因而收效不大。

(二)乖张多疑 反复无常

朱元璋给人"猜忌好杀"的印象,常被描绘成滥用刑罚、极端残酷的专制暴君,以致有史家认为朱元璋"其残忍实千古所未有"。此种观点或可商榷,[①]然而朱元璋确实反复无常,行为处事往往令人难以捉摸。国内已有学者论及其心理特点,[②]《剑桥中国明代史》中亦多有提及。朱元璋对待科举的态度即为一例。元朝主要通过官员举荐取士,此举弊病甚多,因此朱元璋1370年8月重开文官的科举考试,并亲自指定考试科目。次年2月,朱元璋命令每三年举行一次县考和乡试。似乎在皇帝的推动下,科举制度已经步入正轨。但是朱元璋很快对科举感到不满,他认为科考没有产生足够贤才,而只能产生一些书呆子。因此,他在1373年3月废除科举,又改用荐举制,且时间长达十年之久(第119、124、129页)。

朱元璋似乎难以接受官员们的尖锐批评,常因此被激怒并对官员进行严厉惩处,但有时他又莫名其妙地不予追究。1376年,朱元璋出于对空印案的反省,又由于天呈凶兆,遂于10月22日下诏请求官员们直言劝谏。而当山西官员叶伯巨上书批评朝政时,却被无情处死。同时上奏的学者郑士利也被判处苦役,而且,"郑士利的任何建议都没有受到皇帝重视"(第133页)。1382年,大理寺卿李仕鲁批评朱元璋的宗教政策,被当场处死。大理寺陈文辉提出类似批评后,因惧怕皇帝震怒而自尽。以上种种似乎显示出朱元璋易于愤怒而不善纳谏,但以下事例又尽显其海纳百川的气度。1384年,江西学者萧岐在指出朱元璋用刑过重,要求终止这种专断和不正规的刑罚,并且敦促皇帝依法量刑。次年,江西学者练子宁在殿试文章中指出,帝国的人才资源是有限的,皇帝不应该以琐细原因大量杀人。1388年,年仅20岁的进士解缙面圣时对洪武朝的司法制度等提出尖锐批评。奇怪的是,以上三人均未受到惩处。

再就是朱元璋对胡惟庸案的复杂心态。胡案之后,朱元璋对以前的历次清洗感到

---

① 朱子彦:《论明初朱元璋和功臣的关系》[J],《史学集刊》,1994年第2期,第18页。

② 赵庆伟:《略论朱元璋文化性格的形成》[J],《中南民族学报学报(人文社会科学版)》,2001年第2期。

内疚,遂大赦天下,并为从前用人失察承担责任。可是不久,他又编撰了一系列皇谕钦训,以保证他的绝对权威。它们包括《臣戒录》(记录了 212 名违背君命的亲王、高官、皇族和宦者的名氏),《相鉴》(记录 82 名历史上的"贤"相和 26 名"奸"相)。这两部书在1380 年刊印并颁行全国。1388 年颁行的《昭示奸党录》公布了皇帝处理与胡惟庸有牵连官员的详情,《清教录》则公布了他对付 64 名与这一阴谋有牵扯的和尚的真相。

朱元璋的这种奇怪性情,可能基于对官员无法信任的基本判断。他也许只能通过反复无常的行事风格来驾驭群臣,以保证自己的权威。此种性格与至高无上的权力相结合,往往给臣民带来巨大痛苦。书中也无情地批评朱元璋"猜忌多疑","腐蚀性猜疑"(第 4 页),甚至于"病态性多疑"(第 356 页)。

(三)偏执阴暗　制造恐怖气氛

朱元璋称帝之后,面对"天下初定,民顽吏弊"(第 132 页)之局面,虽然"深深关怀他的人民,并且想以仁政治民,但是,为了终止危害帝国利益和安全的活动,他也必须最严厉地惩治不贷"(第 148 页)。朱元璋一生制定、修改无数法令法规,臣民稍有不慎即遭刑罚。也许朱元璋本意不错,然而终因诛杀官员过多以及心理偏执阴暗等而饱受诟病。

刘三吾案可充分显示出朱元璋的偏执与残酷。官员刘三吾主持南京会试,未录取北方士子。朱元璋闻后震怒,遂命复查考卷,却并未查出有力证据,朱元璋遂指责这名复查官员作伪。最后,朱元璋亲自阅卷,竟把多达 61 名北方人点为进士。随后,朱元璋判处刘三吾流放,其他相关官员被公开肢解。现在看来,该案完全是皇帝任性而为,以淫威压制天下。同一时期,朱元璋也几乎随意地处死了女婿欧阳伦与左都御史杨靖,"这种种事件表明了一个人长期患偏执狂后会是什么心理状态"(第 175 页)。事实上,此种偏执阴暗心理在《大诰三编》中已有表露:皇帝曾命一个贩毒商人吞服自己所卖的毒药,并在其毒性发作时说明相应成分。朱元璋又问他关于解毒药的事情,在听取了制造详情后命人炮制,直到该商贩极度痛苦时才让他吞服解毒药。第二天,商贩从毒性中恢复过来,却被杀头示众(第 151 页)。一国之君用如此恐怖手段惩罚罪犯,实在不能不说是极度偏执乃至阴暗的心理在作祟了。而君主如此施行重刑,只能加剧朝野的恐慌之情。《剑桥中国明代史》第 3 章第 3 节小标题即为"1383 年至 1392 年:监视和恐怖加剧的年代"(第144 页),该节提到 1380 年爆发的丞相胡惟庸案,十年后重新发酵,牵连了李善长、周德兴、叶昇、秦逵等一批重臣,前后共处死约 15000 人。1393 年的蓝玉案中又处死约 20000人。其后三年皇帝又处死了傅友德、王弼与冯胜三位名将。《大诰三编》显示出朱元璋曾下令处死 68 名进士和 53 名监生,流放 5 名进士和 2 名监生,还有 70 名进士和 12 名监生被判服苦役。朱元璋的本意是要惩治腐败,正如他在 1398 年颁布的《教民榜文》中所说的那样,"正式的司法制度由于腐败的吏胥和不诚实的士大夫的行为而被破坏了"(第176 页)。大清洗也反映出皇帝对于不忠与贪污的深深厌恶。然而,在缺乏有效监督,阶级压迫本质无法改变的中央集权社会,贪腐本就是普遍现象,朱元璋试图以一己之力超越社会发展阶段,本就是历史的悲剧。因此,大规模的屠杀并未营造出政治清明,却大量减少了帝国的人才储备,"经过历次清洗,政府中只有百分之一二的能员还活着"(第 150页),也加剧了朝野的恐怖气氛。读书人从此胆寒而不仕,朱元璋便下令如有才之士拒不奉诏,当处以死罪。他指出:"率土之滨,莫非王臣,寰中士夫有不为君用者即有背[孔子之]教,杀而籍没之不为不公。"这样严厉的词句必然使那些可能为皇帝服务的文人们感到胆战心惊,洪武朝弥漫的恐怖气氛只能加剧他们逃避做官的决心(第151页)。

事实上,朱元璋的上述统治弊病早在1376年即已遭到叶伯巨的指责(第133页)。1388年,解缙又批评皇帝随意修改法典,不能容纳异见,他要求皇帝停止使用"胁迫及法外之刑",废除刑事犯罪的连坐法等。解缙的批评也代表了时人对洪武朝政的看法(第152—153页)。书中还提到朱元璋在海防等政策上的失误等(第164—165页),此处不赘。

综上所述,由于华裔学者的研究融入了世界眼光与比较视野,他们在《剑桥中国明代史》中将朱元璋及其开创的明朝置于世界范围内来评判,自有创新之处。如果我们认同"判断历史的功绩,不是根据历史活动家没有提供现代所要求的东西,而是根据他们比他们的前辈提供了新的东西",[①]那么,将朱元璋开启的明王朝置于同时期世界历史来看,我们发现他不仅提供了多于前代的新东西,而且比同时代各国也毫不逊色。在这方面,《剑桥中国明代史》对朱元璋功绩的肯定性评价,以及对其人物性格的深入剖析值得我们借鉴。

作者简介:

和建伟,男,河南济源人,安徽科技学院中文系讲师,安徽蚌埠明文化研究会会员,主要研究马克思美学与中外文学关系。

---

① 列宁:《列宁全集(第2卷)》[M],北京:人民出版社,1963年版,第150页。

凤阳县明中都皇故城遗址公园概念性规划设计

孙得东

（安徽科技学院建筑学院）

摘　要：遗址公园的开发与建设是现存历史遗迹面临的一个迫切而必须进行的任务，科学合理地进行遗址公园规划设计能够有效保护历史遗迹。本文就凤阳县明中都皇故城遗址公园的规划设计的意义、理念、原则等方面进行了深入分析，并探讨了有关遗址公园旅游开发与保护的问题，最终完成了明中都皇故城遗址公园概念性规划设计方案。

关键词：凤阳县；明中都皇故城；遗址公园；规划设计

文化是城市的灵魂，是传承历史、延续文明、拓展未来的内在动力和宝贵遗产，对于遗址公园而言，文化也是其永远的基因，是将人们与历史联系起来的纽带。遗址公园是一类特殊的用地类型，它的规划设计不同于一般的古典园林设计，也异于现代景观规划设计[1]。一方面它承载着一定的历史文化并兼有当地的地方特色，因此它的规划设计要在满足当地人民使用的基础上发挥其文化方面的特殊价值[2]。而且在城市现代化进程越来越快速的现代社会中，作为城市的大型公共公园，遗址公园又将肩负生态的重任，所以遗址公园必须兼旅游、文化、游憩、生态等多功能于一体[3]。

一般而言，遗址公园是在历史遗址或基址之上进行规划建设，是以传承历史文化遗产为主要特征的、满足现代人需求的公共性园林景观。与典型的文物保护区不同的是，遗址公园突出的是人文性、景观性、实用性、可进入性，是人们寻根历史、感受人文，进行文化消费和旅游观赏的重要场所。不可否认，在全世界范围内，各国在遗址保护方面所面临的问题和挑战几乎都是相同的，那就是如何在遗址保护和经济增长这两个要素中间寻求一种平衡。

一、明中都皇故城遗址概况及现状分析

（一）项目概况

明中都皇故城遗址位于淮河南岸、凤阳老县城和政务新区之间的一片高地上，北接宝盒山、东靠府城镇、西面是西城拐。东西和南北跨度皆约一千米，总体面积约为一百公顷。明中都城始建于明洪武二年（1369 年），是明太祖朱元璋登基之后，在自己家乡悉心营建的明代第一座都城。它的规划遵循《周礼·考工记》王城制度，上承唐宋，下启明清，

为明南京和北京故宫提供了建设蓝本和实践经验,在中国古代都城建筑史上占有极其重要的地位。

（二）现状分析

凤阳县是明王朝的发源地,也是明文化的发源地,明中都皇故城遗址南面毗邻凤阳县新城区。根据现场踏勘和对收集资料的详细分析,中都遗址四周古城墙已大都破损,保留下来比较好的只有南面和西面的古城墙,护城河仍保存完好。明中都宫阙,除宫城外,地面上已无现存的建筑,现存的鼓楼台基、皇城午门台基、西华门台基和一段1100多米长的城墙,是明中都规划设计的重要组成部分,同时还有大量的遗迹尚待发掘清理。内部残有少量民居,大部分面积为农田。地上遗址也破损不堪,虽有专门的遗址保护机构在内管理,但其现状仍不容乐观,有必要对其进行科学合理的保护与适度开发。

二、规划设计目的与意义

（一）规划设计目的

我国对于历史遗址的保护与利用的研究刚刚起步,对于遗址公园的保护开发尚未形成一个完整有效的系统,国内对于遗址公园的研究缺乏实践经验。本次概念性规划设计以"保护历史文化,传承中都历史,促进凤阳发展"为主旨,打造具有凤阳特色的明中都公园。规划设计人员通过对国内外相应遗址公园的开发与保护进行研究,充分结合明中都遗址的特点及凤阳县城市整体规划的发展模式,将明中都遗址的开发与保护有机结合,使得明中都遗址及其所承载的文化价值得以传承下去。同时,本次规划也能够给遗址公园的规划、保护、开发与利用提供有益的参考。

（二）规划设计意义

本次概念性规划设计对明中都遗址公园的建设具有重要的指导意义,并使其作为凤阳无可替代的重要历史景观符号,将真实而充分地展示我国自明以来的历史文化进程;同时又可提供一个空间场所,为生活在现代城市中的人们调节快节奏的生活,寻求自然绿色的空间,满足其游憩、观光、运动、文化娱乐等多方面的功能追求。

三、规划设计理念

明中都遗址公园概念性规划设计理念以凤凰涅槃为主题,包含两个寓意:一是隐喻明文化的再次兴起,缅怀大明王朝;二是遗址公园位于古城凤阳,凤阳素有凤城之称谓,故以凤凰隐喻,以彰显凤阳的再度兴起。

总体构思以"凤凰涅槃"为设计来源,在方案平面布局上以山水围合、建筑营造暗示凤凰。对于平面构成,设计者并未刻意追求,而是旨在以最少的人工建筑营造最有意境的园林[4]。

四、规划设计原则

明中都遗址公园的规划设计本着"以人为本，可持续发展"的规划原则，以生态理念为导向，在保护历史文化的同时，将其打造成集生态、游憩、观光、运动、文化娱乐于一体的现代城市公园。在平面布局上摒弃了一贯的轴线布局，而是以山为骨、树为肤、水为魂，以生态为主题，大体以山水为主要格局，建筑散布其中的布局模式[5]。

五、功能分区与总体布局

总体布局形式采用混合式布局，但是又没有形成明显控制全园的轴线，布局完全遵从自然的需要。景观体系主要围绕小品建筑展开，体现其地方特色和生活特色，遵从以人为本的初衷[6]。通过竖向的变化，营造出山环水绕，曲曲折折的山水环境。但考虑到外围古城墙的高度限制，因而并没有过度筑山、理水，而是小中见大，精在体宜。以平缓的山坡、水体为主体来丰富地形。具体功能分区主要有：绿色生态区、儿童活动区、入口管理区、体育活动区、观光农业区、休憩游览区。

（一）绿色生态区

大面积山体和草地相映成辉，在城市中间营造一个安静的自然环境。

（二）儿童活动区

位于公园西南，是为促进儿童们的身心健康而设立的专门活动区。活动设施符合儿童心理，造型设计色彩明快、尺度小。里面设有秋千、滑梯、滚筒、浪船、跷跷板和电动设施。儿童体育场里设有涉水、汀步、攀梯、吊绳、圆筒、障碍跑、爬山等[7]。

（三）入口管理区

位于午门入口处，内设有停车场、休闲广场、饭店、建筑小品、路牌、休息亭廊、电话、问询、摄影、寄存、购物店等设施。

（四）休闲活动区

该区位于公园东北，主要功能是为广大青少年开展各项体育活动。针对不同年龄层次的人群的需要，本案在公园里面设置了足球场、网球场、篮球场等场地，并在场地内设置了各种球类、溜冰、游泳、划船等场地。

（五）观光农业区

位于公园西北区，为生态农业试验区。其功能是为城市居民提供一个体验农业生产的场所。

（六）休憩游览区

该区主要功能是供人们游览、休息、赏景、陈列或陈列开展轻微体育活动。

（七）植物配置

植物配置上，以适地适树、经济时效、生态为原则，同时结合环境的需要营造自然、和谐、丰富的植物景观。植物配置体现以人为本的理念。休闲绿地以大面积草坪为主，局部点缀高大树木,如枫树、桂花等。注重平面和立面结合的效果,通过植物高度和色相的不同创造规整的图案效果。植物配置较多,采用自由灵活式布局,看似随意而又规整的草地,给人欢悦的感受,体现空旷的视觉效果。主要绿化树种有雪松、罗汉松、竹类等常绿植物,也有樱花、白玉兰等观花植物,还有红枫、紫叶李、银杏等色叶树种,以及鸢尾、麦冬等地被植物。

六、结束语

如何在保护基础上利用大遗址进行旅游经营,最大程度消除我国一般遗址的观赏效果差、经济收益低的现状,成为我们旅游规划行业当前急需研究的重要课题。遗址保护开发,应该以文物保护发掘为主,旅游产品开发经营为辅。而旅游经营,是保证遗址长期保护、持续维护、永续利用的基础。

此外,在现存遗址的开发与保护的问题上,如何能做到在开发的同时做到对遗址文化的最大保护,这是我们在总体规划工作中面临的又一挑战。现阶段凤阳的城市绿地大都面积较小或休憩性不足,而明中都遗址公园的建设能够很好地满足人们对室外文化休闲空间的需求,大块的草坪,成片的树林,明中都遗址公园将在提升城市品质、生态、观光、游憩等方面发挥长久的效益。

参考文献:

[1] UNESCO.保护无形文化遗产公约[Z].2003.

[2] UNESCO.关于保护景观和遗址分风貌与特性的建议[Z].1962.

[3] 陈波,包志毅.景观生态规划途径在生物多样性保护中的综合应用[J].北京:中国园林.2003,4.

[4] 陈波,傅伯杰.生态规划:发展、模式、指导思想与目标[J].北京:中国园林.2003,1.

[5] 贾建中.城市绿地规划设计[M].北京:中国林业出版社,2000.

[6] 封云.公园绿地规划设计[M].北京:中国林业出版社,1996.

[7] 刘滨谊.走向可持续发展的规划设计——人类聚居环境工程体系化[J].建筑学报,1997,347(7).

作者简介:

孙得东,男,安徽科技学院建筑学院讲师,安徽蚌埠明文化研究会会员。

凤阳县明文化旅游 SWOT 分析及发展对策

李卓冉

（安徽科技学院资源与环境学院）

摘　要：本文通过对凤阳县明文化旅游现状的调查，对凤阳县明文化旅游资源进行了 SWOT 分析，并提出 5 点建议，为凤阳县明文化旅游开发与保护提供了参考。

关键词：凤阳；明文化；SWOT；文化旅游

从旅游消费方式和旅游消费结构来看，目前旅游类型绝大部分属于观光旅游，即走马观花式的参观型旅游活动多，文化型享受型旅游较少。文化旅游的核心是文化，主要是通过旅游了解、认识文化内容。文化是旅游可持续发展的动力和源泉。文化旅游能够提高旅游者的文化素养和精神层次，正日益成为广大旅游爱好者出游的首选旅游项目。如何充分挖掘地方特色，进行合理可持续发展的文化旅游资源开发与规划，已成为研究的重要课题[1]。

一、明文化与文化旅游的概念

（一）明文化

明文化是指明代的文化，它表现出时段性、层面性、地域性和中西文化交流 4 个主要特征[2]。文化的传承与文化的传承者有很大关系。如今天的北京就保留了较多的清文化传统，而南京则保留了较多的明文化传统。

（二）文化旅游

虽然文化旅游一词被广泛使用，但由于构成文化旅游的两大要素——文化和旅游自身在内涵与外延上存在着开放性、模糊性等原因，对有关文化旅游的概念长期以来没有形成统一的认识。

1985 年世界旅游组织从狭义与广义两方面给出的文化旅游定义目前仍具有一定的指导意义。狭义的文化旅游是指人们为满足基本的文化需求而进行的一种活动，这种活动包括修学旅游、表演艺术旅游、节庆旅游、文物古迹旅游、民俗风情旅游和朝圣旅游等；广义的文化旅游泛指人们为满足其多样化的需求，提高个人的文化素养，增加新的知识、经历、机遇的一切活动。

二、凤阳县明文化旅游现状

凤阳县地处安徽省东北部,淮河中游南岸,总面积 1949.5 平方公里,人口 74 万。凤阳县是帝王之乡、花鼓之乡、改革之乡、石英之乡,历史悠久,风光秀丽,文化底蕴深厚,文物遗存丰富,旅游资源得天独厚[3]。凤阳县虽然有着深厚的明文化底蕴,但是文化旅游开发缓慢,宣传力度不够,导致知名不高、游客不多的尴尬现状。从现在的旅游景点看,"北人文(明皇陵、明中都古城、明中都鼓楼、龙兴寺),南自然(韭山洞、狼巷迷谷),东红色(大包干纪念馆)"的旅游格局基本形成。北人文应是凤阳县旅游开发的重点,而其中重中之重就是明文化的开发与保护。

三、凤阳县明文化旅游 SWOT 分析

国际知名管理学者史提勒（steiner）将环境中的优势（Strengths）、弱势（Weaknesses）、机遇（Opportunities）与威胁（Threats）组合起来,称之为 SWOT 模型。利用这一模型,可为项目开发、企业营销等重大的投资决策进行系统的分析论证。目前,国际旅游业已将之作为一种常用的战略规划工具。

（一）优势

1. 文化资源优势。

凤阳县是省级历史文化名城,有着丰富的文化资源。现有的明文化旅游景点主要有明皇陵、明中都古城、明中都鼓楼、龙兴寺 4 处。明皇陵是朱元璋为其父母兴建的陵墓,于 1982 年被国务院列为全国重点文物保护单位,因朱元璋为明开国皇帝,明皇陵被尊为"明代第一陵"。明皇陵现存 31 对石像生、皇陵碑、无字碑,是中国一流的大型石雕建筑群,对此后修建的明孝陵、明祖陵都产生了深远影响。明中都古城是明代第一座都城,为明朝南京和北京两座都城的蓝本,1982 年被列为全国重点文物保护单位。明中都鼓楼 1986 年被列为安徽省重点文物保护单位,虽历经 600 多年沧桑,屡废屡建,但台基一直保存完好,基上柱础排列整齐,楼内布置了朱元璋展览馆,突出地展示了朱元璋与凤阳的特殊关系以及凤阳在明朝历史上所占有的重要地位。龙兴寺建于洪武十六年(1383 年),是明朝皇家寺庙建筑,1981 年被列为安徽省重点文物保护单位,它的前身是朱元璋出家礼佛的於皇寺。该寺为明代开国皇帝朱元璋的发祥之地,与整个朱明王朝有着渊源关系,数百年来一直为国内名刹之一。上述内容表明,凤阳县发展明文化旅游的优势是很独特的,开展明文化旅游具有良好的明文化资源优势[4]。

2. 区位交通优势。

凤阳县东南临六朝古都江苏南京,西接煤城淮南,南近省会合肥,北依珠城蚌埠,区位优越,交通便捷。京沪高铁、京沪铁路、合蚌铁路、淮南铁路穿境而过,合徐高速、蚌宁高速、合蚌公路和明亳公路在此交汇,凤阳还拥有可通江达海的千里淮河第一港,蚌埠机场紧邻凤阳,距凤阳仅 25 公里,构成了立体式交通网络。

（二）劣势

1. 文物保护观念不强。

目前,对现有明文化遗址及文物的保护还没有引起足够的重视。由于长期失于保护、缺乏系统开发,这些文物古迹和其中蕴含的丰富旅游资源未得以充分挖掘,导致这些明文化旅游景点发展缓慢。

2. 配套设施不完善。

旅游基础设施建设薄弱,信息不够通畅,服务质量较低,吃、住、行、游、娱等配套设施不够完善,包括旅游线路的设置、接待条件等存在一系列问题。从县城到各景区以及各景区间的交通网络不健全,带来的负面影响是明显的。另外道路指示系统不完善,远没有达到旅游交通的舒适、快速、顺畅的要求。县内高星级酒店较少,服务设施不够先进,宾馆拥有床位过少,旅游商品不够丰富,可供游客选择的不多。

3. 缺乏旅游精品。

旅游地形象是游客对旅游地的认知与评价。成功的旅游形象有助于旅游营销和品牌构建。凤阳县的旅游开发已经发展多年,但旅游特色不够突出,缺乏旅游精品。以明文化还是以改革开放等几种发展战略摇摆不定,最终导致各方面的发展都没有明显进步。景区开发程度不高,缺乏真正吸引游人来旅游或观看的精品;景点分布较为分散,难于调动游览者的游览兴致;旅游产品文化内涵缺乏深度挖掘,体验项目少,游客参与程度低;缺乏新的旅游产品吸引客流,吸引力整体呈下降趋势。

（三）机会

1. 中部崛起战略的实施。

有研究表明,中东部地区差距主要不在城市经济上,而体现在县域经济上。旅游业在第三产业中所占的地位非常重要,加上国家中部崛起战略的支持,必将成为县域经济发展的新兴力量。政府对旅游产业给予大力支持,各部门高度重视旅游工作,充分发掘地方特色资源,必将促进旅游产业发展成为县域经济中新的经济增长点。

2. 内部消费的升级。

随着人民收入水平的提高,现有的消费业态将不能满足需求,旅游休闲度假需求日益旺盛,旅游消费增速迅猛。旅游支出在公众消费支出所占比例不断提高,充分说明旅游已经成为我国居民的重要生活方式之一。旅游业作为新兴的朝阳产业和绿色工业,不仅有利于本地区的基础设施的完善,还有助于生态环境的保护和改善。

3. 客源市场的分流。

从长远发展来看,随着皖北地区旅游景点及周边旅游市场的旅游容量逐渐饱和,凤阳县成为游客出行目的地的机会逐渐增加。另外,皖南及江苏等邻近省的部分客流也会逐渐向周边地区分散,这些都会给凤阳县旅游市场带来一些新的机遇。关键的问题还是要把握住市场动向,及时做好相关的准备。

（四）威胁

1. 旅游市场竞争激烈。

与周边地区同质资源和产品的竞争日益加剧,面临着同类旅游产品竞争威胁。凤阳县虽有国家级重点文物保护单位,对外有一定的影响力和知名度,但因为思想观念陈旧,旅游内容缺乏创意、缺乏顶级的旅游品牌,导致旅游对外影响力和知名度提升缺乏有力支撑;缺乏经费,在宣传上形式单一,方法滞后;旅游业对外形象不够鲜明和突出,游客仅限于本省及周边地区。

2. 旅游专业人才匮乏。

随着景点景区和旅行社、宾馆酒店的增加,旅游业人才供不应求,特别是优秀的专业人才更是匮乏。但由于地理位置及整体经济情况的原因,企业很难留住高层次人才。业内人才缺乏的矛盾也日渐凸显,已成为制约凤阳县旅游行业发展的重要因素之一。

3. 开发与保护的矛盾。

发展旅游就要对资源地进行适度建设,旅游资源开发能改善美化环境,拉动当地经济发展。但随着大量游客的涌入,自然环境将遭到污染、破坏,游客的不文明活动及行为、外来文化的进入等也会对旅游资源或当地文化产生冲击,特别是影响明中都古城的开发。所以,要处理好开发与保护的矛盾关系,不能只顾近期经济利益而忽略了生态与社会效益。

四、凤阳县明文化旅游发展对策

(一)加强旅游服务设施的建设

加大财政在旅游基础设施上的投入比例,尽快提高旅游景区及游客集散地的相关配套设施,完善服务功能,提升服务水平。尽可能地把高新技术成果运用到旅游业发展上,保护旅游资源的永续利用,使旅游可持续发展建立在旅游资源可持续利用的物质基础之上。

(二)开发具有特色的明文化旅游产品

旅游产品是旅游业者通过开发、利用旅游资源提供给旅游者的旅游吸引物与服务的组合,即旅游目的地向游客提供一次旅游活动所需要的各种服务的总和。而文化旅游应属于5种旅游产品中专项旅游产品的一部分。如之前推出的朱姓游客免费游,就是县旅游部门在"明文化"上寻找突破口,倾力挖掘文化积淀,提升旅游文化品位。不到一周,五大景点已经免费接纳朱姓游客近千名,取得了预期的效果。

(三)充分发掘明文化旅游资源。

通过科学制定旅游规划、合理有序开发,整合县域明文化旅游资源,突出"明文化"这一旅游主题,充分挖掘明中都古城遗址的巨大历史文化底蕴和经济价值,建设明中都遗址公园与明文化展览馆。建成后的公园将与明皇陵石刻连为一体,再现中都当年辉煌,力显皇家风范,成为凤阳旅游的主打品牌。而明文化展览馆则成为游客了解历史、感受明文化的最有效的途径。相信随着明中都遗址公园等景区的恢复建设,一定能够形成一处独特的、别有韵味的文化旅游景区。

(四)创新旅游景区营销模式

很多区域都存在几家甚至十几家景区并存的现象,这会让市场需求主体的目标变得分散,面临着多样化取舍的选择。如何才能吸引旅游者的眼球,实现明文化旅游的新突破,笔者认为还是要从景区相对突出的资源特色入手,与政府旅游主管部门合作,联合区域内的其他景区,进行政府搭台、企业唱戏的捆绑式营销,并在此基础上,善于运用广播、影视、文学艺术、文化节、博览会等重要事件进行营销,同样也可起到很好的效果。

（五）增强明文化资源的吸引力、生命力、承载力

AVC三力指"Attraction（吸引力）、Validity（生命力）、Capacity（承载力）",是风景地区旅游城镇发展的评价体系。任何一个规划建设都是为了提升吸引力、生命力和承载力这三力[5]。在增强明文化旅游资源吸引力的同时,也应重点保持明文化旅游资源的生命力和承载力。

五、结　语

旅游是人们为了不断完善和充实自身而产生的一种高层次的追求,文化旅游的基础和主要内容是寻求文化享受,而这也成为旅游者的一种追求。明文化是历史赐予凤阳人民的一笔财富,要建设凤阳就必须深入了解凤阳历史文化,把握凤阳城市灵魂。发掘明文化旅游已成为凤阳县寻求旅游突破的最有效的途径之一,一方面让游客领略明文化的深刻内涵,为实现城市建设和旅游经济发展打开局面,全力打造历史文化旅游名城;另一方面也能够通过发展文化旅游更好地保护现有明文化旅游资源,实现资源可持续利用的目标。

参考文献:

[1] 倪云飞.吉安市文化旅游资源开发与规划策略研究[D].武汉:华中科技大学,2011.

[2] 商传.明文化:未完成的近代化转型[J].学术月刊,2010(6):125—129.

[3] 孙祥宽.凤阳名胜大观[M].合肥:黄山书社,2005.

[4] 安徽省凤阳地方县志编纂委员会.凤阳县志[M].北京:方志出版社,1999.

[5] 刘滨谊.现代景观规划设计[M].南京:东南大学出版社,2010:118—119.

作者简介:

李卓舟,女,安徽科技学院资源与环境学院,安徽蚌埠明文化研究会会员。

农村发展模式形成与发展中的文化因素分析
——基于"小岗模式"的经验[①]

赵伟峰　　刘　菊

（安徽科技学院管理学院）

摘　要：小岗村作为中国农村改革的发源地，30 年多来，始终是社会各界关注的焦点，亦是专家学者们研究的热点。本文拟从区域文化视角对小岗模式的形成与发展问题进行研究，展现农村经济发展过程中的区域文化功能，为小岗村及中西部广大农村地区的快速、持续发展提供一定的理论支撑。

关键词：区域文化；小岗模式；凤阳文化

农村发展模式是解决三农问题的有效突破口，合理的农村发展模式有利于实现农业现代化的链条式良性发展。小岗村作为"中国改革第一村"，在我国农村改革进程中具有里程碑意义，其发展模式被定义为"小岗模式"。30 多年过去了，"小岗模式"仍呈现出强大的生命力，得到了快速、持续发展，引起了诸多专家学者的关注。但从有关文献的梳理看，其研究重点主要体现在小岗经济社会发展的影响因素上，且主要集中于资本、资源禀赋、教育、区位、人、品牌等单方面因素或两个要素对小岗经济发展的影响，但是独独"文化"这一因素一直被学者们所忽视。从国内外成功的农村发展模式来看，文化对农村经济发展的影响是深远、持续、全方位的。一些经济发展快的地区，自然资源不一定丰富，区位资源也难以解释，由此，人们发现区域文化对农村发展模式形成和发展极具重要性。故本文以小岗村为研究样本，拟从区域文化视角对此问题进行研究，以期挖掘根源，发挥区域文化对农村经济发展模式形成的内在驱动功能，为广大农村地区、特别是中西部农村经济的健康、持续发展提供一定的理论参考和实践借鉴。

一、凤阳文化的形成及其主要特征

（一）凤阳文化的形成

凤阳县位于安徽省东北部。凤阳处于淮河中游南岸，北纬 32°37′—33°03′、东经 117°19′—117°57′。北濒淮河与五河县相望，东、南部与明光市、定远县毗连，西部和西北部与淮南市、蚌埠市接壤。

---

①　基金项目：安徽省教育厅重点项目——农业产业化龙头企业与农户利益联结机制创新研究（SK2012A039）；获安徽科技学院农业经济管理重点学科支持。

凤阳县境古为淮夷之地,春秋时为钟离子国,秦置钟离县,后有蚕富、燕、中立等县名。明洪武三年(1370 年)改中立县为临淮县,洪武七年析临淮县四个乡置凤阳县,为凤阳府治。《明一统志》载:"以在凤凰山之阳,故名。"清乾隆十九年(1754 年)省临淮县并入凤阳县。1949 年属滁县专区,1956 年属蚌埠专区,1961 年复属滁县专区,1992 年为滁州市辖县。

从凤阳地区的形成和历史的发展历程来看,凤阳地区地理环境独特,文化底蕴深厚,人文历史悠久,这些特点塑造出凤阳人独特的内在气质、性格特征和思维方式,并经过长期的历史洗礼与积淀,形成了独特的"凤阳文化"。凤阳文化在形成和发展过程中主要受到淮河文化、明文化和移民文化的影响和熏陶,同时也受到我国传统文化特别是中原文化的影响。通过对有关文献的梳理、专家的咨询和长期对凤阳地区文化的考察,笔者认为所谓凤阳文化,主要是指以该区域内自然地理环境为生存条件,以淮河文化、明文化为底蕴,兼容中原文化而形成的特定区域文化。这种文化在新时代和凤阳地方经济发展的紧密结合中又逐步成长为中华文化中具有特别影响力的一种新型进步文化。作为中华民族传统文化的重要构成内容,凤阳文化经过两千多年的发展,在与各种外来文化不断的碰撞和融合中,逐渐演变成为一种兼具开放性、融合性、进取性的文化。几千年来,作为淮河文化和明文化的重要构成,凤阳文化一直是凤阳人的灵魂和根基,是凤阳人民生息及凤阳发展和繁荣的思想依托和精神力量[5]。

(二)凤阳文化的主要特征

地域文化最显著的特点在于其表现为人的意识和观念,从而影响人在经济活动中的经营方式和经济行为。这些文化观念经过长期的发展整合就成为一定地域范围内固有的生活理念、社会习俗和价值观念。一个地区的文化特色一经形成,必然内化、沉淀为当地人的价值观念、行为准则,在社会经济活动中就表现出不同于其他区域的生产经营观和经济价值观。

1. 敢为人先的创新精神

凤阳地处淮河流域,淮河的恶劣条件,带来了一些负面的影响。人们难以抵抗自然灾害对生活秩序的冲击,自然会引申出安贫乐道的生活态度。但在长期恶劣的环境中,生存的欲望激发了他们对自然的抗争、对社会的抗争和对暴政的反抗,逐步形成了凤阳人反抗、好斗、敢作敢为的性格。凤阳文化形成的过程,其实就是凤阳人民不断抗争的过程[6]。

2. 兼容并蓄的开放襟怀

凤阳地处淮河流域,其东北连齐鲁、西北接中原、西南接荆楚、东南通吴越,因而融合了这些地区的文化精华,形成了古文化多元、丰富的一大特色。凤阳文化在长期发展过程中深受商周时代的东夷(包括淮夷)文化、涡淮两岸产生的老庄文化、先秦时期荆楚文化、吴越文化以及两汉和北宋之后南移的中原文化、明清之际兴起的淮扬文化的影响和熏陶。同时作为明文化的重要构成内容,明文化中的移民文化也在一定程度上促进了凤阳文化的发展,使得凤阳文化存在与各种文化进行交融的契机,从而使其具有兼容和创新的特质,塑造出凤阳文化的开拓精神,有利于形成多元化的经济结构。这也对凤阳地区的经济发展产生了深远影响。

3. 小富即安的小农意识

凤阳文化在发展过程中也有其自身局限性。由于长期受天灾人祸的影响,特别是在淮河流域社会经济衰退阶段,长期的深重灾难与过于贫困使得淮河流域文化上的创造力开始衰退,并且形成影响后来发展的"贫困文化"(国内学者借以表达那些影响落后地区社会经济发展的人文因素)。如:重义轻利,知足常乐,安贫乐道,听天由命,得过且过,好逸恶劳,好吃懒做,轻死易斗等观念。"穷日子安分","十亩地一头牛,老婆孩子热炕头"等,是这种文化意识的典型代表[7]。同时,作为历史上中原地区的一个重要组成部分,老子的思想影响甚为深刻。凤阳人民在历史中所形成的安于现状、不求进取的消极观念、习惯和态度无不是老子"崇尚自然"和"无为"思想的典型体现,这种思想也在一定程度上影响或削弱了凤阳人们敢于抗争的创新精神。

二、"小岗模式"形成与发展中的文化因素分析

(一)"小岗模式"形成的文化诱因

地域文化体现出来的是一个区域的生存观念、发展意识和心理素质。不同的文化观念会在经济活动中表现出不同的经济行为,产生不同的经济结果,走上不同的经济发展道路[8]。文化是农村发展的根本途径,是形成与社会发展环境及自身实际相适应发展模式的内在动力。它主要通过具有企业家精神的新型农民的塑造、技术创新、制度创新和劳动力投入来影响区域经济发展的特点和水平,并最终影响农村经济发展不同路径的选择。

小岗村位于安徽凤阳县东部,隶属于小溪河镇,距凤阳县城40公里。小岗村在全国改革之初,因实行"大包干"揭开了中国改革开放的首页而闻名全国,被誉为"中国农村改革第一村",在国内外享有盛誉。小岗村率先实施的土地家庭承包经营模式,拉开了中国农村经济改革的序幕,因而被称为小岗模式[9]。

小岗村改革发生在"文化大革命"刚刚结束、"四人帮"刚刚垮台、全党的各方面工作因"两个凡是""左"的错误的影响仍呈现徘徊不前的历史背景下。当时,我国农村经济管理体制中仍延续着20多年形成的"大呼隆"、"大锅饭"形式,农民的生产积极性受到极大的限制和挫伤,农业生产陷入低水平徘徊的困境。小岗村这个人均5.6亩地的地方,成了"吃粮靠返销、用钱靠救济、生产靠贷款"的"三靠"村。而1978年的大旱更加剧了农民生活的困难。穷则思变,穷则思改,勇敢的小岗人冒着巨大的风险,决定将土地分开,实行包产到户,即将土地的使用权分到农户,将耕牛和大型农具折价归农户所有,使土地生产经营的主体由原来的集体变为农户。这种承包的形式后来人们形象地概括为"保证国家的,留足集体的,剩下都是自己的"。小岗村的这一举动体现了改革者的开拓勇气,它既是对过去传统的计划经济所表现出来的集中过多、统得过死的弊端的否定,又是对"三级所有、队为基础"的"人民公社"体制的否定。在当时仍然大讲阶级斗争、大批资本主义,尤其是以前有过多次把实行责任田和包产到户当作走资本主义道路加以批判的政治环境下,小岗人冒着被批斗、坐牢,甚至杀头的危险,走出了一条适合当时生产

力水平、有利于经济发展、能够调动广大农民生产劳动积极性的新路，充分体现了凤阳文化中敢于开拓的勇气和大胆创新的精神。事实证明，正是这种敢为人先的勇气和大胆创新的精神，使小岗人"一年跨过温饱线"，并在此后不断有新的发展、新的变化，生活不断向富裕迈进。小岗村以敢为天下先的创新精神，自发订立了"大包干"合同，创造了家庭联产承包责任制，拉开了中国农村经济改革的序幕，为中国经济发展做出了重要的贡献，形成了闻名世界的小岗模式[9]。

（二）"小岗模式"质疑的文化内因

改革之初，小岗取得了世人瞩目的成绩，也因此成为世人关注的焦点。但作为明星村，小岗的发展并非一帆风顺，问题诸多。纵向看，成效缓慢；横向比较，优势无存，与华西等一些名村相比更是相差越来越远。从1978年起近20年内，小岗年人均收入增幅不足百元，仍处于温饱状态，发展速度缓慢，甚至可以用徘徊不前来形容。不要讲华西等其他名村，就是与同县西泉、刘府等发达乡镇相比，差距也极为明显。"改革促进发展，发展带来富裕。"这似乎天经地义，在号称改革发源地的小岗村却没能"言之成理"。相反，小岗村曾一度陷入"一步跨过温饱线，二十年未进富裕门"的尴尬，实在令人费解，甚至遭到许多人的质疑。

在"小岗模式"形成的诸多因素中，凤阳文化是内因。小岗这一特殊的经济发展模式，在其孕育、发展和快速成长过程中，凤阳文化的长期潜在影响无疑起到关键作用。但与此同时，凤阳文化自身的局限性也导致了"小岗模式"发展道路的曲折。

一个地区的经济发展，固然受到交通、土地、资源和环境等自身因素的影响，但是，最根本的影响因素还是人。长期生活在广大农村地区的农民才是农村经济发展的主体。区域文化是在长期历史沉淀中所形成的较为稳定的生活方式，对当地农民的思维方式、价值观念和行为方式有着深层影响（王传荣，2011）。小岗农民在长期凤阳文化负面因素的影响下，思想仍然比较保守，传统的自我满足、安于现状的小农意识根深蒂固，农民的生产、生活和行为方式均与新时期的要求相差甚远。主要表现在思想意识上的观念陈旧，行为方式上的"等、要、靠"和精神状态上的安于现状，缺乏进取心。自然条件能够满足温饱条件时，最易滋生懒惰的温床。正是受到凤阳文化中保守部分和小农意识的影响，小岗村农民普遍存在着"小富即安"的心理。这种心理使小岗人囿于封闭环境之中，故步自封，丧失了干大事、创大业的开拓进取的动力，延误了许多进一步发展的良机，也拉大了与其他名村之间的差距，从而造成了社会对"小岗模式"的部分疑虑。

（三）"小岗模式"腾飞的文化成因

人们的文化心态、文化价值观往往反映在具体的思维定势上。"小岗模式"的振兴和腾飞必须打破传统思维定势，挖掘凤阳文化内涵，充实新的内容。随着时代的发展和环境的变化，小岗人意识到危机的严重性，开始转变观念，创新思维。在危机和压力的双重推动下，凤阳文化中蕴含的敢为人先、勇于创新的精神又开始焕发新的活力，开始重新思索新的发展道路。小岗村产业结构不断调整，二、三产业快速发展。这种示范效应严重冲击着小岗人"小富即安"的小农意识，小岗人的冒险精神和创业能力不断提高，市场观念和竞争意识也逐步形成。特别是2004年，沈浩到小岗村挂职，给小岗输入了新鲜血液。小岗人在沈浩的带领下,大胆改革,跨步发展,实现了新的飞跃。具体表现为:土地流转,反租倒包,重回大集体;调整结构,大力发展生态农业、观光农业等现代农业;招商引资,快速推进乡村工业;依托红色旅游,全面带动第三产业。经过几年的快速发展,小岗目前土地流转 8400 多亩,占小岗村全部土地的 44.2%,接近全国平均水平的两倍。2013 年,小岗工业经济产值突破历史,达 5.8 个亿。旅游业齐步推进,年接待游客近 200 万人。人均收入迈过万元大关,比全县农民人均纯收入高出近 3000 元。

波特认为,信念、态度和行为方式是文化因素的重要构成,其中信念是促进经济繁荣的文化基础,起中心作用。进一步改革的信念促进了小岗的快速发展,沈浩的到来,加速了小岗的变化,实现了跨越式发展。笔者认为,沈浩同志扎根基层、无私奉献、艰苦奋斗、开拓创新的精神充实了凤阳文化的内容,提升了凤阳文化的内涵,强化了凤阳文化对小岗经济发展的支撑和推动作用,这无疑是问题的本质所在。

三、结论与启示

综上可以看出,在小岗模式的形成和发展过程中,凤阳文化无疑起到了关键作用。作为内生禀赋的凤阳文化,它的变迁影响着小岗农民的思维和行动,也支撑着"小岗模式"的演进。从文化经济学角度来研究我国农村经济发展问题,更能深层把握问题的实质,理性选择科学发展路径,从而推动我国农村经济的快速、持续发展。小岗村作为我国农村改革开放的起源地、广大农村的缩影,理应作为研究的样本,其研究结论对我国广大农村地区,特别是中西部广大农村地区的发展将具有积极的借鉴意义。

(一)文化是农村经济发展滞后的深层根源

农村经济发展滞后,振兴大业艰巨,不仅要从经济环境上,政府职能和政策上,农业自身机制和结构上,还应该从更广泛的文化背景中探寻。因为任何一个经济发达国家都非常重视区域文化与农村经济发展的关系,即农村经济的高速增长离不开区域文化发展的基础。区域文化对农村经济发展的重要作用,表现在文化上影响一国一省,乃至一个地区农业产业结构的发展内容。凤阳地区属地域文化和精英文化不发达地区,传统社会的文化观念和方式蜕变迟缓。这种文化建设滞后现象,必然阻碍小岗村经济的进一步发展和凤阳地方经济的全面振兴,所以发展凤阳地域文化已成当今必行之事[10]。

(二)文化是经济发展的动力与支撑,经济是文化的表现和延续,两者相辅相成,缺一不可

凤阳文化是小岗经济持续、健康、快速发展的重要动力源,是展示小岗发展的窗口与核心。小岗经济的发展与凤阳文化唇齿相依,从历史经验而言,"小岗模式"盛也凤阳文化,衰也凤阳文化。小岗村在继承凤阳文化的同时,更需要进一步发展商业意识、市场经济意识和团结合作、持续发展的现代意识,充分发挥区域文化对区域经济发展的支撑作用。

(三)与时俱进,区域文化和区域经济的协调发展是当前农村经济发展的现实要求

文化是促进社会经济发展的软实力,经济与文化的互动融合作用使地域文化也越来越成为地区经济发展的深层动力[11]。文化经济一体化趋势表明，文化与经济之间的相互作用将对社会发展产生更为重要的影响。正所谓，今天的经济，昨天的文化；今天的文化，明天的经济。在区域范围内，区域文化与区域经济发展的平衡问题将是社会发展的重要影响因素，地方政府要正确认识和准确把握这种平衡问题的内在发展规律，并通过必要手段加以适度控制，促进区域文化与区域经济的和谐发展，使区域文化真正成为促进农村经济发展的有力引擎。

参考文献：

[1] 姚立宏.基于经济增长理论的小岗村发展问题再思考[J].安徽农学通报,2006(13):4—5.

[2] 范迪军.中国农村村级经济发展出路探讨[J].经济学动态,2004(5):57—59.

[3] 李森林,盛先友.小岗村改革的经验教训及其对我国新农村建设的启示[J].市场周刊·理论研究,2008(9):79.

[4] 李锦宏,陈越.区域经济发展中区域文化的影响机制分析[J].新西部,2008(4):70—71.

[5] 曹天生,张晓芳.论"凤阳文化"定义诸问题[J].安徽电子信息职业技术学院学报,2005(9):104—107.

[6] 李良玉.淮河文化的内涵及其技术层面的研究[J].安徽史学,2006(1):32—35.

[7] 陈立柱,洪永平.浅谈"淮河文化"概念[J].学术界,2006(4):183—186.

[8] 李泽熙.地域文化对地区经济发展影响探讨[J].黑龙江对外经贸,2011(5):87—88.

[9] 赵伟峰."新小岗模式"的演进历程、路径分析及启迪[J].现代经济探讨,2012(11):51—54.

[10] 缪凯.苏南发展的文化解读[J].特区经济,2008(10):50—52.

[11] 杜重年.广东不同地区文化对经济社会发展的影响及其启示[J].岭南学刊,2005(1):91—92.

作者简介：

赵伟峰(1971—　)，男，安徽濉溪县人，安徽科技学院管理学院，硕士，副教授，安徽蚌埠明文化研究会理事，主要研究方向：农业经济管理。

刘菊(1975—　)，女，安徽凤阳县人，安徽科技学院管理学院，硕士，副教授，主要研究方向：农业经济管理。

弘扬沈浩精神与培育核心价值观

王方友

（安徽科技学院思政部）

摘　要：社会主义核心价值观的培育需要英雄模范的精神引领。沈浩精神的核心价值是忠诚、为民、务实、担当、清廉，与核心价值观的灵魂、主题和本质内涵相契合，是核心价值观培育的生动载体和典型示范。弘扬沈浩精神，应坚持先进性要求与广泛性要求相结合的原则，针对不同社会群体，创新核心价值观培育的路径。

关键词：沈浩精神；核心价值观；培育；路径

时代精神是旗帜，先进典型是标杆。培育社会主义核心价值观是一项凝魂聚气、强基固本工程，需要时代精神和榜样示范引领。沈浩是我们这个时代造就的英雄模范和道德楷模。本文通过分析沈浩精神的主要内容，并从核心价值观角度揭示两者在本质内涵上的契合性，旨在探讨弘扬沈浩精神引领核心价值观培育的路径，对加强核心价值观建设、推动中国特色社会主义事业不断发展、实现民族复兴的中国梦具有重要的现实意义。

一、沈浩精神的主要内容

沈浩精神植根于他带领小岗村人民全面建设农村小康社会，发展中国特色社会主义的实践。它生成的源头活水是中华民族优秀传统文化、中国共产党的优良传统和作风等，是对中华民族精神和时代精神，尤其是当地小岗村人民在改革开放之初创造的"敢想敢干、敢为人先"的大包干精神的传承和发展。沈浩精神的内容十分丰富，概而言之，可以从他的先进事迹中发掘出以下五种主要的精神品质。其中，"忠诚、为民、务实、担当、清廉"，是沈浩精神的核心价值和精神实质所在。

（一）忠于组织、守誓践诺的忠诚精神

沈浩是在省级机关组织万名干部下农村时主动报名去当村干部的。当组织上一致认为他是到小岗村比较合适的人选时，他明知道有着改革光环的小岗村是一个矛盾复杂、发展滞后的"难点村"、"后进村"，但他毅然放弃省城优越的工作生活条件，欣然接受党组织的安排。在赴小岗任职第一天县委召开的座谈会上，他作出承诺，要带领小岗群众，努力做出自己应有的贡献，圆满完成下派的工作任务，向党和人民交一份满意的答卷。[1]70 他言行一致，表里如一，以自己苦干实干的实际行动证明他不是一个"镀金式"干部，用全心全意为百姓干好事实事的真情实意感动群众，终于赢得了小岗群众的拥护。

135

当选派期满时,组织上根据小岗村民集体摁手印申请"留人"的要求,希望他再任 3 年村书记。在"走"与"留"的人生抉择中,他再次无怨无悔地接受了组织的安排,选择了离别老母妻女,留在小岗村完成他未竟的事业。他是一个真正对党无限忠诚、以党和人民利益为重的共产党员。

（二）牢记宗旨、亲民爱民的为民精神

沈浩在小岗村奋斗的 6 年中,时刻牢记为人民服务的宗旨,心里装着村民,把群众的安危冷暖挂在心上,全心全意为群众办好事解难事。在一个暴风雨的夏夜,他摸黑冒雨把村民从危房中转移出来,给住在简易棚子里的村民盖起了能遮风避雨的两间平房。他经常掏钱给困难户送油送粮,帮助"五保户"患大病者及时送医救治,为身体佝偻的老大娘从省城带回一根新拐棍,为困难户缺奶水的婴儿送去奶粉,为村里的"新村民"——几位创业大学生的生产生活排忧解难……每逢春节更是要到全村在册的孤寡老人和贫困家庭去送温暖,一直忙到大年三十很晚才往家赶。在小岗村,他是哪家越穷越爱去哪家,群众有多少难多少苦,他就有多少爱,以至于村民中流传着"有困难,找沈浩"的口碑[2]111。

（三）真抓实干、致力发展的务实精神

沈浩上任前的小岗村是个"偏穷乱"的村庄,人心乱,班子乱。为了带领群众致富兴村,他问计问需于村民,不到两个月,把全村跑了两个遍。从此,到老乡家里,或田间地头虚心向村民了解情况成了他的调研习惯。他把群众呼声作为第一需要,首先解决村民反映强烈的出行难问题,亲自和村民一起干活修路,既节约资金又凝聚民心。针对小岗人"分"的意识太强,他坚持解放思想先行,先后组织村干部、"大包干"带头人和全体村民三个不同群众对象,围绕"小岗村为什么要发展,如何发展"的问题,开展思想大讨论,以凝聚发展共识。他建章立制,切实加强基层组织建设,和村"两委"班子反复讨论,共商发展规划,确立了"开发现代农业,发展旅游业,招商引资兴办村级工业"的发展思路。为抓好规划的落实,他不辞辛劳日夜奔波,抢抓一切有利于小岗村发展的机会,充分利用"中国改革第一村"的品牌资源,先后与多家公司洽谈合作,带动小岗人发展"专业合作社＋公司＋农户"模式的现代农业。建成大包干纪念馆,并以此为依托动员、鼓励村民办农家乐,发展红色旅游业。他千方百计让村民劳有所得,在他留任后的第二年,村民人均收入比他初入小岗时增长了两倍[2]145,打破了"一夜越过温饱线,二十多年没迈进富裕坎"的发展困局,使小岗村从此走上了发展的快车道。

（四）锐意改革、勇于负责的担当精神

在党和人民最需要的时候,沈浩敢于担负起"中国改革第一村"的历史重任。他在对小岗村实现由乱而治、由穷到富的蜕变过程中并不是一帆风顺的。期间,他犯过难、生过病、挨过打,但他并没有因此而退却。他本着毫无利己之心,任劳任怨为村民干事创业,无私就能无畏。在处理过去因落后的乡村治理模式而产生的村民内部矛盾时,纵使面对威胁和恐吓,他依然敢于运用法治思维和法治方式化解矛盾、维护稳定,收回过去几届班子都要不回来、被几户村民长期侵占的村里 20 多间公房和 2 台推土机的集体财产,以此推动了依法治村。在发展现代农业实行土地流转的"二次改革"中,他的这一思想很快被媒体见诸报端,在一个靠分田单干出了名的村庄深化土地改革,他面临的压力很

大,但他无所畏惧,不怕承担风险,耐心执着地宣传引导群众,让村民知晓党的农村政策和土地流转后的自身利益所在,澄清了思想误区,凝聚了改革共识,使富民兴村的发展规划得以落实。

(五) 舍己为公、敬业奉献的清廉精神

沈浩在小岗村任职的 2000 多个日日夜夜,节假日也很少休息,他把全部身心都投入到小岗村的发展建设上,既不能为妻子分担家务,又无法照顾 90 多岁的老母,也没有时间辅导女儿的学习。他舍小家顾大家,把无私的大爱献给了几千小岗人。他在小岗村勤俭节约、艰苦奋斗,住的是一间不到 20 平方米的简陋居室,吃穿和农民一个样,连破了洞的羊毛衫也舍不得扔。他对自己"抠门",但对困难群众乐于慷慨解囊。他帮助村民办事从不求回报,曾有户村民因他的帮忙跑成了从省城到小岗的客运专线,对方想感谢他,三次都被他拒绝。他老家的侄子曾想借他的职务之便在小岗村弄点工程承包,被他当面严正回绝。他严于律己、清正廉洁,真正做到了情为民系、权为民用、利为民谋。

二、沈浩精神与社会主义核心价值观的内在契合性

从社会主义核心价值观角度看,沈浩坚定的理想信念与核心价值观的灵魂和主题相一致,沈浩精神的实质与核心价值观"三个倡导"的本质内涵相契合。

(一) 沈浩对马克思主义的坚定信仰与核心价值观的灵魂具有一致性

马克思主义指导思想是社会主义核心价值观的灵魂[3]17。沈浩是大学时期就入党的共产党员,从学生时代他就真学真信马克思主义,并一直养成了对理论勤学敏思的习惯,不断加强党性修养,坚定了对马克思主义的信仰和对社会主义、共产主义的信念。正如他在日记里写道:"只要信念坚定,再大的困难都是可以克服的。只要精神不滑坡,办法总比困难多。"[1]15在自己的"小家"与小岗村的"大家"面前,在个人利益与集体利益、"公"与"私"的关系上,他自觉摆正位置,坚决服从组织安排,任何时候都对党忠诚。他时刻牢记人民群众是历史的创造者,小岗村民是新农村建设的真正主体的马克思主义群众观,视群众利益高于一切,牢记宗旨、甘当公仆,自觉站稳群众立场,平时善于思考和掌握群众工作方法。如他在日记里留下的心语:"平时要注意加强学习和修养,学会用哲学的思维去考量问题,要学会换位思考。"[1]153这也表明,他自觉把学习马克思主义哲学当作基层领导干部的看家本领,运用辩证唯物主义的世界观和方法论,分析和解决小岗村发展中的问题。在困难和矛盾面前,他之所以能够迎难而上、敢于担当、守土尽责,是因为他补足了共产党人精神上的"钙",拥有核心价值观的灵魂,信念坚定。

(二) 沈浩对中国特色社会主义的坚定信念与核心价值观的主题具有一致性

建设中国特色社会主义是社会主义核心价值观的主题[3]20。沈浩在小岗村把对中国特色社会主义道路、理论和制度的"三重自信"转化为自己的行动自觉。他坚持党的基本路线、基本纲领和基本经验,坚决贯彻执行党的农村政策,讲纪律守规矩,在思想上政治上行动上同党中央保持高度一致。他在日记里写道:"没有吃透中央政策的精神,也可以说不是一个完全适合中国特色社会主义事业建设的好干部。"[1]14"发展是根本,发展

是硬道理，小岗村也不例外。……因此，一定要牢牢扭住发展这个牛鼻子！"[1]195 他经过大量调研，集思广益，反复论证，科学决策，制定出符合村情的发展规划。在深化改革、开拓创新地化解"三农"问题的实践中，努力探索适应时代发展和本地实际的现代农村发展道路，不断增进小岗人民的福祉，体现了核心价值观的主题要求。

（三）沈浩精神与核心价值观在本质内涵上具有内在一致性

党的十八大提出了"三个倡导"12 个词的核心价值观，是对社会主义核心价值体系的集中凝练表达。习近平去年在北大的"五四"讲话中进一步指出："核心价值观，其实就是一种德，既是个人的德，也是一种大德，就是国家的德、社会的德。"[4]168 从这个意义上说，以"忠诚、为民、务实、担当、清廉"为核心内容的沈浩精神，体现了他忠于祖国、服务社会的大德，也体现了他高尚的个人品德。他 6 年扎根基层，坚持走群众路线民主决策，制定村规民约提高乡风文明，用发展的办法解决村民因贫穷积累的矛盾，为建设富裕和谐的新小岗艰苦奋斗，这是他推进国家层面以"富强、民主、文明、和谐"为价值目标的现代化建设的生动体现。他办事公平公正，推进依法治村，调动村民谋发展的积极性和创造热情，使小岗村焕发出多年未有的生机和活力，这是他投身以"自由、平等、公正、法治"为价值取向的社会建设的真实写照。他把到农村基层工作当作"干事创业的机会"，埋头苦干，把"小岗位"谋成"大舞台"，守誓践诺，对党和人民负责，视群众为亲人，为小岗、为群众贡献了很多，对家庭、对自己却亏欠了很多，充分体现了共产党人对以"爱国、敬业、诚信、友善"为价值准则的现代公民素质的高标准要求。

三、弘扬沈浩精神助推核心价值观培育的路径

培育社会主义核心价值观与弘扬沈浩精神是内在统一的。核心价值观与沈浩精神内在契合，培育核心价值观可以为弘扬沈浩精神提供重要的思想理论指导，反之，弘扬沈浩精神为培育核心价值观提供了生动载体和典型示范。为增强示范引领的实效性，在沈浩精神的学习内容上，应坚持先进性要求与广泛性要求相结合的原则，针对不同社会群体，创新核心价值观培育的路径。

（一）党员干部要通过学习沈浩作为共产党人的精神在全社会做核心价值观培育的表率

培育核心价值观，必须抓好党员干部这个重点，发挥好他们的引领带动作用。正如习近平指出："榜样的力量是无穷的，广大党员、干部必须带头学习和弘扬社会主义核心价值观，用自己的模范行为和高尚人格感召群众、带动群众。"[4]164 沈浩精神正是一位基层党员干部带头培育践行核心价值观的先进典范。广大党员干部在新时期弘扬沈浩精神，就要学习他作为一名共产党人"忠诚、为民、务实、担当、清廉"的精神实质，像他那样善于谋划，勇于创新，埋头苦干，负责担当，主动回应群众的关切和期待，心里装着群众，多为群众尤其是困难群众解难题、谋实惠，从而切实转变工作作风和树立良好形象。党员干部的作风和形象吸引社会关注，聚焦社会目光，引导价值取向。因为他们的行为举止、态度作风所反映出来的价值取向，是社会成员价值观判断的风向标。习近平指出："在作风问题上，起决定作用的是党性，衡量党性强弱的根本尺子是公私二字。"[5]对党员

干部特别是领导干部来说,强化党性修养是塑造优良作风的根本。加强党性修养和党性锻炼,贵在坚持不懈,必须在常砺锐意进取之志、常修务实为民之德、常省为人为政之过、常警物欲贪欲之祸的"四常"上下功夫。[6]以沈浩为榜样,处理好公与私、权与利、权与民、权与法、工作与家庭的关系。要始终自觉把党和人民的利益放在第一位,对组织忠诚老实,对工作忠于职守,对权力树起敬畏意识。要把为人民服务的宗旨意识、党性原则、群众观念和优良作风转化为密切联系群众的实际行动,永葆共产党人政治本色,永葆党员干部的良好形象,在核心价值观培育中充分发挥表率作用。

(二)普通民众要通过学习沈浩作为道德模范的精神在日常生活中增强对核心价值观的认同

普通民众是核心价值观培育的社会主体。从核心价值观就是一种德来看,要使核心价值观为民众所接受和遵循,必须经过一个首先将它深入民众的道德意识、道德修养之中,进而转化为道德践行的过程,也就是经由价值认知、价值认同和价值行为的转化过程。核心价值观的培育,贵在知行合一,知是前提,是基础。"社会主义核心价值观能否真正为公民个体所掌握,主要在于它最终能否转化为公民个体自觉的道德修养。"[7]生活即教育,让核心价值观与民众的日常生活对接,是他们加强道德修养自觉性的最佳途径。习近平指出:"要注意把社会主义核心价值观日常化、具体化、形象化、生活化,使每个人都能感知它、领悟它,内化为精神追求,外化为实际行动,做到明大德、守公德、严私德。"[8]因此,要实现核心价值观的日常生活化,内化为价值认同,应营造一种崇德向善的良好氛围。新闻媒体、影视网络要加强宣传先进典型和道德模范的感人事迹,唤醒民众的道德意识,在情感共鸣中让核心价值观在民众日常生活中落地生根。一个典型就是一面旗,一个好人就是一盏灯。沈浩是全国敬业奉献道德模范和感动中国人物,普通民众弘扬沈浩精神,就要学习他爱党爱国爱人民的思想境界,爱岗敬业、恪尽职守的职业操守,舍己为公、乐于奉献的高尚品质,立足平凡、追求崇高的美好情怀。以榜样为引导,在日常生活中讲道德、尊道德、守道德,自觉把爱国、敬业、诚信、友善作为修养"个人的德"的基本要求,同时遵守国家、社会的"大德",努力把核心价值观的要求变成日常的行为准则。

(三)大学生要通过学习沈浩的成长和先进事迹扣好人生第一粒扣子

大学生是国家建设的后备力量,是联系社会和决定未来的重要社会群体。大学生群体对核心价值观形成普遍共识和认同,是高校立德树人的重要使命。高校应充分运用典型人物感召大学生,让他们懂得英雄模范人物身上蕴含的精神就是核心价值观的生动体现。大学生弘扬沈浩精神,应把先进性要求与广泛性要求统一起来,充分发挥榜样人物对他们在核心价值观培育中的示范带动作用,如习近平在北大对青年大学生所说的那样,要着力在"勤学、修德、明辨、笃实"上下功夫。[4]172—174首先要把核心价值观培育融入思想政治理论课学习。以沈浩的先进事迹作为核心价值观教育的生动教材,通过勤学敏思,对各种思潮和多元价值观念作出明辨是非和正确选择,增强对核心价值观的理论认同。其次,融入校园文化和日常生活。沈浩从学生成长为模范的人生轨迹和心路历程,给大学生"从我做起、加强修德"提供了范例。做人做事第一位的是崇德修身,一个人只有明大德、守公德、严私德,其才方能用得其所。大学生应在课外文化活动和日常生活小事中学会以文化人、学会感恩助人、学会自省自律,增强对核心价值观的情感认同。最后,融入社会实践和青年志愿者活动。核心价值观的培育,既要靠思想上教化,更要在行动中养成。社会实践和各类志愿服务活动,是大学生将核心价值观由理论认同转化为实践体认的必要环节。大学生要像沈浩那样把到基层锻炼视为体现人生价值的重要舞台,通过积极参加"三下乡"社会实践活动和义教支教支农、法律援助、环保宣传等丰富多彩的志愿服务活动,增强社会责任感和使命担当,培养关心他人、关心社会、关心国家的公民主体意识,增进对核心价值观的行为认同,从而在知行合一中用核心价值观引领他们扣好人生第一粒扣子。

综上,以"忠诚、为民、务实、担当、清廉"为核心价值和精神实质的沈浩精神,其与"三个倡导"的社会主义核心价值观是内在统一的。沈浩精神给人们培育和践行核心价值观树立了一个可亲、可敬、可学的价值标杆。社会主义核心价值观,培育是基础,践行是关键,制度是保障。推进核心价值观建设,要在"融入贯穿结合、落细落小落实、坚持不懈久久为功"三方面上下功夫。应发挥榜样的力量,注重典型示范,深化推广普及。既要面向全民抓落实,着力抓好党员干部和青年学生等重点人群,发挥他们的影响和带动作用,又要把核心价值观建设融入社会生活,精心设计开展人们喜闻乐见的实践活动,让人们在日常化、具体化、生活化的实践中认知认同它。同时,还要把核心价值观的要求融入法律政策,用法律政策为核心价值观建设提供制度保障,推动全社会广泛持久地践行核心价值观。唯此,才能使社会主义核心价值观内化于心、外化于行,成为全社会的群体意识和共同行动,从而为实现"两个百年"奋斗目标和中国梦提供强大价值引导力、文化凝聚力和精神推动力。

参考文献:

[1] 沈浩.沈浩日记[M].北京:科学出版社,2010.

[2] 王圣志,周立民.红手印的褒奖——沈浩与小岗的故事[M].合肥:安徽人民出版社,2010.

[3] 本书编写组.培育和践行社会主义核心价值观[M].北京:人民出版社,2014.

[4] 习近平.习近平谈治国理政[M].北京:外文出版社,2014.

[5] 中共中央纪律检查委员会,中共中央文献研究室.习近平关于党风廉政建设和反腐败斗争论述摘编[M].北京:中国方正出版社,中央文献出版社,2015:79.

[6] 付钦太.强化党性修养是塑造优良作风的根本[N].人民日报,2014 - 12 - 15(07).

[7] 吕振宇.论社会主义核心价值体系[M].济南:山东人民出版社,2009:284.

[8] 习近平.当好全国改革开放排头兵 不断提高城市核心竞争力[N].人民日报,2014 - 05 - 25(01).

作者简介:

王方友(1971—),男,安徽庐江人,安徽科技学院思政部副教授,硕士,教研室主任,安徽蚌埠明文化研究会理事。研究方向:思想政治教育和精神文明建设。

朱元璋科举考试思想述论

李晓东　　詹学文

（安徽科技学院）

　　科举制度是中国传统文化的重要组成部分，是封建皇帝开科取士、选拔国家官吏的人才选拔制度。至明朝时，科举成为较成熟的考试制度。明太祖朱元璋建立明王朝后极其重视科举，使科举形成了三级考试制度。朱元璋为了收揽王朝的管理人才，吴元年（1367）三月就下令设科取士。洪武三年（1370）首行科举，且连举三科。三科后发现，新录取的进士"能以所学措诸行事者寡"[1]。于是洪武六年废止科举，实行荐举。洪武十七年（1384），以"任不举职"者甚多，又恢复科举。此后，科举取士一直是明朝选官的主要途径。

　　明朝的科考每三年举行一次，分乡试、会试、殿试。逢子、午、卯、酉之年为乡试之年，其次年为会试之年，会试之后即行殿试。乡试在两直隶（应天府、顺天府）和各布政使司举行，由所在地地方政府组织，朝廷派员监考。会试在京城举行，由礼部主持。殿试由内阁主持，皇帝亲临策试。乡试中试者称为举人，会试中试者称中试举人或贡士，殿试后赐名进士。[2]

　　朱元璋科举考试思想在总的方向和原则上继承了中国古代"选贤任能"的人才选拔思想，但其科举考试的相关理论和思想较之前代更为丰富、深刻。

一、儒家思想成为科举考试的主导思想

　　洪武十四年三月辛丑，"颁'五经'、'四书'于北方学校。上谓廷臣曰：'道之不明由教之不行也。夫'五经'载圣人之道者也，譬之菽粟布帛家不可无，人非菽粟布帛则无以为衣食，非'五经'、'四书'则无由知道理。北方自丧乱以来，经籍残缺，学者虽有美质，无所讲明，何由知道？今以'五经'、'四书'颁赐之，使其讲习。夫君子而知学则道兴，小人而知学则俗美，他日收效，亦必本于此也'"。[3]朱元璋此番言论虽针对北方学校的教育宗旨而言，但在学校科举化、科举学校化的明代社会，实具有学校教育和科试应考的指导意义，儒家经学在科考中居于至高无上的地位。

　　明初取士的要求是"士各占一经，经必通，然后取之，以试于政"[4]。洪武二十四年，"诏科举岁贡命题于《大诰》中科取"[5]。王世贞《凤洲杂编》卷四记载说："国朝尊尚儒教，科目日重，百余年来非从此出者，辄以为异路，不得登庸显矣。"[6]儒家经书，科考生员如不专习于此，也就意味着与科考仕进无缘。各级学校也把儒学放在了突出的位置，包括在边都司卫所设立的武学也均称之为都司儒学、行都司儒学、卫儒学。各级教官也以儒

学之名冠之。明代尊崇儒学的科考思想导致了士人学子只读只做经义文章，进而出现了专以八股程文取士的科考理念和方法。

二、科举与理学的渐进与结合

宋明理学的产生，最早可以追溯到中唐的韩愈、李翱。其后经过宋初三先生和北宋五子的努力经营，到南宋时期，理学已经从儒学中脱胎出来，逐渐发出了耀眼的异彩。一时之间，大师名儒迭出，至朱熹则集其大成，完成了理学这种新式儒家理论学说的创生。明朝继元崛起，在政治地位上把理学推到了前所未有的高处。洪武二年（1369），太祖开科取士，宣布以朱熹等"传注为宗"，朱学遂成为巩固封建社会统治秩序强有力的精神支柱。其中经过些许曲折，到洪武十五年（1382），以理学为宗的科举制度最终被确立下来，科举与理学渐进并紧密结合。

明朝科举与理学的结合，将理学推上了思想王者的殿堂。但是，随着八股文的推行，科举不再注重考察思想的创造，而演变为重视考生的考试技能，人们的思想渐渐地受到禁锢，学术式微，学风也脱离了务实的思想。

三、"一以程文定去取"的取录思想

明代科举考试由初期重经义文章，到中期以八股取士，逐渐形成了明代特有的科举程文规制。科举取士选官的标准是以程文的中式与否来衡量的。洪武二十四年又定文字格式，规定："凡出题，或经或史，所问须要含蓄不显，使答者自详问意，以观才识。凡作四书经义，破承之下，便入大讲，不许重写官题。"弘治七年的科考规定中明确指出："举人止凭文字高下去取，不得论其地方中式多寡，临时偏徇进黜，以废公论。"[7]

明朝科举考试中的程文即八股文，八股文具有固定的格式和套路，没有经过专门训练的士人是难以写出规范的八股文的，加之明代科考内容限定在"四书"、"五经"的经学范畴之内，便在客观上为科举考试的取录划定了标准。明代自生员考试到三级考试，几乎每一次考试均是以八股文来决定去取的，即"科场选士至公，去取之间，止据文字"[8]。鉴于明代科举考试中出现的诸多弊端以及科试生员的谬滥情况，明政府在科举考试中规定以程文定去取，这就为大规模统一考试取录人才提供了统一可行的标准。从选官角度上说，则"士应科举之文，诚能释孔孟之心传、阐程朱之理解，则所进皆端人正士，岂不甚盛"[9]。就形式而言，以程文定去取便是在考试面前人人平等的体现，其中的公平和公正性还是客观存在的历史事实。

四、科举分地选拔与职前培训制度

从科举考试的角度出发，分地取人除带有政治、经济等因素外，明代南北地区的治学领域和文风也有很大的差异。通过科举分地取人的办法既可以从文化发展上将南北文化逐渐贯通起来，也可以为北方培养和选取优秀的士人。

分地而取对于人才交流和文化的互动以及地区文化的发展都是非常有益的。科举考试作为政府选官的手段和途径，它所能够达到的选官目的还是有限的，科举考试所取的还是文字中式的士人。然而对于任何一级官员来说，他所要面对的则是错综复杂的民事和政务，仅凭书本知识，特别是仅能做经义文章显然是不够的。朱元璋遂于洪武十八年(1385)颁令实施进士观政之制，即对已取录的进士"分隶诸司观政，遇缺取用。余悉遣归进学"[10]。这一做法"是朱元璋官员职前培训思想中的一部分，也是最主要、最重要的成分"[11]。科举取士的终极目的是为政府选官提供合适的人选，观政进士制度以及此后陆续实行的国子监生历事制度和庶吉士制度都具有这种性质，只是就科举考试的思想而言，观政进士所体现的考录思想要更为直接和具体罢了。

五、科举取士中的综合考试思想

朱元璋在设科取士时即明确指出："兹欲上稽古制，设文、武二科，以广求天下之贤。其应文举者，察其言行，以观其德；考之经术，以观其业；试之书算、骑射，以观其能；策之经史时务，以观其政事。应武举者，先之以谋略，次之以武艺。俱求实效，不尚虚文。"[12]明代前期科举考试和科举取士的综合考试色彩十分鲜明，还不似后来专以八股取士一途。其间，既有德、业、能、政事的考核，又有谋略、武艺的考核；既有经书文字的文化考试，又有骑射书算的技能考查，总的思想是造就和培养文武兼备的合格人才。这一思想在明初的科举考试实践中也得以贯彻实行，如洪武三年规定，乡试第三场考试结束，"后十日，复以骑、射、书、算、律五事试之"[13]。朱元璋说："设科取士，期必得于全材，任官惟贤，庶可成于治道。"[14]科举取士综合考试思想正是求取全才的取士思想最直接和最充分的反映。明初在科举考试中十分强调和注重考试的综合功能。

参考文献：

[1] 明太祖实录[M].台湾史语所影印本,1962.
[2] 王雄.明朝科举殿试探析[J].广播电视大学学报,2005,3.
[3] 明太祖实录·卷三十六[M].台湾史语所影印本.
[4] 丘濬.重编琼台藁·卷九·会试录序[M].
[5] 查继佐.罪惟录·卷十八·科举志[M].
[6] 明史·卷七十五·职官志四[M].
[7] 明会典·卷七十七·科举[M].
[8] 高仪.高文端公奏议·卷二·议条陈科场事宜疏[M].
[9][10] 蹇义·铨官事宜疏//明经世文编·卷十四[M].
[11] 关文发,颜广文.明代政治制度研究[M].北京:中国社会科学出版社,1996:273.
[12] 明太祖实录·卷二十二[M].台湾史语所影印本.
[13] 大明会典·卷七十七·科举[M].

[14] 明太祖实录·卷五十二[M].台湾史语所影印本.

作者简介：

李晓东，安徽科技学院人文学院副教授，副院长，安徽蚌埠明文化研究会秘书长。

詹学文，安徽科技学院管理学院副教授，安徽蚌埠明文化研究会会员。

朱元璋废除秘书监述论

陈传万

（安徽科技学院人文学院）

摘 要：秘书监制度是我国历史上历时最久、影响最大的官方藏书管理制度，在中国图书发展史上占有极其重要的位置，对古代文化事业的发展起到了巨大的推动作用。本文拟就秘书监制度沿革、执掌，秘书监制度废除及其负面影响等进行综述。

关键词：朱元璋；秘书监；沿革；执掌；废除；负面影响

秘书监制度是我国历史上历时最久、影响最大的官方藏书管理制度，它始设于东汉桓帝延熹二年（159 年），直至明朝洪武十三年（1380 年）被废除，历时 1222 年，在中国图书发展史上占有极其重要的位置，对古代文化事业的发展起到了巨大的推动作用。本文拟就秘书监制度沿革、执掌，秘书监制度废除及其负面影响等进行综述。

一、秘书监制度沿革

《后汉书·孝桓帝纪》记载：延熹二年（159 年）八月，"初置秘书监官"。[1]《通典》卷二十六职官八"秘书监"曰："桓帝延熹二年，始置秘书监一人……后省。魏武帝又置秘书令……"[2]

《唐六典》卷第十"秘书省"载："魏武为魏王，置秘书令……"据《三国志·武帝纪》，魏武为魏王，为建安二十一年"夏五月"。[3]郭伟玲在《中国秘书省藏书史》中说："东汉建安二十一年（216 年），曹操在魏王府中设立秘书令。"[4]根据《三国志·武帝纪》记载，曹操在建安十八年（213 年）为魏公时，"十一月，初置尚书、侍中、六卿"，[5]设立整套官职。因此，曹操置秘书令，当在这一年，即 213 年。

关于"后省"，也值得商榷。笔者检阅《后汉书》，从 159 年到 213 年，明确记载废职官的有五条。《孝桓帝纪》三条：延熹"五年春正月，省太官右监丞"。同年八月，"己卯，罢琅邪都尉官"。延熹八年，"五月壬申，罢太山都尉官"。《孝灵帝纪》未见记载。《孝献帝纪》两条：献帝"省扶风都尉"。建安十三年，"夏六月，罢三公官"。未见省秘书监之记载。

荀悦《汉纪序》曰："臣悦，职监秘书。"[6]高贤栋在《曹魏秘书寺职官考》一文中提出："荀于建安三年至建安十四年之间，一直任秘书监。这表明，东汉秘书监有省后再设的情况。"[7]"秘书监有省后再设的情况"似乎也没有根据。

《唐六典》卷第十"秘书省"载：文帝黄初中，分秘书立中书，因置监、令……至晋武，又以秘书并入中书。惠帝永平元年诏：秘书典综经籍，考校古今，中书自有职务，远相统摄，于事不专。宜令复别置秘书寺,掌中外三阁图书。自是,秘书寺始外置也。[8]

《晋书》卷三十九载:晋武帝泰始十年,荀勖"俄领秘书监,与中书令张华依刘向别录,整理记籍"。由此推测,晋武帝将秘书并入中书,并未废除秘书监职官。[9]

《晋书·惠帝纪》:永平元年,二月,"戊寅,复置秘书监官"。[10]此处"复置"应该是指秘书监再次从中书之任独立出来,即《唐六典》所云:"自是,秘书寺始外置也。"

《唐六典》卷第十"秘书省"又载:宋、齐同晋氏。梁改为省,与尚书、中书、门下、集书为五省……陈依梁。[11](宋)高承《事物纪原·秘书省》亦记载:虽孝桓始置秘书监,而不以名其省,至梁始曰秘书省也。[12]

《唐六典》卷第十"秘书省"载:后魏亦以秘书为五省之数。……北齐依魏。后周春官府置外史下大夫,掌书籍,此秘书监之任也。[13]《通典》卷二十六:后周秘书监亦领著作,监掌国史。后周柳虬为秘书丞,时秘书监领著作,不参史事。因为丞,始领监掌焉。[14]

柳虬,字仲蟠,西魏大统十四年(548年)"除秘书丞,秘书虽领著作,不参史事。自为丞,始令监掌焉",魏废帝初,迁秘书监。(《周书·柳虬传》)[15]

《唐六典》卷第十"秘书省"载:隋秘书与尚书、门下、内史、殿内为五省。……炀帝三年……其后又改秘书监为秘书令。武德初改为监。龙朔二年改为兰台,其监曰兰台太史;咸亨元年复旧。天授初改为麟台监,神龙元年复旧。[16]

笔者按:炀帝年号为大业,时间为605—618年,炀帝三年为607年;武德为唐高祖李渊年号,时间为618—626年;龙朔为唐高宗李治年号,时间为661—663年,龙朔二年即662年;咸亨亦为唐高宗李治年号,时间为670—674年,咸亨元年即670年;天授为则天后武曌年号,时间为690—692年;神龙亦为则天后武曌年号,时间为705—707年。

《唐会要·秘书省》云:光宅元年九月五日,改为麟台。[17]光宅为则天后武曌年号,时间为684年。陈仲夫点校《唐六典》校勘曰:武则天改秘书省为麟台之年,诸书所言多不同。盖以武则天当国在位之时,屡更年号,甚者一年之内数易其元,加之以改唐为周,更定岁首,头绪亦为纷繁,极易致误,故互生歧异也。考《陈伯玉文集》九《谏用刑书》首称"承务郎守右卫曹参军",中有"乃去月十五日,陛下特察诏囚李珍等无罪,明魏真宰有功,召见高正臣,又重推元万顷"及"又其月二十一日,恩赦免楚金等死"之语,知是永昌元年(689年)所上。而据同书卷十附录卢藏用《陈氏别传》,子昂之补右卫曹,在麟台正字秩满之后。则秘书省之改为麟台,事在天授(690至692年)以前明甚。又同书九有《谏用刑书》,首称"将侍郎守麟台正字",《资治通鉴》记其事于垂拱二年,更足证秘书省之改麟台,当在垂拱二年以前。综观诸书,唯《旧唐书·职官志》之总叙官名称谓沿革云:"光宅元年九月,改尚书省为文昌台,左、右仆射为文昌左、右相。(中略)垂拱元年二月,改黄门侍郎为鸾台侍郎,文昌都省为都台,主爵为司封,秘书省为麟台,(中略)司膳寺看藏署改为珍馐署。"其叙述则天之改易官制最为鲜明,后来《新唐书·百官志》所记多与之相合。由此可得结论如下:武则天于光宅元年九月始改省、台、寺、监名号,至次年即垂拱元年二月方改易完毕,秘书省之改麟台,实在垂拱元年二月。诸书之云天授初者,盖因是年则天改国号为周,遂以改易官称亦在同时而致误。诸书之云光宅者,乃就始改省号官称之年而概括言之,实非确凿之时日。然综观《六典》全书,于其他省、台、寺、监之改称既都采笼统之说,秘书省自亦无缘例外,疑还当作"光宅"为是。[18]垂拱为则天后武曌年号,时间为685—688年。由此,秘书省之改麟台,当在685年。

《宋会要辑稿》职官一八载:"秘书省掌常祀祝板,监阙即以朝官、判秘阁官兼充。"引《两朝国史志》云:"秘书省判省事一人,以判秘阁官兼。凡邦国经籍图书悉归秘阁,本省惟掌常祭祀祝板而已。……元丰五年,初以崇文院为秘书省,事具《职官志》。"[19]元丰为宋神宗年号,时间为1078—1085年,元丰五年即1082年。《麟台故事辑本》卷一记载:"尽以三馆职事归秘书省,省官自监少至正字皆为职事官。"[20]

《宋会要辑稿》职官一八又载:"高宗建炎三年四月十三日,诏秘书省权罢。绍兴元年二月十九日,诏复置秘书省,权以秘书监或少监一员、丞、著作郎、著作佐郎各一员、校书、正字各二员为额。"[21]建炎为宋高宗赵构年号,时间为1127—1130年,建炎三年即1129年。绍兴亦为宋高宗赵构年号,时间为1131—1162年,绍兴元年即1131年。

《元史》卷九十百官六云:"秘书监,秩正三品,掌历代图籍并阴阳禁书。……大德九年,升正三品,给银印。"[22]王十点、商弃翁《秘书监志》云:"至元九年十一月,太保刘秉忠、大司农孛罗奉圣旨,设立秘书监,从三品级。……大德九年……升正三品。"[23]至元为元世祖忽必烈年号,时间为1264—1294年,至元九年为1272年;大德为元成宗铁穆耳年号,时间为1297—1307年,大德九年即1305年。

《明史·百官志》云:"秘书监,洪武三年置,秩正六品,除监丞一人,直长二人,寻定设令一人,丞、直长各二人,掌内府书籍。十三年并入翰林院典籍。"[24]自此以后,秘书监制度不再设立。

二、秘书监之执掌

建立皇室藏书和官府藏书,并进行管理、编纂,在我国有着悠久历史,其起源甚至可以追溯到华夏文明初始年代。然而,在我国历史上历时最久、影响也最大的官方藏书管理制度,则是秘书监制。

殷商至西汉,中央及各诸侯都设有史官,掌管王朝内外重要的文化活动,如占候星历,预卜吉凶,祭祀天地,记言记事,从事著作,整理王朝史料,保存文书档案等。老子、张苍、司马迁、刘向、扬雄、刘歆、后仓等,都是当时著名的史官。史官负责保存文书档案,兼管图书典籍。东汉明帝永平五年(62年),班固任校书郎,又升为兰台令史,为官府藏书的专职管理官员。如前所述,恒帝延熹二年八月,初置秘书监官,掌典图书,古今文字,考合同异。秘书监隶属太常,设官一人,秩六百石,下分设校书郎中、校书郎。此是秘书监制之始。

"秘书监"一词,其含义有时指官署机构的名称,有时指执掌这一机构的长官的名称,这个称谓的含义在各朝代并不完全一致,甚至在同一朝代也有所不同。大体说来,东汉至南北朝时期比较混杂,有时秘书监既是官署之名又是长官之名,有时以秘书监为长官之名而以秘书省为官署之名,有时称官署为秘书寺,或称长官为秘书令等;隋、唐、宋各朝,多数情况下都称官署为秘书省,其长官为秘书监;而辽、金、元各朝和明朝初期则把这个机构及其长官都称为秘书监。

在不同朝代和不同时期,秘书监的机构、职官和职能并不完全一致。但从总体上看,秘书监基本上是由秘书监、秘书少监、秘书丞、秘书郎、校书郎、正字、著作郎、著作佐郎等官职构成的。

秘书监是秘书监(省)机构的最高长官,其职务与秘书监制度相始终,主要职责是掌管宫禁或中央官府中的艺文图籍。秘书监制出现之前,就已有秘书郎之称,东汉经学家、文学家马融就曾以该职人东观典校书籍。魏晋时正式设置秘书郎一职,亦称秘书郎中,是秘书监的下属官员。而后历代秘书监中都设置秘书郎或秘书郎中,作为直接管理图书的官员。在秘书监诸官职中,秘书郎一职与典籍的关系最为直接,主要从事图书的收藏、抄写等具体工作。晋代设秘书郎四人,分掌甲、乙、丙、丁四部图书,这个做法后来成为传统。南朝宋、齐及隋也都是按四部图书分设四员秘书郎。唐代官藏按经、史、子、集分类,本来也按旧例设秘书郎四人分掌,后来唐王朝的中央藏书实行三本分藏制,即正本、副本和贮本,于是改设秘书郎三员,分别管理这三部分藏书。宋、辽、金、元都在秘书监下设秘书郎四人,或按馆阁,或按类别,分别管理图籍。

校书郎一职的设置也早于秘书监。东汉的东观、兰台等常置学士于其中任校书郎,从事典校图书的工作,但并不是正官。当时,校书郎是个学术性很强的职务,著名学者蔡邕、马融都曾以校书郎中的身份典校文籍。至三国魏时始置正官,属秘书监,称秘书校书郎。而后各代相沿,都在秘书监下设校书郎数人。除秘书监外,有的朝代还在一些从事藏书和著述的馆阁中设置校书郎,如唐代的弘文馆等。校书郎也是直接经管图书的官员,主要从事校勘图书、订正讹误等工作。正字职责与校书郎大体相同,主要是做校雠典籍、刊正文章的具体工作,其职略次于校书郎。正字一职出现较晚,南齐有正书一职,北齐始称正字。金、元之后不置。

三国魏时始置著作郎一官,号称大著作,专掌编纂国史,初属中书省,晋代改属秘书省。著作郎在设置之初,担负着编纂国史的任务,因此是要职,李充、荀勖、陈寿等人都曾领著作或大著作。唐代开始别设史馆,担负修史之职,著作郎就逐渐演变为徒有其名的虚衔,其职责不过是撰写碑志、祝文、祭文等。宋代著作郎只管汇编"旧历"(每日时事),就更加无足轻重了。[25]

卢荷生在《中国图书馆事业史》[26]中说:"我国古代搜集图籍的处所,早即有之,但是设立专职机构以管理,则始于秘书监。秘书监初置于东汉桓帝延熹二年,实际是由于东观书藏蜕变而来的。因为东观藏书丰富,又都经过了慎重的典校,为期维持久远,妥善掌管,而东观又无常置官职,故乃设秘书监,使有专官职司其事,是我国创设专职图书馆之始。"

三、秘书监制度废除及其负面影响

洪武十三年,因丞相胡惟庸谋反案,朱元璋对官职制度进行改革,废除中书省、丞相等职位,同时也废除秘书监。明黄佐《翰林记》卷第十二"收藏秘书"载:"洪武三年三月庚子置秘书监,秩正六品。……十三年七月癸巳,以内府书籍已有本院典籍掌之,于是罢秘书监。"[27]秘书监制度被废除,与这一制度本身无关,实是政治斗争之牺牲品。黄佐认为"以内府书籍已有本院典籍掌之",这不是真正的原因。

秘书监制度在古代文献集藏历史中发挥了巨大的作用,保存了我国古代优秀的文化财富,同时藏书的应用也促进了当时经济社会的发展。秘书监制度被废除以后,负面影响是巨大的。

秘书监为中央一级专职机构,虽然在明初"秩正六品",比以前地位大大降低,但毕竟是常设专职机构,职能很明确,"掌内府书籍"。典籍,作为翰林院之下设机构,"从八品",(《明史·职官志》)不仅地位低,其职责也只是典守内府藏书,不对文献进行校勘。诚如清初朱彝尊所言:"……至明,以百万卷秘书顾责之典籍一官守视。其人皆赁生,不知爱重。……百年之后,无完书矣。"(《曝书亭集》)[28]

姚名达在《中国目录学史》中专写《元明二代不校书》一文。他在《明〈国史经籍志〉、〈千顷堂书目〉及〈明史艺文志〉之演变》一文中,介绍焦竑成《经籍志》五卷,"丛钞旧目,无所考核",且"延阁、广内之藏,竑亦无从遍览",故《四库提要》谓"古来目录,唯是书最不足凭"。[29]

没有专职机构,没有专门制度进行保障,图书事业是会遭受重创的。明代中期以后,文渊阁藏书有的被典籍乘机窃取,有的被馆阁之臣借走不还。如正德年间,文渊阁主事李继先奉命查对藏书,却乘机盗取大批图书。据王肯堂《郁冈斋笔麈》记载,正统以后,"阁臣既鲜省核,典籍又多窃取。而秘府书籍,往往散逸于民间矣"。又《茶余客话》载:"当时杨廷和在阁,升庵挟父势屡至阁翻书,攘取甚多。又典籍刘伟、中书胡熙、主事李继先奉命查对,而继先即盗易宋刻精本。"[30]此外,由于疏于管理,火灾、虫害、水患等,对内府书籍的损害也是十分严重的。

郑士德《中国图书发行史》在第八章介绍"明代书业"时提到,神宗万历三十三年(1605年),中书舍人张萱等人奉旨清理文渊阁藏书,同宣宗时期比较,已"十不存一,其他唐宋遗编,悉归子虚乌有"。(倪灿《明史·艺文志序》)[31]朱元璋废除秘书监制度之负面影响由此可见一斑。

参考文献:

[1][南朝宋]范晔.后汉书[M].[唐]李贤等注.北京:中华书局,1965:306.

[2][14][唐]杜佑.通典[M].杭州:浙江古籍出版社,2007:379—386.

[3][8][11][13][16][18]李林甫,等.唐六典[M].陈仲夫,点校.北京:中华书局,1992:294—319.

[4]郭伟玲.中国秘书省藏书史[M].武汉:武汉大学出版社,2015:2.

[5][晋]陈寿.三国志[M].(南朝宋)裴松之,注.卢守助,校点.上海:上海古籍出版社,2002:34.

[6]林尹.两汉三国文汇[M].台北:中华书局,1960:746.

［7］高贤栋.曹魏秘书寺职官考［J］.兰台世界,2013,4(下旬):77.

［9］［10］［唐］房玄龄,等.晋书［M］.北京:中华书局,1974:1154、90.

［12］［宋］高承.事物纪原［M］.金圆,许沛藻,校点.北京:中华书局,1989:339.

［15］［唐］令狐德棻.周书［M］.北京:中华书局,1971:681.

［17］［宋］王溥.唐会要［M］.北京:中华书局,1955:1123.

［19］［21］［清］徐松.宋会要辑稿［M］.刘琳,等,点校.上海:上海古籍出版社,2014:11209—11210、11228.

［20］［宋］程俱.麟台故事校证［M］.张富祥,校证.北京:中华书局,2008:7.

［22］［明］宋濂,等.元史［M］.北京:中华书局,1976:2296.

［23］［元］王士点,商企翁.秘书监志［M］.杭州:浙江古籍出版社,1992:19—20.

［24］［清］张廷玉,等.明史［M］.北京:中华书局,1974:1788.

［25］陈传万.魏晋南北朝图书业与文学［M］.合肥:合肥工业大学出版社,2008:10—12.

［26］卢荷生.中国图书馆事业史［M］.台北:文史哲出版社,1986:53.

［27］［明］黄佐.翰林记［M］.北京:中华书局,1985:149.

［28］［30］张升.明清宫廷藏书研究［M］.北京:商务印书馆,2006:125—126.

［29］姚名达.中国目录学史［M］.上海:上海古籍出版社,2005:143、161.

［31］郑士德.中国图书发行史［M］.北京:中国时代经济出版社,2009:246.

作者简介:

陈传万,男,安徽科技学院人文学院教授、院长,安徽蚌埠明文化研究会会长,主要从事中国文学和地方文化研究。

图书在版编目(CIP)数据

明文化研究. 第二辑 / 蒋德勤，陈传万主编. —南
京：南京大学出版社，2016.9
　ISBN 978 - 7 - 305 - 17607 - 4

　Ⅰ.①明…　Ⅱ.①蒋…②陈…　Ⅲ.①文化史-凤阳
县-明代-文集　Ⅳ.①K295.44 - 53

中国版本图书馆 CIP 数据核字(2016)第 219250 号

出版发行　南京大学出版社
社　　址　南京市汉口路 22 号　　　　邮　编 210093
出 版 人　金鑫荣

书　　名　明文化研究(第二辑)
主　　编　蒋德勤　陈传万
责任编辑　李廷斌　王抗战　　　　　编辑热线　025 - 83596997

照　　排　南京紫藤制版印务中心
印　　刷　江苏凤凰数码印务有限公司
开　　本　787×1092　1/16　印张 9.75　字数 214 千
版　　次　2016 年 9 月第 1 版　2016 年 9 月第 1 次印刷
ISBN 978 - 7 - 305 - 17607 - 4
定　　价　34.00 元

网　　址　http://www.njupco.com
官方微博　http://weibo.com/njupco
官方微信　njupress
销售咨询　(025)83594756